湖南师范大学·经济管理学科丛书
HUNANSHIFANDAXUE JINGJIGUANLIXUEKECONGSHU

后发国家适宜性技术选择及其对经济增长的作用

The Appropriate Technology Selection in Backward
Countries and its Role in Economic Growth

袁 礼◎著

经济管理出版社
ECONOMY & MANAGEMENT PUBLISHING HOUSE

图书在版编目（CIP）数据

后发国家适宜性技术选择及其对经济增长的作用/袁礼著.—北京：经济管理出版社，2019.1
ISBN 978-7-5096-6338-7

Ⅰ.①后… Ⅱ.①袁… Ⅲ.①发展中国家—经济发展—研究 Ⅳ.①F112.1

中国版本图书馆 CIP 数据核字（2019）第 016557 号

组稿编辑：杨　雪
责任编辑：杨　雪　李玉坤
责任印制：黄章平
责任校对：赵天宇

出版发行：经济管理出版社
　　　　　（北京市海淀区北蜂窝 8 号中雅大厦 A 座 11 层　100038）
网　　址：www.E-mp.com.cn
电　　话：（010）51915602
印　　刷：三河市延风印装有限公司
经　　销：新华书店
开　　本：720mm×1000mm/16
印　　张：14.5
字　　数：186 千字
版　　次：2019 年 4 月第 1 版　2019 年 4 月第 1 次印刷
书　　号：ISBN 978-7-5096-6338-7
定　　价：58.00 元

·版权所有　翻印必究·

凡购本社图书，如有印装错误，由本社读者服务部负责调换。
联系地址：北京阜外月坛北小街 2 号
电话：（010）68022974　　邮编：100836

总序 SEQUENCE

当历史的年轮跨入2018年的时候,正值湖南师范大学建校80周年之际,我们有幸进入国家"双一流"学科建设高校的行列,同时还被列入国家教育部和湖南省人民政府共同重点建设的"双一流"大学。在这个历史的新起点上,我们憧憬着国际化和现代化高水平大学的发展前景,以积极进取的姿态和"仁爱精勤"的精神开始绘制学校最新最美的图画。

80年前,伴随着国立师范学院的成立,经济学科建设也开始萌芽。从当时的经济学、近代外国经济史、中国经济组织和国际政治经济学四门课程的开设,我们可以看到现在的西方经济学、经济史、政治经济学和世界经济四个理论经济学二级学科的悠久渊源。新中国成立后,政治系下设政治经济学教研组,主要承担经济学的教学和科研任务。1998年开始招收经济学硕士研究生,2013年开始合作招收经济统计和金融统计方面的博士研究生,2017年获得理论经济学一级学科博士授权点,商学院已经形成培养学士、硕士和博士的完整的经济学教育体系,理论经济学成为国家一流培育学科。

用创新精神研究经济理论,构建独特的经济学话语体系,这是湖南师范大学经济学科的特色和优势。20世纪90年代,尹世杰教授带领的消费经济研究团队,系统地研究了社会主义消费经济学、中国消费结构和消费模式,为中国消费经济学的创立和发展做出了重要贡献;进入21世纪以后,我们培育的大国经济研究团队,系统地研究了大国的初始条件、典型特征、发展形式和战略导向,深入探索了发展中大国的经济转型和产业升级问题,构建了大国发展经济学的逻辑体系。正是由于在消费经济和大国经济领域的开创性研究,铸造了商学院的创新精神和学科优势,进而形成了我们的学科影响力。

目前,湖南师范大学商学院拥有比较完善的经管学科专业,理论经济学和工商管理是重点发展领域,我们正在努力培育这两个优势学科。我们拥有充满活力的师资队伍,这是创造商学院新的辉煌的力量源泉。为了打造展示研究成果的平台,我们组织编辑出版经济管理学科丛书,将陆续地推出商学院教师的学术研究成果。我们期待各位学术骨干写出高质量的著作,为经济管理学科发展添砖加瓦,为建设高水平大学增光添彩,为中国经济学和管理学走向世界做出积极贡献!

前言 PREFACE

世界技术变迁史表明,发达国家往往通过自主创新提高技术水平,后发国家则主要依靠技术引进及模仿实现技术升级。然而,对于后发国家而言,根据发达国家要素禀赋研发的前沿技术是否与后发国家要素禀赋相适宜却是值得深思的问题。中国作为后发国家正向"新常态"阶段迈进,在经济增长由高增速逐渐向6.5%~7%的中高速过渡的大背景下,如何完成由要素驱动向技术创新驱动的转型是当前的重大挑战之一;如何增强要素供给结构与技术选择的适配性,提高经济增长的数量和质量也是当前"供给侧"改革的重要内容之一。

为此,本书选择以后发国家适宜性技术选择及其对经济增长的作用研究为题,在梳理并归结适宜性选择的相关理论和前沿文献的基础上,利用技术前沿面探析不同要素结构的后发国家进行适宜性技术选择的机理,进而引入中间品种类扩张型技术进步模型,演绎后发国家适宜性技术选择的内生机理及其对经济增长的作用机理,最后在中间品质量提升技术进步的理论框架下,推演后发国家在技术差距约束下从技术引进转向自主创新的技术变迁路径,及向世界技术前沿面的收敛机制。基于此,以不同要素结构国家的技术变迁史为主线,探究工业革命至今代表性后发国家或地区通过适宜性技术选择完成技术追赶的成功经验。再从资本和劳动要素结构,技能劳动和非技能劳动要素结构的双重视角,以发达国家为对照组,检验后发国家的技术选择是否具有适宜性特征;测算在不同技术吸收障碍条件下各国的前沿技术产出,横向对比后发国家与发达国家在引进美国前沿技术后的经济增长;继而测度后发国家的引进技术产出,纵向对比其选择不同国家技术后的经济增长,甄别后发国家在不同阶段的适宜性技术选择,测算技术选择的合意区间。最后,利用包含自主创新和模仿创新的质量提升型技术进步模型,基于中国数据数值模拟后发国家的技术变迁路径和技术追赶过程,探索后发国家完成适宜性技术转型的最优路径。本书的主要研究内容如下:

第一,本书基于中间品种类扩张型技术创新,建立数理模型演绎后发国家选择不同要素增进型技术的内生机理及其对经济增长的作用机制。首先引入基于知识基础的 CES 型创新可能性边界,以稀缺要素科学家作为研发资源,演绎研发企业对研发资源的两阶段配置及其对技术选择的影响,从技术供给方的视角剖析后发国家适宜性技术选择对经济增长的影响。结论显示,后发国家的适宜性技术选择是该国自主创新效率系数,发达国家和后发国家要素结构的函数。后发国家的要素结构一方面通过改变不同要素增进型技术的创新价值,影响该国的适宜性技术选择;另一方面协同发达国家的要素结构改变技术选择,实现研发资源在两要素互补型机器研发部门之间,及部门内部自主创新和技术引进的重新配置,从而作用于后发国家的适宜性技术选择和经济增长率。

第二,本书基于技术前沿面视角,诠释不同要素结构的后发国家,综合要素生产率和要素技术效率两个层面考察引进技术与要素结构的适配性,权衡技术引进和自主创新两种技术进步方式,进行适宜性技术选择的机理。以不同要素结构国家的技术变迁史为主线，探析工业革命至今，美国、德国和日本以及"亚洲四小龙"等不同要素结构的后发国家或地区适宜技术选择的经验，再以中国近代丝织业技术格局变迁的自然实验，对比上海、南京和杭州三个不同要素禀赋结构地区技术选择是否具有适宜性特征，及其对丝织业技术升级的影响，检验上文对后发国家的适宜性技术选择机理的判断。

第三，通过建立技术选择与资本和劳动要素结构适宜性的评价指标体系，再利用三方程标准化系统和似不相关回归模型估计要素替代弹性，测算后发国家的要素技术效率和技术进步偏向性指数，并以发达国家为对照组，评价后发国家的技术选择是否具有适宜性特征。基于此，利用反事实分析测算前沿技术产出，横向对比不同技术吸收障碍条件下后发国家和发达国家采用前沿技术后的经济增长。最后，测度后发国家的引进技术产出，纵向对比后发国家在引进不同国家技术后的经济增长，甄别后发国家的适宜性技术选择，测算技术选择的合意区间，发现后发国家在进行适宜技术选择时，资本与劳动要素结构和技术水平均存在门槛效应。当技术输出国的资本劳动投入比和技术水平恰好处于技术门槛区间时，后发国家通过技术引进和模仿创新可实现产出增量的最大化。

第四，测算后发国家的技能劳动和非技能劳动的要素技术效率，以发达国家为对照，甄别其技术选择的适宜性，发现后发国家根据本国非技能劳动丰裕而技能劳动相对稀缺的要素结构选择了适宜性技术，利用非技能劳动的技术效率高于发达国家，但利用技能劳动的技术效率低于发达国家。并基于此，测算不同国家的适宜性技术产出与该国初始劳均国内生产总值（GDP）呈反向关系，表明后发国家通过技术引进，并根据本国要素禀赋对发达国家前沿技术进行充分吸收后，可使本国劳均产出大幅提升。最后，将一国的产出增量分解成技术进步效应和适宜性技术选择效应，对比后发国家与发达国家技术进步和适宜性技术选择对经济增长的贡献。

第五，本书建立包含自主创新和模仿创新的质量提升型技术进步模型，演绎研发企业依据技术引进和自主创新的预期利润分配研发资源和选择技术变迁路径，而创新利润受制于创新步长及创新的成功率，实现技术变迁的内生机理，及其对经济增长的作用机制。基于中国数据数值模拟后发国家的技术变迁路径和技术追赶过程，结果发现：自主创新和模仿创新的步长对技术变迁路径的作用效应表现出非一致性，其中自主创新步长对创新增速具有水平效应和增长效应，而模仿创新步长仅存在水平效应，由技术引进向自主创新转换的关键在于自主创新。同时，并非提高创新步长就可以实现技术追赶，创新步长对技术进步往往表现出非线性门槛效应，当自主创新和模仿创新步长的比值跨越这一门槛值，技术水平开始稳步提升。因此，只有识别出自主创新和模仿创新步长合意比值，后发国家才能实现适宜性技术转型的最优路径。

目录 CONTENTS

第一章 绪 论 001

第一节 研究背景及意义 003
    一、研究背景/003
    二、研究意义/005

第二节 研究内容、框架与方法 006
    一、研究内容/006
    二、研究框架/008
    三、研究方法/008

第三节 本书的创新与不足 011
    一、本书的创新/011
    二、本书的不足/012

第二章 相关理论概述和前沿文献述评 015

第一节 相关理论概述 017

一、相关概念界定/017

二、局部性技术创新理论/019

三、诱致性技术创新和技术进步偏向性理论/021

四、适宜性技术选择理论/023

第二节 前沿文献述评 025

一、适宜性技术选择与资本深化的文献综述/025

二、适宜性技术选择与异质性劳动的文献综述/028

三、制度约束下适宜性选择的文献综述/031

四、后发国家技术变迁路径的文献综述/034

五、前沿文献的局限性/038

第三章 后发国家适宜性技术选择及其对经济增长作用的机理分析 041

第一节 不同要素结构下后发国家适宜性技术选择辨析 043

一、要素结构相似条件下适宜性技术选择的机理/043

二、要素结构互补条件下适宜性技术选择的机理/046

第二节 后发国家适宜性技术选择的内生机理 047

一、模型的基本假定/048

二、技术需求市场的均衡/049

三、技术供给市场的均衡/051

四、后发国家和发达国家适宜性技术选择的对比/054

第三节 后发国家技术变迁路径及其对经济增长的作用机理 057

一、消费者偏好和最终产品的生产/058

二、研发企业的创新决策 /059

三、技术变迁路径对经济增长的作用机理 /067

四、模型的均衡特征 /071

第四节 本章小结 075

第四章 基于经济史的后发国家适宜性技术选择的案例分析 077

第一节 世界经济史视角下后发国家的适宜性技术选择 079

一、要素结构相似条件下适宜性技术选择的经验分析 /086

二、要素结构互补条件下适宜性技术选择的经验分析 /092

第二节 中国近代经济史视角下后发国家的适宜性技术选择 095

一、要素相似地区适宜性技术选择的经验分析 /098

二、要素互补地区适宜性技术选择的经验分析 /099

第三节 本章小结 103

第五章 后发国家适宜性技术选择及其对经济增长作用的实证检验 105

第一节 技术选择与资本和劳动要素的适宜性 107

一、技术选择与资本和劳动要素适宜性的评价指标
体系/107

二、计量模型设计与数据来源说明/110

三、技术选择与资本和劳动要素适宜性的检验/112

四、技术选择与资本和劳动要素适宜性对经济增长
作用的检验/130

第二节　技术选择与异质性劳动要素的适宜性　141

一、技术选择与异质性劳动要素适宜性的评价指标
体系/141

二、数据来源与统计特征/145

三、技术选择与异质性劳动要素适宜性的检验/151

四、技术选择与异质性劳动要素适宜性对经济增长
作用的检验/158

第三节　本章小结　162

第六章　后发国家的技术变迁路径及其对经济增长作用的数值模拟　165

第一节　参数校准和数据来源说明　167

第二节　后发国家技术变迁路径的数值模拟　168

一、自主创新和模仿创新路径/168

二、技术变迁路径/173

三、相对技术水平的收敛路径/175

第三节　后发国家技术变迁对经济增长作用的数值
模拟　177

一、成本参数不变条件下技术变迁对经济增长的
作用/177

二、成本参数可变条件下技术变迁对经济增长的作用 / 179

第四节　本章小结　184

第七章　基本结论与对中国的启示　185

第一节　基本结论　187
第二节　对中国的启示　191

参考文献 195

附录 213

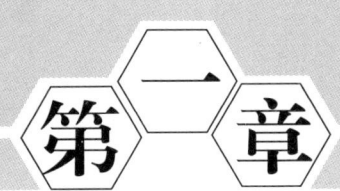

第一章

绪 论

第一节
研究背景及意义

一、研究背景

跨国收入差距历来是宏观经济学和世界经济学研究的重点领域，这是因为一国人均收入水平的实质是其劳动生产率，故而跨国收入差距的收敛或发散特征往往反映的是世界各国掌握的技术水平和所处经济发展阶段的变迁。物质资本和人力资本的积累，规模经济生产，以及包括地理位置、文化和制度等因素在内的社会基础结构都被认为是解释跨国收入差距的重要因素，而经济增长理论则将跨国收入差距的变化与技术进步相联系。纵观世界经济近现代史，一国是否掌握当时最为先进的技术是决定其经济崛起和衰退的关键因素，先进技术的转移常常与世界经济增长极相伴变化：15~16世纪，葡萄牙和西班牙掌握当时最为先进的航海技术，迅速扩展海上航线并使其经济崛起，但因掠夺的财富都被用于消费导致国内工业部门全面衰退和萎缩。其后，造船技术革命使荷兰拥有世界领先的造船技术，凭借运货量大、生产成本和运输成本低的"大肚船"，荷兰迅速成长为世界商贸中心，支付需求催生阿姆斯特丹银行和股票交易所的产生，使荷兰逐渐迈入世界大国行列。而英国熟练劳动力的积累、科学知识体系和专利制度的建立都为工业革命的发生提供了沃土，工业革命和自由贸易政策共同成就了日不落帝国。然而，第二次工业革命却并未发生在英国，19世纪末 20 世纪初，重视技术教育与技能劳动力积累的德国和美国引领了第二次工业革命，技术的发展极大地促进了生产效率的提高，并诱发垄断组织的产生，美德两国实现后发国家对发达国家的技术赶超。20 世纪，美国高技术产业的迅速崛起推动了资本市场的发展和金融创新，并成为新的世界增长极。可以说，技术进步的轨迹变化折射了世界范围内大国兴衰的历史，技术进步的弱路径依赖性使世界经济格局不断变迁成为可能。然而，在当今经济开放条件下，技术扩散和转移的弱障碍性理应使世界大同成为可能，为何世界各国收入差距不断扩大？

经济学家最初在技术进步外生的条件下探讨不同国家的经济增长问题和跨国收入差距的成因，并逐渐关注内生化条件下的技术进步对不同国家间收入差异的影响，将技术进步内生化为人力资本积累、"干中学"、中间品种类扩张的横向技术创新和中间品质量提升的纵向技术创新。后发国家与发达国家的技术距离是跨国收入差距变化的重要诱因之一，后发国家在实现技术赶超的过程中势必引进、模仿和吸收发达国家的前沿技术，引起跨国收入差距的动态变化。然而，根据发达国家要素禀赋结构研发的前沿技术是否与后发国要素禀赋结构相适宜却是值得深思的问题。中国作为后发国家正逐步向"新常态"阶段迈进，在经济增长由高增速逐渐向 6.5%～7% 的中高速过渡的大背景下，如何实现包括产业结构、要素结构、收入结构和城乡结构在内的经济结构不断优化升级，并完成由要素驱动向技术创新驱动的转型是当前的重大挑战之一；如何在优化劳动、土地和资本配置，提升全要素生产率的基础上，增强要素供给结构与技术选择的适配性，提高经济增长的数量和质量也是当前"供给侧"改革的重要内容之一。目前，国内关于适宜性技术选择的理论研究和经验研究都相对匮乏；更进一步地，根据本土要素禀赋进行的自主研发和引进或模仿发达国家前沿技术，何种形式的技术创新更有利于缩小先发国和后发国的收入差距；如何根据后发国家的要素禀赋和所处的发展阶段，甄别后发国家的适宜性技术选择，如何实现由技术引进转向自主创新的变迁都是值得研究的问题。

二、研究意义

本书拟在梳理相关理论和前沿文献的基础上，利用技术前沿面分析不同要素结构的后发国家选择适宜性技术的机理，进而引入中间品种类扩张型技术进步模型演绎后发国家选择不同要素增进型技术的内生机理及其对经济增长的作用机制。建立中间品质量提升型技术进步的理论框架，引入自主创新和技术引进两类技术进步方式，重视后发国家由技术引进转向自主创新背后的动力机制和最优选择问题，研究适宜性技术选择转变的内生机理及其对经济增长和技术收敛的影响机制，并在不同技术创新步长和创新成本参数的情形下，模拟技术变迁路径和技术追赶过程，以期拓展适宜性技术选择理论，具有一定的理论意义。

通过建立适宜性技术选择的评价指标体系，并利用跨国面板数据考察技术选择与要素结构的适配性，探析其对经济增长和跨国收入差距的影响，其意义不仅在于为适宜性技术选择理论和诱致性技术创新理论提供有益的经验支撑，更重要的是，对于尚处于技术追赶阶段的中国经济而言，通过借鉴发达国家的成功经验，其一，基于后发国家技术选择的要素结构和技术水平的门槛区间，有助于根据我国实际要素结构选择适宜性技术，充分发挥比较优势提高我国整体生产效率，缩小与发达国家的收入差距；其二，有利于消除我国的技术引进和吸收障碍，使我国逐步实现从引进技术向自主研发前沿技术的转型；其三，根据自主创新和模仿创新步长的合意区间，制定最优政策组合重新配置我国物质资本和人力资本等研发投入资源；探寻一条能够充分发挥后发优势，完成技术赶超和技术变迁的最佳路径以释放经济增长潜力，显然极具实践意义。

第二节
研究内容、框架与方法

一、研究内容

全书内容共计七章，每章节的具体内容安排如下：第一章是绪论，首先概括本书选择以后发国家适宜性技术选择及其对经济增长的作用为题的选题背景和研究意义。总结本书各个章节的主要研究内容，简要介绍论文的研究框架和主要研究方法。最后，指出本书的创新之处与不足之处，在此基础上总结未来进一步研究方向。

第二章是相关理论概述和前沿文献述评，首先厘清了适宜性技术选择的内涵和后发国家的概念，再根据适宜性技术选择机理的发展脉络，对局部性技术创新理论、技术进步偏向性理论和适宜性技术选择理论进行系统梳理。在此基础上，分析资本深化、异质性劳动要素禀赋和制度约束对适宜性技术选择及经济增长的作用效应，及后发国家的技术变迁路径等前沿文献，总结已有文献研究的局限性。

第三章是后发国家的适宜性技术选择及其对经济增长作用的机理分析。本章首先通过引入技术前沿面，探析不同要素结构的后发国家综合要素生产率和要素技术效率两个层面考察引进技术与要素结构的适配性，权衡技术引进和自主创新两种技术进步方式，进行适宜性技术选择的机理。在此基础上，引入中间品种类扩张型技术创新，利用基于知识基础的CES

型创新可能性边界,以稀缺要素科学家作为研发资源,演绎研发企业对研发资源的两阶段配置,从技术供给方的视角剖析后发国家选择不同要素增进型技术的内生机理及其对经济增长的作用机制。最后,构建包含自主创新和模仿创新的质量提升型技术进步模型,考察后发国家由技术引进逐渐转向自主创新的技术变迁路径,分析两种技术进步方式对经济增长的贡献率,及其向世界技术前沿面收敛的机制。

第四章是基于经济史的后发国家适宜性技术选择的案例分析,首先以不同要素结构国家的技术变迁史为主线,探究工业革命至今,美国、德国和日本及"亚洲四小龙"等不同要素结构的后发国家或地区如何实现适宜性的技术选择;再以中国近代丝织业技术发展格局变迁为自然实验,对比上海、南京和杭州三个不同要素禀赋结构地区技术选择是否具有适宜性特征,及其对丝织业技术升级的影响。以检验上文对不同要素结构后发国家适宜性技术选择机理的判断。

第五章是后发国家适宜性技术选择及其对经济增长作用的实证检验。本章首先建立技术与资本和劳动、技能劳动和非技能劳动要素结构的适宜性评价指标体系,再利用三方程标准化系统和似不相关回归模型估计要素替代弹性,测算不同国家的要素技术效率和技术进步偏向性指数。最后,再测算各国的前沿技术产出,横向对比在不同技术吸收障碍条件下后发国家和发达国家在引进美国前沿技术后的经济增长。在此基础上,测度后发国家的引进技术产出,纵向对比该国在选择不同国家技术后的经济增长,甄别后发国家在不同阶段的适宜性技术选择,测算技术选择的合意区间。

第六章是后发国家的技术变迁路径及其对经济增长作用的数值模拟。本章在上文质量提升型技术创新模型的基础上,利用中国数据数值模拟不同技术创新步长下的最优技术变迁路径及技术赶超的动态过程,发现研发企业依据技术创新的预期利润分配研发资源和进行技术选择,而创新利润受制于创新步长及创新的成功率,不同类型的创新步长对技术变迁路径的作用表现出非一致性,其中自主创新步长对创新增速具有水平效应和增长效应,而模仿创新步长仅存在水平效应,技术变迁的关键在于自主创新。同时,并非提高创新步长就可以实现技术追赶,创新步长对技术进步表现出非线性门槛效应,只有识别出自主创新和模仿创新步长的合意比值,才能实现适宜性技术选择由技术引进向自主创新的变迁。

第七章基本结论与对中国的启示,简要总结论文的基本结论及对中国的启示。

二、研究框架

本书研究框架如图 1-1 所示。

三、研究方法

为分析后发国家适宜性技术选择的内生机理,及其对经济增长的作用机制,检验后发国家的技术选择是否与本国要素结构相适配,并探析后发国家技术转型的最优路径,本书拟用文献分析和史料分析,数理模型和实证检验相结合的方法,并结合 Stata 等计量软件处理和分析数据,检验技术选择是否具有适宜性特征及其对经济增长的影响,利用 MATLAB 等软件解决后发国家如何选择适宜性技术等问题,具体如下:

(一) 文献分析法

根据适宜性技术选择理论的发展脉络,对局部性技术创新理论、技术进步偏向性理论和适宜性技术选择理论进行系统梳理,并分析资本深化、异质性劳动要素禀赋和制度约束与技术选择的适宜性及对经济增长的作用效应。在总结已有文献研究特点和局限性的基础上,建立检验适宜性技术的评价指标体系,探析后发国家适宜性技术选择的内生机理及其对经济增

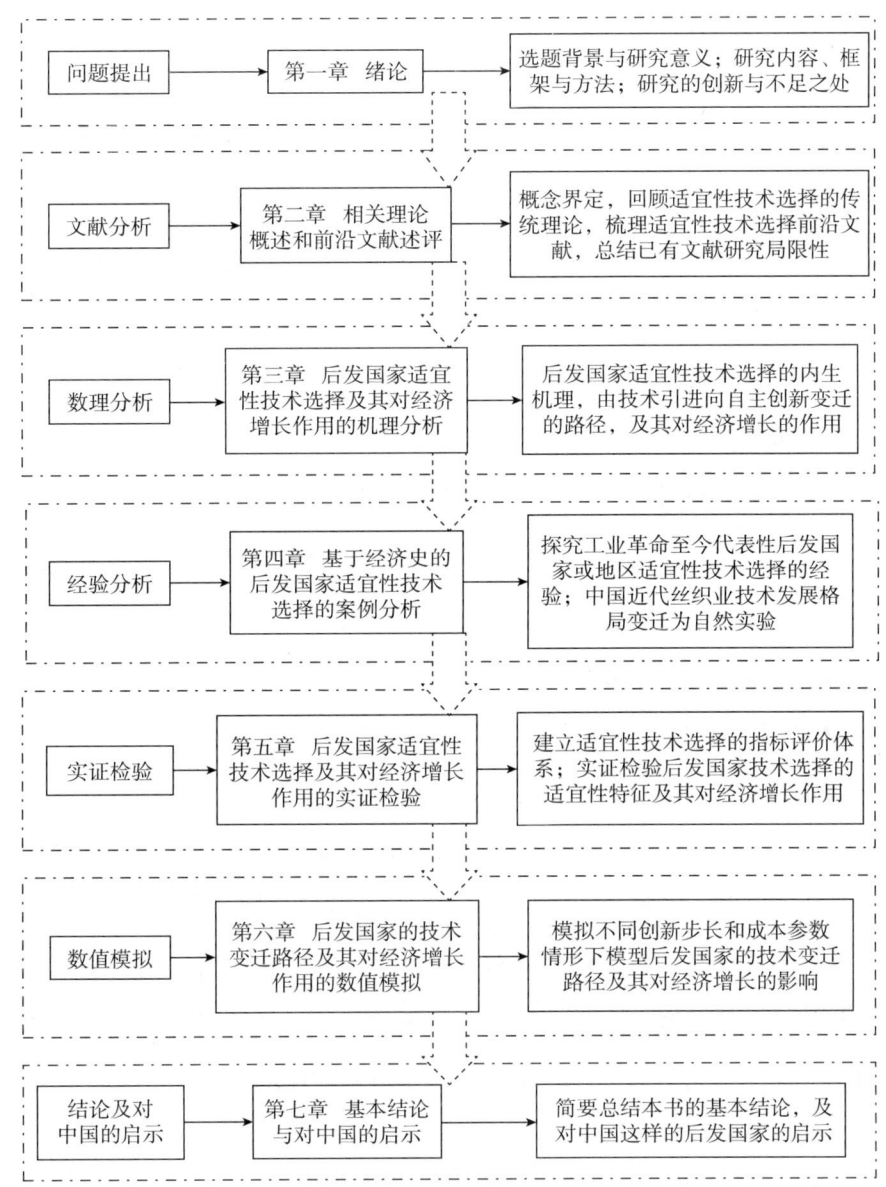

图 1-1 本书研究框架

长的动态影响机制等。

（二）史料分析法

利用史料分析法归结适宜性技术选择及其影响经济增长的内在逻辑。从世界经济史的视角观察不同要素禀赋结构的后发国家在不同发展阶段技术选择的演进路径，有利于捕捉技术选择的本质；同时，比较在各个发展阶段后发国家技术追赶实现经济赶超的不同模式，为实证检验不同地区适宜性技术选择及其对经济增长作用奠定基础。通过对历史资料的梳理和分析，为本书研究适宜性技术选择的机制及其对经济增长的作用提供思想启示，并厘清推演逻辑。

（三）数理模型法

运用数理模型演绎适宜性技术选择的内生机理及其对经济增长的作用机制。首先，引入中间品种类扩张型技术创新，利用基于知识基础的CES型创新可能性边界，以稀缺要素科学家作为研发资源，演绎研发企业对研发资源的两阶段配置，从技术供给方的视角剖析后发国家选择不同要素增进型技术的内生机理及其对经济增长的作用机制。其次，构建质量提升型内生技术进步的理论框架，探究在技术垄断厂商追求利润最大化条件下和不同技术创新步长情形下，后发国家实现适宜性技术转型的动力机制。最后，演绎不同创新步长和创新成本下，后发国家由技术引进转向自主创新的变迁路径，及其对经济增长和技术赶超的影响。再利用数值模拟方法仿真分析和对比不同创新步长的环境下后发国家的技术变迁路径和向技术前沿面的收敛路径。

（四）实证检验法

利用多种计量方法实证检验后发国家的适宜性技术选择对经济增长的影响。首先，建立基于资本和劳动、技能劳动和非技能劳动要素结构的适宜性技术选择的评价指标体系。其次，利用三方程标准化系统和似不相关回归模型估计相关参数，并测算适宜性选择的评价指标。最后，在不同技术吸收障碍等多重假定条件下，利用反事实分析测算前沿技术产出、引进技术产出和适宜性技术产出等指标，检验和对比技术选择对于后发国家和发达国家经济增长的作用，并甄别后发国家在不同阶段的适宜性技术选择。

第三节
本书的创新与不足

一、本书的创新

本书的创新之处主要包括以下三点：

第一，建立适宜性技术选择及其对经济增长作用的理论框架。利用技术前沿面，考察不同要素结构的后发国家进行适宜性技术选择的机理。在此基础上，引入中间品种类扩张型技术创新，利用基于知识基础的 CES 型创新可能性边界，从技术供给方的视角剖析后发国家选择不同要素增进型技术的内生机理及其对经济增长的作用机制。再建立中间品质量提升型技术进步的理论框架，通过引入技术引进和自主创新两种技术进步方式，探究在技术差距约束、不同技术创新步长和创新成本的环境下，后发国家的技术变迁路径，及其向世界技术前沿面的收敛机制。

第二，构建后发国家技术选择与资本和劳动、技能劳动与非技能劳动等要素禀赋是否具有适宜性特征的评价指标体系，通过测算不同要素技术效率、技术进步偏向性指数，利用反事实分析测度前沿技术产出、引进技术产出等指标，检验并甄别不同国家的技术选择是否具备适宜性特征，对比后发国家和发达国家技术选择对经济增长的作用。

第三，基于中国数据数值模拟不同技术创新步长和技术成本参数条件下，后发国家技术变迁的最优路径，发现：不同类型的创新步长对技术变迁路径的作用表现出非一致性，其中自主创新步长对创新增速具有水平效应和增长效应，而模仿创新步长仅存在水平效应，技术变迁的关键在于自主创新。并非提高创新步长就可以实现技术追赶，创新步长对技术进步往往表现出非线性门槛效应，只有识别出自主创新和模仿创新步长合意比值，才能实现技术变迁的最优路径。

二、本书的不足

虽然本书在后发国家适宜性技术选择这一领域取得了三方面的进展，但仍然存在诸多不足：首先，适宜性技术选择的理论框架具有很强的假定条件，未考虑放松假定条件后模型推演结论的稳健性。其次，实证研究集中关注国家层面技术选择的适宜性检验，缺乏从产业层面检验后发国家技术选择的适宜性。最后，本书虽然利用中国数据模拟了后发国家技术赶超的最优路径，但并未详细阐述如何根据各国要素结构差异，制定恰当的政策组合使后发国家或地区实现适宜性技术转型。

基于上述本书研究的不足之处，后发国家适宜性技术选择的未来研究可在如下方面进行深化与完善：

其一，放松模型的基本假定，检验在引入制度约束和技术转移障碍等条件后，适宜性技术选择及其对经济增长的作用是否稳健。

其二，完善适宜性技术选择及其对经济增长作用的实证检验。在现有适宜性技术选择的评价指标体系的基础上，从要素禀赋结构和要素生产率的角度，实证检验不同产业层面技术选择的适宜性，利用各国的产业数据检验不同要素密集度的产业内部适宜性技术选择及其对经济增长的影响，更易获取适宜性技术选择问题的丰富内涵。

其三，数值模拟不同制度环境对适宜性技术选择演变路径的动态影响。国别间要素结构和技术吸收能力的差异影响后发国家适宜性技术偏好及其对经济增长的作用，如何通过政策或制度诱致后发国家逐步实现从引进技术到自主研发前沿技术的平稳转型至关重要。首先依据世界前沿技术水平推算最优要素比例；再检验不同制度环境是否影响适宜性技术选择对经济增长的作用。数值模拟不同知识产权强度、技术研发资金的资本属性结构和支出结构对适宜性技术选择演变路径的动态影响，以检验不同类型政策的效果强弱和时滞性长短。根据数值模拟的结果，针对我国现处经济发展阶段下的要素结构和技术吸收能力的强弱，制定、搭配恰当的技术政策组合，探索有利于后发国家适宜性技术转型和技术赶超的最优制度环境。

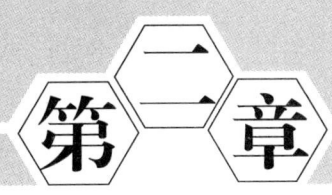

相关理论概述和前沿文献述评

本章首先对适宜技术选择的内涵和后发国家的概念进行界定，再按照适宜性技术选择机理的发展脉络对局部性技术创新理论、诱致性技术创新、技术进步偏向性理论和适宜性技术选择理论进行梳理；其次，在此基础上分析资本深化、异质性劳动和制度约束等因素对适宜性技术选择作用的前沿文献，并归结后发国家技术变迁路径的前沿文献；最后，总结已有文献研究的局限性。

第一节
相关理论概述

一、相关概念界定

所谓适宜性技术（Appropriate Technology）并非一定是前沿技术，而是指与本国要素禀赋结构相匹配的技术形态，以有效提高其要素技术效率和要素生产率。由于不同国家的要素禀赋存在差异，因而其适宜性的技术选择有所不同，一国如果选择与其要素禀赋不相匹配的技术类型，势必抑制技术效率增长进而制约全要素生产率的提升（Basu 和 Weil，1998；Acemoglu 和 Zilibotti，2001；林毅夫和张鹏飞，2006）。基于发达国家根据本国要素禀赋进行自主创新，所选择的技术势必与本国要素禀赋结构相适配；而后发国家可通过技术引进和模仿创新的方式实现技术升级（林毅夫和张鹏飞，2005），故而适宜性技术选择多针对后发国家。所谓后发国家，顾名思义，是指经济发展起步落后于先发国家的国家。这一概念最初是由Gerschenkron（1952）界定，他提出"后发性"（Backwardness，也译为"后起性""落后性"）是指在一国或地区范围内经济发展处于相对落后阶段的状态，因而后发国家（Backward Countries，也译为"后起国家""落后国家"和"后发展国家"）是指在指定阶段内，以特定国家或地区的经济发展阶段为参照，经济技术发展水平处于相对落后的国家和地区。可见，后发国家是一个相对的概念，是特定时期内针对先发国家或发达国家，经济发展处于落后阶段的国家。由此可知，后发国家并不等于欠发达国家，在世界经济史上英国、美国、德国、日本和"亚洲四小龙"地区都曾经是后发国家和地区，但现在已经不再是欠发达国家而是发达国家①。

因而，技术选择与要素禀赋的适宜性是影响跨国生产率差异日趋显著和收入差距不断分化的关键因素。为此，部分经济学家开始从资本深化和技术进步转向适宜性技术选择的视角，重新诠释跨国技术和收入差距日趋明显的原因。Solow（1956）和 Swan（1956）最初从资本积累的视角分析后发国家与发达国家收入差距的变化，在新古典经济增长理论框架下，假定技术进步外生，后发国家与发达国家具有相同的技术水平，因前者人均资本存量低于后者，受到资本边际报酬递减的作用，后发国家经济增速将超越发达国家使跨国收入差距趋于收敛，但这与大部分国家收入差距不断分化的经验事实相悖。自1960年至2000年世界各国人均 GDP 对数值的标准差由 0.89 增加至 1.12，人均 GDP 的增长率最低为 -3.2%，最高为 6.4%，不同国家的人均收入差距日益显著（Summers 和 Heston，1991；Heston 等，2002）。

可见，伴随着经济发展，国家之间人均收入水平的差距没有出现新古典经济增长理论预期的那样收敛，而是逐渐扩大，那么跨国收入差距不断扩大的原因是什么？经济学家开始从内生技术进步的视角阐释跨国收入差距扩大的问题，新增长理论认为内生条件下的技术进步才是经济增长的动力源泉（Romer，1990；Lucas，1988；Grossman 和 Helpman，1991；Aghion 和 Howitt，1992），利用人力资本积累（Human Capital Accumulation）、干中学（Learning by Doing）、中间产品种类扩张的水平型技术创新（Horizontal Inno-

---

① 本文在第四章从世界经济史的视角梳理后发国家适宜性技术选择时，主要考察的是经济史上曾经出现过的后发国家，现在已经成为发达国家。而在第五章在进行后发国家适宜性技术选择的实证检验时，则参考现在的经济发展阶段，以欠发达国家作为后发国家。

vation）和产品质量阶梯提升的垂直型技术创新（Vertical Innovation）等模型演绎技术进步内生化过程，从微观视角揭示了发达国家经济持续增长的原因。

而 Hall 和 Jones（1999）、Klenow 和 Rodriguez（1997）认为后发国家与发达国家的技术差距是跨国收入差距的重要诱因之一，这一结论在跨国全要素生产率差异的经验研究中得到进一步验证（Easterly 和 Levine，2002；Caselli 等，1996）。那么，随着技术差距的缩小，各国的收入差距是否会出现同步收敛？Lucas（2000，2007）认为产业革命形成的世界范围的技术扩散，生产知识的流动能使各国经济增速趋于收敛，缩小跨国收入差距。据此可以认为在当前经济开放条件下，国家间的技术引进、转移和技术模仿得以实现，世界各国的收入差距应该逐渐缩小。但经验研究却显示除发达国家和美国各州的收入差距出现条件收敛外（Barro 和 Sala-i-Martin，1997），多数国家反而出现贫富两极分化（Pritchett，1997；Maddison，2001）。

自 20 世纪 70 年代起，包括韩国、新加坡、中国台湾、中国香港在内的亚洲新兴经济体通过国际贸易方式引入发达国家非前沿的劳动密集型技术，与本地丰富廉价的劳动力资源相结合发展劳动密集型产业，在资本积累达到一定水平后再逐步转向资本及技术密集型产业（Basu 和 Weil，1998；Chuang，1998；林毅夫等，1999），创造了经济持续高速增长的"东亚奇迹"。可见，基于要素禀赋的差异，不同国家的适宜性技术形态不同，后发国家的适宜性技术并非一定是前沿技术，而是能够充分利用该国要素禀赋并与之相匹配的技术，只有选择与要素禀赋相适宜的技术才能有效提高要素技术效率和要素生产率，缩小与发达国家的收入差距。

二、局部性技术创新理论

适宜性技术选择问题在早期研究中就受到了关注（Stewart，1977；David, 1975; Atkinson 和 Stiglitz, 1969; Salter 等, 1969), Atkinson 和 Stiglitz (1969) 最早提出了具有适宜性技术内涵的局部性技术进步理论 (Localized Technological Progress)。传统观点认为生产函数曲线上的点代表不同的生产环节，且随着生产流程的复杂化逐渐变为光滑可微的曲线，技术进步表现为生产函数曲线的整体外移，即技术进步呈中性，且能够提升所有环节的生产率。与传统观点不同，局部性技术进步理论认为技术创新往往只能改进生产流程中的一个环节，对其他环节并不存在溢出效应，或者只对部分环节存在溢出效应，因而技术进步常呈现出局部有效特征，即技术进步仅仅体现在特定资本劳动要素比例或者临近比例下的生产率提高。他们进一步指出可以通过干中学和 R&D 活动方式实现技术创新，且都将在与当前所使用技术相匹配的要素密集度上实现。因此，为了使局部性技术创新更加有效，厂商在进行技术选择时不仅应当考虑当前要素供给和要素价格，同时应当关注未来要素供给和要素价格的变化趋势，进而选择最优资本劳动投入比例实现局部性技术进步。基于技术进步的局部有效特征，发达国家和后发国家应分别使用资本和劳动密集型技术；若发达国家主要选择资本密集型技术，此时后发国家应当自主研发劳动密集型技术；但发达国家个别产业技术进步具有强局部性效应，能够同时提高资本和劳动技术效率，因而后发国家与前沿技术的适宜性取决于发达国家技术进步的局部有效性强弱和后发国家研发资源的投入量。

但遗憾的是，Atkinson 和 Stiglitz (1969) 虽然指出了技术进步的局部性特征，与一国如何针对这一特征进行技术选择及其重要性，但并未构建理论模型阐释在特定资本劳动要素比例下局部性技术进步的形成机理，以及如何选择最优资本劳动要素比例实现局部性技术进步，而探究这些问题，还应关注诱致性技术创新和技术进步偏向性理论。

三、诱致性技术创新和技术进步偏向性理论

适宜性技术选择机理的研究源于技术进步偏向性理论（Caselli 和 Coleman，2006），而技术进步偏向性理论的思想来源于诱致性技术创新理论，并在其基础上延续、发展和创新。Hicks（1932）最早提出诱致性技术创新的概念，认为要素相对价格的变化将诱致技术创新偏向于节约昂贵的生产要素。诱致性技术创新理论在厂商追求产出最大化的条件下，同时考虑创新可能性边界（Innovation Possibilities Frontier）的约束，探析技术进步偏向性的决定机理（Kennedy，1964；Samuelson，1965；Ahmad，1966；Nordhaus，1973），显示技术进步偏向性可根据产出增长率曲线和创新可能性边界的切点确定。然而，要素份额的变化将使产出增长率曲线转动，故这一切点难以确定；只能通过固定要素价格求解利润最大化方程确定技术进步的偏向性，但在规模收益递增生产函数下，利润最大化方程为非凸优化且不存在内解。只有引入垄断竞争技术市场（Romer，1990；Grossman 和 Helpman，1991；Aghion 和 Howitt，1992）或"干中学"（Lucas，1988），从微观角度将技术进步内生化，方可解决非凸性问题（Acemoglu，2014）。

Acemoglu（1998，2002，2007）引入垄断竞争技术市场演绎技术创新内生化过程，将诱致性技术创新理论发展为技术进步偏向性理论。Acemoglu（2002）认为利润驱动下的厂商行为决定技术选择偏向于何种要素，同时受价格效应和市场规模效应的共同作用，其中价格效应倾向于选择生产昂贵中间产品的技术，而市场规模效应则使技术偏向于具有广泛市场需求的生产要素。进一步通过引入技术垄断厂商将技术进步内生化为水平型和垂直型技术创新，探析在实验室设备和知识积累等不同创新可能性边界下技术进步偏向性的决定机理，结论显示经济体的技术进步更加偏向于密集使用丰裕要素。但这一研究的局限性在于将生产函数限定为 CES 型，并将技

术进步设定为要素增进形态,其模型缺乏一般性。为此,Acemoglu (2007) 在一般生产函数 $Y = F(L, Z, \theta)$ 的基础上,引入包括增进型技术进步和其他技术进步形态的技术向量 θ,重新演绎这一结论。Jones (2005) 则在紧缩形式的标准生产函数下,验证长期技术进步将表现为劳动增进形态。从利润驱动下技术厂商的微观视角,Acemoglu (2003) 也认识到技术进步在转型路径下表现资本增进形态,而在平衡增长路径下技术进步则表现劳动增进形态。

在要素禀赋与技术进步偏向性的关系上,各国经验研究验证了一国或单个产业部门技术进步偏向于丰裕要素,Caselli 和 Coleman (2001) 发现基于技能劳动与信息技术的互补性,信息技术产业出现技能偏向型技术进步。Klump 等 (2007) 通过构建三方程标准化供给面系统,并利用美国 1953~1990 年的时序数据发现劳动增进型技术进步呈指数增长,而资本增进型技术进步呈对数增长,结合估算得到的处于 0 到 1 之间的要素替代弹性,显示美国的技术进步偏向于资本。同时,这一结论在美国和日本(Hayami 和 Ruttan,1970;Binswanger 和 Ruttan,1978;Kawagoe、Otsuka 和 Hayami,1986;Thirtle 和 Schimmelpfennig,2002)、中国(Lin,1991)、南非(Thirtle、Townsend 和 Zyl,1995)和韩国(Yuhn,1991)等国家的农业技术实践中也得到证实。而我国作为后发国家,虽然具有丰裕的劳动要素禀赋,但近年来人口红利的消失和资本深化程度的加剧令要素禀赋发生相对变化,资本密集程度有所提高(林毅夫、姚洋,2006;蔡昉等,2004)。戴天仕和徐现祥(2010)利用三方程标准化系统并结合我国 1978~2005 年的时序数据,考察我国技术进步方向,发现我国技术进步朝向多使用资本而节约劳动力的方向发展,且偏向于资本的速度呈递增趋势。陈晓玲和连玉君(2012)、邓明(2014)使用我国分省面板数据得到了相似结论,选择资本偏向型技术的省份多于劳动偏向型技术的省份。黄先海和徐圣(2009)利用我国劳动密集型和资本密集型部门 1990~2006 年的数据，并根据劳动收入比重的变化率分解分析技术选择的特征，发现两类部门技术进步都为劳动节约型。陈宇峰等（2013）根据 1998~2008 年我国工业部门细分行业的面板数据，考察了国有、民营和外资企业技术偏向性，显示国有企业倾向于选择资本偏向型技术，且偏向于资本的程度高于民营企业和外资企业。姚毓春等（2014）利用我国工业和制造业 1985~2011 年的时序数据，验证了技术进步整体呈现资本偏向性，倾向于选择多使用资本而节约劳动的技术。相关文献都验证了不同经济体均倾向于选择使用丰裕要素的技术类型。

可见，技术进步偏向性和诱致性技术创新理论虽然结论是相似的，但诱致性技术创新理论缺乏微观基础，且并未将技术创新内生化，而技术进步偏向性理论通过将技术进步内生化，而使其具有更加丰富的内涵。此外，不同于局部性技术进步理论观点即经济体选择技术时应当同时考虑当期和未来要素相对价格，技术进步偏向性理论认为技术选择仅仅受当期要素价格影响。虽然，技术进步偏向性的理论和实证检验的结论均显示一国的技术进步将偏向于多使用丰裕要素，而节约稀缺要素。但测度技术进步偏向性的实证研究受限于生产函数的具体设定，且受要素替代弹性的影响程度较大，缺乏普适性。

四、适宜性技术选择理论

Atkinson 和 Stiglitz（1969）虽然强调了技术选择的重要性，却并未构建理论模型详细阐述如何选择适宜性技术，Basu 和 Weil（1998）沿用 Atkinson 和 Stiglitz（1969）的思路，设定技术进步源于"干中学"，令技术进步与生产要素耦合 $A(K, t)$ 并表现为特定资本劳动比率下的生产率增长：当 $k-\gamma < j < k+\gamma$ 时，$\dot{A}(j, t) = \beta[A^*(j) - A(j, t)]$，否则等于 0。而后发国家引进

的发达国家前沿技术是否与本国资本和劳动要素禀赋适宜？不同于其他文献多关注后发国家技术研发水平对技术吸收效率的影响（Parente 和 Prescott，1994；Segerstrom 等，1990；Grossman 和 Helpman，1991），Basu 和 Weil（1998）关注后发国家低资本劳动要素比是否能充分吸收前沿技术，在无技术转移成本且不存在时滞性的条件下，后发国家使用前沿技术仍受到抑制，直至该国资本与劳动要素之比，能够满足该技术的需求。

当然，"干中学"对于技术创新的作用是显而易见的，但将技术进步完全内生化为"干中学"，却与发达国家通过投入大量物质资本和人力资本推动前沿技术创新的经济事实相违。基于此，Acemoglu 和 Zilibotti（2001）将技术创新设定为一项利润驱动下富有动机性的 R&D 活动，而非无目的性的"干中学"，认为影响适宜性技术选择的关键在于技能劳动的相对供给水平（H/L）而非资本劳动比例：北方国家具有丰富的技能劳动（$H^n/L^n > H^s/L^s$）并据此进行前沿技术研发（$N_H/N_L = ZH^n/L^n$），南方国家技能劳动稀缺而非技能劳动丰裕的要素禀赋（H^s/L^s），与根据北方国家要素禀赋（H^n/L^n）研发的前沿技术（N_H/N_L）不具有适配性，且这种非适宜性表现在南北方国家不同要素密集部门的全要素生产率差异上。在此基础上，利用 22 个国家 27 个三位编码制造业的数据，按照非生产性工人比例将 27 个产业依次分为低、中、高技能密集型产业，并按照人均 GDP 将 22 个国家分为发达国家组和欠发达国家组，考察不同国家不同产业全要素生产率与美国全要素生产率的差异化程度，验证欠发达国家所有部门的全要素生产率均低于美国，但随着欠发达国家产业技能密集程度的增加，与美国全要素生产率的差异将缩小。

不同于 Acemoglu 和 Zilibotti（2001）假定南北方国家技能与非技能劳动技术效率趋同，要素与技术的非适宜性表现在不同部门的全要素生产率差异上，Caselli 和 Coleman（2006）认为技能劳动和非技能劳动要素禀赋与技术的非适宜性表现在，技能劳动丰裕的北方国家倾向于多使用技能劳动互补型技术 A_s，而非技能劳动丰裕的南方国家则选择多使用非技能劳动互补型技术 A_u；一国的要素技术效率取决于由技术差距引致的技术吸收障碍，及技术与要素禀赋的适宜性之间的权衡，若南方国家与北方国家技术差距小，则北方国家技能劳动技术效率 A_s 高于南方国家，而南方国家非技能劳动技术效率 A_u 高于北方国家，出现技能的绝对偏向性；若南北方国家技术差距大，则北方国家技能劳动技术效率和非技能劳动技术效率 A_s、A_u 和技能相对于非技能劳动技术效率之比 A_s/A_u 均高于南方国家，表现出技能相对偏向性。

综上可知，适宜性技术选择理论的假定过于严格，理论框架有待进一步深化。适宜性技术选择的机理研究通常在不存在跨国技术转移障碍的条件下，考察后发国家要素禀赋与前沿技术的适配性，未考虑放松假定后其结论的稳健性。同时，相关文献表征要素禀赋与技术选择非适宜性的具体方式有所不同，是表现在要素生产率或是要素技术效率的差别，仍然存在争议，缺乏统一的指标体系刻画评价要素与技术选择的适宜性。

第二节　前沿文献述评

一、适宜性技术选择与资本深化的文献综述

后发国家可通过自主创新和技术引进实现技术进步。若与发达国家的

技术差距越大，后发国家获取的技术外溢效应越强，那么后发国家可通过引进、吸收和模仿发达国家技术的方式，快速实现技术升级和技术赶超（易先忠等，2007；张平和刘霞辉，2007；Helpman 等，1993；Barro 和 Sala-i-Martin，1997；Keller，2004）。Coe 等（1997）认为后发国家通过购买发达国家生产的中间产品和机器设备，获取发达国家的技术溢出。当技术创新发生时，由于发达国家劳动力的工资水平高于后发国家，且发达国家劳动力能够熟练使用原有技术，因而发达国家将抵制新技术，可能使后发国家的技术水平超越发达国家催生"蛙跳"机制（Brezis 等，1993）。更进一步地，Desmet（2002）将 Brezis 等（1993）的理论框架由李嘉图模型改进为考虑知识溢出和资本流动的 H-O 模型，发现当技术创新发生在低工资率地区时，后发国家可通过技术升级和技术赶超而实现经济飞跃。但现实经济并未完全按理论模型所预期的方向发展，发达国家与发展中国家收入差距不断扩大的例子让笔者进一步思考，在经济全球化的背景下，后发国家如何有效吸收发达国家的技术，获取技术外溢效应？对要素禀赋条件有何要求？

学者们关注到，后发国家要素禀赋与前沿技术的非适宜性是技术吸收障碍和跨国收入趋于分化的重要原因。首先，从资本密集度与前沿技术的适宜性角度解释技术吸收效率。Basu 和 Weil（1998）在无技术吸收成本的假定下，发现后发国家现阶段的资本密集度水平难以吸收发达国家的技术溢出，只有通过提高储蓄率加快自身资本积累，才能充分吸收前沿技术，缩小与发达国家的收入差距。据此，可通过提高储蓄率加速资本深化，以提高后发国家吸收技术的能力。资本深化程度是提高前沿技术在后发国家溢出效率的关键，众多经验研究都给予了充分关注。利用囊括发展中国家、新兴工业化国家和初始 OECD 国家在内的 57 个国家 1965~1990 年的面板数据，Kumar 和 Russell（2002）将劳动生产率分解成技术进步效应、技术追赶效应和资本积累效应三项,发现技术追赶效应对后发国家的作用弱于发达国家,技术进步的资本增进形态对发达国家比对后发国家更加有利,而技术进步效应并非跨国收入差距变化的主要原因,可见跨国收入的两极分化源于资本深化。Los 和 Timmer（2005）为实证检验 Basu 和 Weil（1998）的理论,考察局部性技术创新、技术溢出的吸收效应和资本深化速率对跨国收入差距的作用,沿用 Kumar 和 Russell（2002）的方法,并结合 53 个国家 1965~1990 年的面板数据对劳动生产率的变化进行分解,发现局部性技术创新难以在低资本密集度下实现,多发生在高资本密集度的发达国家,使跨国收入趋于分化;因吸收发达国家新技术是一项成本较高、进程缓慢的经济活动,很多国家选择生产率水平偏低的非前沿生产技术,虽然技术吸收效应能使跨国收入差距呈收敛态势,但收敛速率缓慢且不同国家技术吸收率迥异,因而跨国收入分布的变化可归因于影响技术吸收潜力的资本深化的作用。Timmer 和 Los（2005）发现在高资本密集度区域更易实现局部性技术进步,且这一结论在农业中比在制造业中表现更加显著;在此基础上,将 8 个亚洲国家和地区 1975~1992 年的劳动生产率变化分解,研究发现加强资本深化是获取技术外溢效应的前提条件。Jerzmanowski（2007）在重新设定 CD 生产函数的条件下,检验低技术效率和适宜性技术选择对跨国收入差距敛散性的解释程度,方差分解结果显示适宜性技术选择可解释约 1/4 的跨国收入差距,技术效率低才是跨国收入差距进一步扩大的主要原因,但若后发国家与发达国家技术差距持续存在,那么与技术效率相比,适宜性技术选择对缩小跨国收入差距愈加重要。同时,不恰当的要素投入比例是发展中国家无法吸收前沿技术的重要原因,后发国家可通过加快资本相对于劳动的积累速度,提高引进和吸收新技术的能力。

对于资本深化与适宜性技术选择问题的研究,主要是从后发国家资本与劳动要素禀赋的视角考察技术选择的适宜性。但在实体经济运行过程中，异质性设备投资与技术进步不断耦合，这些研究难以刻画异质性设备资本投资与技术进步的适宜性特征，同时也未形成异质性资本、劳动要素与前沿技术适宜性的完善的理论框架。而经验研究往往根据劳动生产率变化的三项分解，检验前沿技术与后发国家资本劳动要素禀赋的适宜性，结果均显示通过加速资本深化可提升后发国家吸收前沿技术的能力，尚未构建检验技术选择与资本劳动要素禀赋适宜性的评价指标体系。

二、适宜性技术选择与异质性劳动的文献综述

但若资本深化可提高后发国家吸收前沿技术的能力，为何拉丁美洲、非洲以及除"亚洲四小龙"外的亚洲国家提高储蓄率却无法加速经济增长（林毅夫，2002，2006）？适宜性技术选择理论的另一思路是从异质性劳动要素禀赋的视角，诠释后发国家与发达国家前沿技术的非适宜性。Acemoglu 和 Zilibotti（2001）在无技术障碍的条件下，研究了劳动要素禀赋结构与技能偏向型前沿技术的非适宜性对跨国生产率差异的影响机制，若发达国家研发与本国丰裕的技能劳动相适宜且具有技能偏向特征的前沿技术，后发国家引进该技术与其自身要素禀赋存在非适宜性，由此引致跨国收入差距不断扩大。假定所有国家均可使用世界范围内的前沿技术，一国劳均产出 y^c 和有效劳均产出 $y^{eff,c}$ 实质为给定技术水平下技能劳动与非技能劳动要素配比的函数：

$$y^c(H^c, L^c, N_L, N_H | \delta) = \frac{Y^c}{L^c + H^c} = \frac{\exp(-1)}{\delta} \cdot \frac{[(N_L L^c)^{1/2} + (N_H H^c)^{1/2}]^2}{L^c + H^c}$$

(2-1)

$$y^{eff,c}(H^c, L^c, N_L, N_H | \delta) = \frac{Y^c}{L^c + ZH^c} = \frac{\exp(-1)}{\delta} \cdot \frac{[(N_L L^c)^{1/2} + (N_H Z H^c)^{1/2}]^2}{L^c + ZH^c}$$

(2-2)

其中，δ 表示均衡时的资本劳动比例，由式（2-1）和式（2-2）可知，劳均产出 y^c 和有效劳均产出 $y^{\mathit{eff},c}$ 为给定技术 N_H/N_L 下，技能劳动与非技能劳动比 H/L 的倒"U"型函数，当 $H/L=ZN_H/N_L$，$H/L=ZN_H/N_L$ 时，劳均产出和有效劳均产出分别取最大值。而世界范围内前沿技术是根据发达国家要素禀赋研发的（$N_H/N_L=ZH^n/L^n$），由于后发国家技能与非技能劳动比例均低于发达国家，因而后发国家劳均产出和有效劳均产出都低于发达国家。

虽然，Acemoglu 和 Zilibotti（2001）为后发国家经济赶超失败的经验事实提供了理论基础，但却对后发国家增长奇迹的解释力不足（林毅夫和张鹏飞，2006）。不同于 Acemoglu 和 Zilibotti（2001）假定后发国家使用与发达国家要素技术效率完全相同的前沿技术，林毅夫和张鹏飞（2006）允许后发国家根据本国要素禀赋自主选择适宜性技术，在一定条件下后发国家经济增速可能超过发达国家并实现经济赶超，设发达国家和后发国家技术变迁的动态方程分别为：

$$\dot{N}_z^n = \frac{X_z^n}{\mu}, \quad \dot{N}_z^s = \frac{X_z^s}{\mu - \varphi\left(\dfrac{N_z^n/z^n}{N_z^s/z^s}\right)} \tag{2-3}$$

其中，发达国家的研发投入为 X_z^n，研发成功一种新的中间产品的成本为 μ；而对后发国家而言，除了可自主研发外，还可通过技术模仿和引进摊低研发成本，$(N_z^n/z^n)/(N_z^s/z^s)$ 表征后发国家与发达国家的技术距离，$\varphi(x)$ 反映随着后发国家与发达国家技术距离缩小，其技术模仿成本提高。在此条件之下，后发国家将选择低于前沿技术水平的技术 $N_z^s<N_z^n$，且后发国与先发国的相对经济增速满足：

$$g^s = \frac{\left\{\exp(-1)\cdot\beta\cdot(1-\beta)\cdot\left[\mu-\left(\dfrac{N_L^n/L^n}{N_H^s/H^s}\right)\right]^{-1}\cdot(\bar{L}+ZH^s)-\rho\right\}}{\left[\exp(-1)\cdot\beta\cdot(1-\beta)\cdot\mu^{-1}\cdot(\bar{L}+ZH^n)-\rho\right]}\cdot g^n$$

$$\tag{2-4}$$

当 $\varphi((N_L^n/L^n)/(N_H^s/H^s))/\mu>1-[(\bar{L}+ZH^s)/(\bar{L}+ZH^n)]$ 时，后发国家在赶超先发国之前的平衡增长路径上经济增速始终大于发达国家，在一定条件下后发国家可赶超发达国家。同时，在后发国家技能与非技能劳动要素禀赋给定的条件下，若根据本国要素禀赋选择适宜性技术，可兼顾实现后发国家劳均产出最大化及其与发达国家劳均产出差异最小化两个目标。

Caselli 和 Coleman（2006）利用跨国技能溢价数据，发现发达国家具有丰富的技能劳动资源而后发国家的非技能劳动更加丰裕，各地区都倾向于选择与其要素禀赋相适宜的技术。因此，与发达国家相比，后发国家技术选择的范围更加狭窄，若采用与本国要素禀赋非适配的前沿技术往往会造成巨大的效率损失使跨国收入差距进一步扩大，缩小收入差距首先应加强技能劳动积累，扩大后发国家技术选择的范围。以新兴经济体为研究对象，Fu 和 Pietrobelli（2011）发现获取技术溢出效应的前提条件包括，与该技术配套的本国自主研发能力、现代化的制度管理结构和有益的技术创新系统，自主研发与技术引进的互补性特征决定自主研发对缩小跨国收入差距意义重大。国内学者对适宜性技术选择影响生产率的研究集中在自主创新和技术引进对技术进步的作用效应对比上，利用1996~2003年我国地区工业行业的面板数据，吴延兵（2008）测算自主创新、国内技术引进和国外技术引进存量，检验并对比三者对生产率的作用差异，发现国内技术引进对生产率的作用并不明显，但自主创新和国外技术引进却对生产率有显著的正向影响，且这一正向影响呈现明显的地区特征，东部和中部地区的自主创新作用显著，而国外技术引进则对西部地区的生产率提升有显著的正向影响。利用同期的工业分行业面板数据，李小平（2007）却得到不同的结论，发现自主研发和国内技术引进并不能有效提高生产效率，但国外技术引进能够促进技术进步。利用我国大中型工业企业的面板数据，经验研究显示自主研发和技术改造对企业创新绩效有着显著正向的影响，但技术的引进、消化和吸收对企业全要素生产率的正向作用则不断弱化（程惠芳和陆嘉俊，2014；李光泗和沈坤荣，2011）。

可见，关于异质性劳动与适宜性技术选择问题的理论研究，多从先发经济体视角剖析前沿技术与后发国家稀缺的技能劳动要素禀赋的非适配性，及由此造成的效率损失；较少从后发经济体视角考察其如何根据利润最大化目标，结合本国技能与非技能劳动要素禀赋选择适宜性技术，缩小跨国收入差距的理论机制。异质性劳动与适宜性技术选择问题的经验研究过于简化。国外经验研究多利用技能溢价数据评价技术选择与技能劳动的适配性，而国内经验研究则根据技术引进和自主研发对技术进步率的影响方向，判定引进技术是否与我国技能劳动要素禀赋相适配，且结论存在争议，即无法判断技术引进和自主研发对技术进步的作用强弱，也并未深入剖析自主研发和技术引进，二者与技能劳动要素禀赋是否具有适配性的成因。

三、制度约束下适宜性选择的文献综述

因前沿技术与后发国家的要素禀赋不具有适配性，后发国家将在非前沿的本土技术和前沿技术中进行选择，而只要前沿技术对生产率的边际效用强于本土技术，后发国家就有选择前沿技术的可能（Acemoglu 和 Zilibotti，2001）。Fu 和 Gong（2010）利用中国制造业 2001~2005 年企业层面的面板数据，研究本土技术和引进技术对技术升级的影响效应，发现本土企业的 R&D 活动仍然是制造业技术升级的主要动因，引进、吸收和模仿国外技术对技术升级并不存在显著的正向影响。因此，对于后发国家而言，如何根据比较优势以较低的成本充分吸收发达国家技术是完成技术赶超的关键（林毅夫，2010，2012），而制度或发展战略对此的诱致作用不容忽视（林毅夫，2002，2006），那么，何种制度环境更有利于后发国

家充分吸收和应用前沿技术？Acemoglu 等（2006）认为随着经济逐渐接近生产前沿面，应同步实现由投资驱动型战略向创新驱动型战略的转移；且这一战略转换的时机选择非常关键，为避免一国过早放弃投资战略，政府将采取限制市场竞争或投资补贴政策延长投资战略时间，这些政策在短期内有利，但其显著的长期成本使该国陷入投资驱动陷阱，并难以向前沿面收敛。Stokey（2012）构建技术与人力资本交互模型以解释跨国收入水平和增长率差距，运用数值模拟法验证了消除技术引进障碍和提高研发补贴，能有效提高后发国家的全要素生产率，缩小其与发达国家的收入差距，且消除技术引进障碍的效率高于研发补贴。

更为重要的是，后发国家知识产权保护制度的强弱反映该国对自主研发和技术引进的选择倾向（易先忠等，2007）。一般而言，强知识产权保护制度鼓励自主创新，而弱知识产权保护制度倾向于技术引进。然而，何种强度的知识产权保护制度更加有利于后发国家实现适宜性技术转型，并缩小与发达国家的收入差距？相关文献多基于南北贸易模型从福利损失的视角探讨最优知识产权制度的问题。一方面，强知识产权保护制度并不利于后发国家技术进步，因强知识产权鼓励发达国家技术创新，抑制后发国家技术模仿（Chin 和 Grossman，1990；Deardorff，1992）。Grossman 和 Helpman（1993）认为基于强知识产权保护制度抬高北方国家制造业的产品价格，由此加大南方国家技术创新的难度使其技术创新速率先升后降，无论是否考虑 FDI，强知识产权保护制度均对南方国家不利。另一方面，相关文献认为强知识产权保护制度对后发国家技术进步更加有利，在动态内生经济增长框架下，Taylor（1994）发现若南北方国家知识产权制度存在非对称性即南方国家实行弱专利制度，则北方国家将采用非最优的研发技术降低研发总量，南方国家会获得一次性的工资增长。Yang 和 Maskus（2001）利用美国外商独资公司和海外附属公司知识产权收入数据发现，加强知识产权制度的效应多体现在推进公平技术贸易而非提高许可证交易费，说明强知识产权有利于转变技术转移方式。

Diwan 和 Rodrik（1991）从适宜性技术选择的角度探讨最优专利制度，认为后发国家强知识产权保护制度能有效抑制技术模仿，使后发国家将有限的研发资源投入与本国要素禀赋相适宜的自主创新上。Mondal 和 Gupta（2008）在 Helpman（1993）的理论框架下讨论了知识产权制度的强弱对自主创新的影响，结论显示后发国家知识产权强度对其自主研发的作用依赖于消费者跨期消费状态。国内学者也就专利制度对适宜性技术选择的影响机制进行了有益尝试，徐朝阳（2010）在 Barro 和 Sala-i-Martin（1997）理论框架下讨论最优专利制度及其动态变化特征，将技术模仿设定为一种受到专利制度保护的局部性技术创新活动，为减少福利损失，发展中国家在发展初期实行较为宽松的专利制度将有利于其技术引进和模仿，随着经济发展应当逐步提高专利保护强度。刘小鲁（2011）通过引入自主创新和技术引进拓展中间产品内生增长模型，发现加强知识产权保护制度，一方面可通过提高本国技术专利的保护强度，激励后发国家自主研发；但另一方面也会增强对发达国家专利的保护力度，从而对后发国自主创新形成阻碍，因而在均衡状态下自主研发的效率与专利保护强度呈倒"U"型规律，并提出中国作为后发国家在完善知识产权制度的同时更应当注重提高自主研发能力。易先忠等（2007）利用扩展的中间产品内生增长模型进行研究，也认为中国现阶段的自主创新能力较弱，技术进步主要依赖技术引进和模仿，而弱知识产权保护制度有利于以技术模仿为主要形式的技术进步。

但关于知识产权制度对后发国家自主创新影响效果的经验研究却存在分歧，Chen 和 Puttitanun（2005）在知识产权制度约束下讨论自主创新和技术模仿的选择问题，利用 64 个发展中国家的面板数据进行实证分析，发现知识产权保护制度的强度随经济发展阶段呈先降后升的"U"型规律，而自主创新比重随知识产权制度加强而逐步提高。而 Schneider（2005）结合 64 个发展中国家和发达国家 1970~1990 年的面板数据进行实证检验，结果显示强知识产权制度可提高自主创新速率，但对发达国家的正向作用更加显著。Lorenczik 和 Newiak（2012）发现知识产权制度对自主研发的影响依赖于创新效率且呈非单调特征，知识产权制度存在门槛效应，若当知识产权保护制度的强度低于门槛值，则知识产权保护制度的强化无法促进自主创新；而当知识产权保护制度的强度超过门槛值时，进一步强化的知识产权制度能够促进后发国家自主创新并缩小收入差距。但刘小鲁（2011）利用 2001~2008 年我国省际面板数据却得到了相反结论，发现自主研发投入比重和技术进步率均为关于知识产权保护强度的倒"U"型曲线。易先忠等（2007）利用我国 1987~2004 年时序数据，并以执法力度修正的 GP 指数表征知识产权保护强度，结果显示我国知识产权保护强度逐渐上升，但整体水平仍然较低，并应用 Granger 因果检验验证我国现阶段的知识产权保护制度有利于技术模仿。

可见，剖析制度约束对适宜性技术选择影响的相关研究多集中于知识产权保护制度。相关文献普遍关注专利制度对适宜性技术选择的约束作用，较少从研发补贴和税收等视角研究政策变迁对适宜性技术选择的影响。相关理论研究显示，知识产权制度对适宜性技术选择的作用效应受制于经济发展阶段，而经验研究也验证知识产权制度对自主创新的影响存在门槛效应。但这些文献并未详细阐述后发国家如何根据发展阶段和要素禀赋的差异，制定恰当的政策组合激励后发国家选择适宜性技术，完成由技术引进和模仿创新转向自主创新的技术变迁。

四、后发国家技术变迁路径的文献综述

虽然前沿技术与后发国家的要素禀赋的适配性较弱，但只要前沿技术

对生产率的边际效用强于本土技术，后发国家就有可能完成由技术引进向自主创新的变迁。为此，本节分析后发国家技术变迁路径的前沿文献。世界技术变迁史表明，发达国家往往凭借自主创新提高技术水平，发展中国家则主要依靠技术引进及模仿实现技术升级（林毅夫和张鹏飞，2005）。而技术强国更替与后发国家技术赶超历史也表明，技术变迁往往表现出连续性，但时而也会呈现跳跃性，这其中技术引进和自主创新扮演着重要角色。后发国家应如何选择技术进步路径，文献研究思路主要有两种（余泳泽，2012）：一是基于比较优势理论的"技术引进与模仿创新模式"，认为后发国家技术模仿成本若低于创新成本，跨国技术差距越大则后发国家技术模仿空间越大、技术进步速度越快，凭借后发优势更易实现技术追赶（Wang 和 Blomstrom，1992；Keller 和 Yeaple，2009）。Berzis 等（1993）认为，当技术引进和模仿创新经过累积后易出现技术"蛙跳"，从跟随者转变为领导者，这在印度、法国和西班牙等国特定产业得到一定验证（Kathuria，1996；Thuy，2005）。二是基于竞争优势理论的"自主创新和技术赶超模式"，认为自主创新是后发国家实现技术赶超的根本动力（余泳泽，2012）。Mathews（2007）认为，发展中国家模仿发达国家技术易受专利制度约束，而技术和要素禀赋的非匹配性也易导致引进非前沿技术。过去 30 余年，中国通过技术贸易和外商直接投资等方式获取发达国家的先进技术而创造了增长奇迹，但伴随技术水平的不断提升，技术可供模仿的空间逐渐收窄，依赖引进及模仿显然难以维系高速经济增长对技术的需求。在后发优势持续弱化的条件下，像中国这样的发展中国家如何实现技术选择的变迁，激励自主创新逐渐成为研究关注的焦点。

关于技术引进及模仿创新的效率问题，适宜性技术进步理论认为，一国应选择何种技术取决于本国的要素禀赋条件，技术进步只有在特定资本和技能密集度下才能发挥效率（Atkinson 和 Stiglitz，1969；Diwan 和

Rodrick, 1991; Barro 和 Sala-i-Martin, 1997)。Basu 和 Weil (1998) 认为技术进步应是要素组合的函数, 技术效率的发挥仅限在与其禀赋相匹配的国家。即使所有国家都使用相同技术, 由于发达国家拥有丰裕的技能劳动且非技能劳动则相对不足, 而后发国家则非技能劳动丰裕且技能劳动稀缺, 则后发国家引进来自发达国家的前沿技术可能并不适用 (Acemoglu 和 Zilibotti, 2001), 其技术引进效率取决于前沿技术与本国技术的差距, 技术差距过大易使技术吸收出现障碍, 引发技术效率损失和跨国收入差距扩大 (Caselli 和 Coleman, 2006), 仅当技术差距适度时技术溢出效应最大 (Lai 等, 2009; 王华, 2012)。Basu 和 Weil (1998)、Los 和 Timmer (2005)、Caselli 和 Coleman (2006) 也认为若技术引进国和创新国存在较大的要素禀赋差距, 使来自创新国家的具有资本和技能密集性的前沿技术无法与后发国家要素结构匹配, 诱使前沿技术无法发挥应有的效率。Driffield 等 (2009) 发现技术差距和技术外溢关系呈非线性, 技术差距引发技术溢出存在门槛效应。

　　从长远上看, 发展中国家若过于倚重技术引进与模仿将会削弱其创新能力, 拉大与发达国家的技术差距而进入比较优势陷阱, 与发达国家形成一个无法跨越的"均衡技术差距"而成为永久的跟随者, 而自主创新则可能通过技术"蛙跳"成为领导者 (Krugman, 2003)。Romer (1990)、Grossman 和 Helpman (1991)、Aghion 和 Howitt (1992) 等开创的新增长理论将企业自主创新作为以盈利为目的的内生行为, 认为主要受需求和技术推动的自主研发活动内生于经济增长 (Aghion 等, 1998), 并受知识产权保护制度 (郭春野等, 2012)、人力资本禀赋 (Lucas, 1988)、研发强度 (Cohen 和 Klepper, 1996)、R&D 竞争程度 (Aghion 等, 2005)、市场需求和结构 (Aghion 等, 2005; Piva 和 Vivarelli, 2007)、技术创新机会 (Klevorick 等, 1995) 和创新补贴 (安同良等, 2009) 的影响。Barro 和 Sala-i-Martin

(1997)、Howitt（2000）、Acemoglu 等（2006）将技术扩散引入新增长模型中，考察了发达国家和发展中国家间技术互动机制，但这类研究往往将后者的技术进步归结于前者技术扩散的结果，忽视后者在技术模仿过程中知识积累引发的自主创新活动（傅晓霞和吴利学，2012）。

利用我国 1996~2003 年地区工业行业的面板数据，吴延兵（2008）检验发现国外技术引进和自主研发对工业企业生产率提升有明显的正向影响；而我国自主创新能力偏弱，制约了技术引进和吸收的效果。可见，技术引进和自主创新并非独立而是耦合式发展，日韩等国家技术发展道路表明，后发国家通常需要经历一个从技术引进、消化吸收再到自主创新的过程（李思一，2000；Basu 和 Weil，1998）。在当前，对于中国这样的发展中国家技术引进或自主创新都无法成为技术升级的唯一动力（Breznitz 和 Murphree，2011；李小平，2007）。傅晓霞和吴利学（2012）利用 1996~2008 年省际研发结构数据，发现技术差距与吸收能力共同作用才能影响自主研发。利用我国 2001~2008 年分地区大中型工业企业的面板数据，李光泗和沈坤荣（2011）发现，与技术引进相比，自主创新对企业绩效的促进作用更为明显。Fu 和 Pietrobelli（2011）发现发展中国家获取技术溢出效应的前提，是本国存在与之配套的自主研发、现代化管理结构和良性技术创新系统，自主研发与技术引进的互补性决定自主研发可以缩小跨国收入差距。Benhabib 等（2014）将企业分为创新和模仿两类，模拟不同生产率水平的企业如何选择技术模仿和自主创新，发现若企业生产率水平与前沿技术距离较远时，将会增加技术模仿上的投入，通过技术外溢效应实现技术追赶；若企业邻近或正达到前沿技术时，才会加大自主创新强度；若企业生产率水平较高但不足以向自主创新型方向转变，企业将重新回归模仿。

前沿研究已关注到后发国家变迁路径对技术升级的影响，这些研究特点主要有二：一是重点关注种类扩张型技术创新及其变化成因，忽视现代技术进步更多以产品质量提升方式耦合于机器设备的投资过程中。虽然新增长理论早已将技术创新内生化为中间品质量（Grossman 和 Helpman，1991a，1991b；Aghion 和 Howitt，1992），但却缺乏将质量提升型技术创新纳入理论框架考察技术变迁路径及其对技术升级的影响。二是大量研究设定技术进步源于自主创新和技术引进，构建技术创新方程（Aghion 等，2003；Acemoglu 等，2006，2012b；Vandenbussche 等，2006；Wu，2010；欧阳峣等，2012；易先忠等，2007），或通过 CES 型创新可能性边界表征技术进步（傅晓霞和吴利学，2013），关注技术差距对技术引进的影响，强调技术引进及自主创新对后发国家技术追赶的重要性，却并未考察技术差距对技术变迁路径的内生作用，忽视技术进步路径转换背后隐藏的动力机制。

五、前沿文献的局限性

本章根据适宜性技术选择机理的发展脉络，对局部性技术创新、诱致性技术创新、技术进步偏向性理论和适宜性技术选择理论进行系统梳理；并分析资本深化、异质性劳动和制度约束对适宜性技术选择的作用，并归结为后发国家技术变迁路径的前沿文献，在此基础上指出现有文献研究的局限性：

（一）适宜性技术选择的理论框架有待深化

适宜性技术选择的机理研究通常在无制度约束和跨国技术转移完全实现的条件下，文献多从发达国家视角出发，将后发国家视为其技术扩散的对象，考察后发国家要素结构与前沿技术的适配性，且未考虑放松假定后其结论的稳健性。对于技术选择与要素结构适宜性的研究，主要从后发国家资本与劳动要素结构的视角考察技术选择的适宜性，以及从异质性劳动要素的视角检验技术选择的适宜性,这些研究难以刻画体现在异质性设备资本投资中的技术进步与技能劳动相耦合的特征,同时也未形成异质性资本、劳动要素与前沿技术适宜性完善的理论框架。

(二)适宜性技术选择及其对经济增长影响的经验研究过于简化

经验研究普遍局限于技术进步偏向性的测度问题,尚未构建检验技术与要素结构适宜性的评价指标体系。相关文献往往根据劳动生产率变化的三项分解,检验前沿技术与后发国家要素禀赋结构的适宜性,结果均显示通过加速资本深化可提升后发国家吸收前沿技术的能力,而国内经验研究则停留在检验技术引进和自主研发对技术进步率的影响方向,且结论存在争议,即无法判断技术引进和自主研发对技术进步的作用强弱,也缺乏对其成因的深入剖析。

(三)适宜性技术选择的制度约束研究则关注知识产权制度

相关文献普遍集中在专利制度对适宜性技术选择的影响,缺乏从更广阔的视角如研发补贴和税收等,考察政策对适宜性技术选择的影响。相关理论研究显示,知识产权制度对适宜性技术选择的影响受制于经济发展阶段,而经验研究则发现知识产权制度对自主研发的作用存在门槛效应。但相关文献并未详细阐述如何根据后发国家发展阶段和要素禀赋的差异,制定恰当的政策组合激励后发国家选择适宜性技术,实现由技术引进和模仿创新向自主创新的转换。

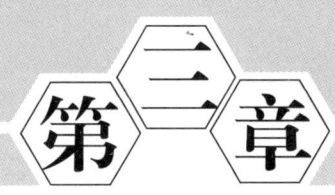

第三章

后发国家适宜性技术选择及其对经济增长作用的机理分析

本章首先通过引入技术前沿面，探析不同要素结构的后发国家，综合要素生产率和要素技术效率两个层面考察引进技术与要素结构的适配性，权衡技术引进和自主创新两种技术进步方式，并选择适宜性技术的机理。在此基础上，引入中间品种类扩张型技术创新，利用基于知识基础的 CES 型创新可能性边界，以稀缺要素科学家作为研发资源，演绎研发企业对研发资源的两阶段配置，从技术供给方的视角剖析后发国家选择不同要素增进型技术的内生机理及其对经济增长的作用机制。最后，构建包含自主创新和模仿创新的质量提升型技术进步模型，考察后发国家由技术引进转向自主创新的技术变迁路径，分析两种技术进步方式对经济增长的贡献率，及其向世界技术前沿面收敛的机制。

第一节
不同要素结构下后发国家适宜性技术选择辨析

技术选择与要素禀赋结构的适宜性,是一国生产率和技术效率提升的重要影响因素(董直庆和陈锐,2014;王林辉和董直庆,2012)。因发达国家依据本国要素禀赋进行自主研发实现技术进步,为此,后发国家是否进行自主研发,取决于自身要素禀赋与发达国家技术的适宜性问题(Stewart,1977),对于二者的非匹配性,主要表现在两个方面:第一,全要素生产率层面。若后发国家引进非适宜性技术,将使技术与要素出现错配现象,诱致全要素生产率损失。假定发达国家和后发国家具有相同的要素技术效率,Acemoglu和Zilibotti(2001)认为后发国家要素禀赋结构与发达国家前沿技术之间的非适宜性,突出表现为两国不同要素密集型部门和整体的全要素生产率差异。第二,要素技术效率层面。通常技术吸收障碍引致要素技术效率差异,也是前沿技术与后发国家要素禀赋非适宜性的主因之一。在真实经济发展过程中,后发国家引进或模仿先发国的前沿技术,往往不能达到与发达国家相同的要素技术效率,发达国家的技术效率高于后发国家(Caselli和Coleman,2006)。

一、要素结构相似条件下适宜性技术选择的机理

假设世界范围内存在先发国和后发国两类国家,经济体中存在两种生产要素,包括劳动力 L 和另一种生产要素 Z(可代表资本、技能劳动、土

地或者其他自然资源等)。如图 3-1 所示：纵轴 A_L 和横轴 A_Z 分别代表劳动 L 要素的技术效率和 Z 要素的技术效率，引入 Caselli 和 Coleman (2006) 关于技术前沿面 (Technology Frontier) 的概念，曲线 D 代表发达国家的技术前沿面，曲线 BS 和 BL 代表与先发国具有不同技术差距的后发国家技术前沿面。技术前沿面上的点代表经济体选择不同要素投入和要素技术效率组合，为了便于分析，本书将一国技术前沿面曲线形式设定如下：

$$(A_{L_i})^\varphi + \psi_i (A_{Z_i})^\varphi = T_i$$

其中，下标 i 代表不同国家，参数 T_i 代表 i 国的技术水平。

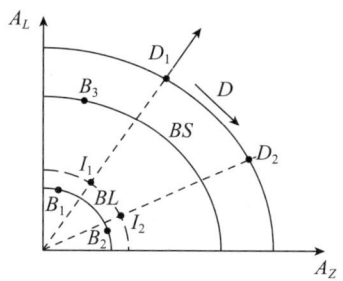

图 3-1 要素结构互补型国家适宜型技术选择路径

一国技术前沿面与原点的距离表征其技术水平，因此 $T_D > T_{BS} > T_{BL}$ 成立，$T_i - T_j$ 可用于测度不同国家间的技术差距。技术前沿面是一条向右下方倾斜的曲线，$\dot{A}_L/A_L = -\psi_i \dot{A}_Z/A_Z$ 表明提高一种要素技术效率，必须降低另一种要素技术效率。一国将根据本国要素相对丰裕程度和相对价格选择合适的生产点。以后发国的技术前沿面 BL 为例，假定其拥有丰富的劳动力要素，而 Z 要素相对稀缺，该国将选择 B_1 点进行生产而非 B_2 点；反之，若该国为 Z 要素相对丰裕国家，将选择 B_2 点进行生产。在这一分析框架下，以发达国家技术前沿面曲线 D 为例，一国技术进步可表现为两方面:一是在当前生产点下技术前沿面的外移即表现为 D 的外移;二是表现为生产要素 Z 的不断积累,生产要素 Z 不断替代简单劳动 L,生产点由 D_1 点向 D_2 点转移。在大多数情形下,两类技术进步往往同时发生。

图 3-2 显示的是当后发国家要素禀赋结构与发达国家相似时,在不同技术差距约束下,后发国家如何选择适宜性技术。相似的要素禀赋结构,使后发国家在引进发达国家前沿技术过程中,减少由要素结构与技术非适配性诱致的效率损失。为最大限度地降低这一损失,后发国家将先通过要素积累,缩小与发达国家要素结构的差距,加速技能劳动或资本积累。因此,当后发国家与发达国家具有相似的要素结构时,技术差距并非决定后发国家适宜性技术选择的关键。在任何技术差距下,后发国家都将充分利用后发优势,选择"要素积累驱动技术引进",实现研发成本和时间的节约,直至后发国家技术水平接近或者超越发达国家,技术外溢效应趋于零,凭借前期技能劳动要素的积累,后发国家开始取代发达国家从事前沿技术研发。值得注意的是,在两种要素结构下后发国家都将实现要素积累,但与要素结构互补情形下后发国通过技术引进实现要素积累所不同的是,要素结构相似情形下后发国家通过要素积累缩小要素结构的差距再引进技术。

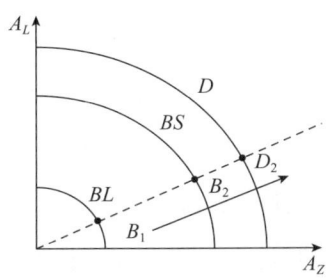

图 3-2 要素结构相似型国家适宜型技术选择路径

二、要素结构互补条件下适宜性技术选择的机理

利用图 3-1 可以分析后发国家要素禀赋结构与发达国家互补时,后发国家技术选择问题。发达国家 D 往往拥有相对丰裕的生产要素 Z,而后发国家 B 简单劳动 L 相对丰裕,当两国技术距离较大时,D 国最初根据本国要素禀赋选择在 D_1 点生产,一方面,该国为实现技术突破使技术前沿面外移;另一方面,随着 Z 要素的积累,生产逐渐转向 D_2 点,生产要素 Z 的技术效率 A_Z 进一步提高。而后发国家 B 最初在 B_1 点生产,可选择技术引进和自主研发两种技术进步方式实现技术赶超,均可使技术前沿面外移,但因其技术水平相对较低,不能完全吸收发达国家的技术,通过技术引进实现的技术水平提升并不能完全达到发达国家水平 $T_{IMPORT} = \psi_i T_D$,$\psi_i < 1$。同时,因技术研发基础薄弱和自主研发高投入高风险的特点,通过技术引进实现的技术水平提升将高于自主研发 $T_{IMPORT} > T_{R\&D}$。后发优势决定该国选择从发达国家引进、吸收技术实现技术进步。后发国家可选择引进发达国家 D_1 点和 D_2 点的技术,实现该国生产点转向 I_1 点和 I_2 点并使其技术水平同比例提高。

然而,一国全要素生产率水平不仅由该国技术进步水平所决定,还受要素结构与技术的适配性所约束。由于 I_1 点技术所需的要素投入比例与后发国家要素禀赋结构相似,可减少由技术与要素结构非适配性引起的效率损失。因此,后发国家并未选择发达国家代表前沿技术的 D_2 点而选择 D_1 点。值得注意的是,后发国家在由 B_1 点转向 I_1 点的过程中,在实现技术前沿面外移提高技术水平的同时,增强生产要素 Z 的积累。可见,当后发国家与发达国家要素结构互补,且存在较大技术差距时,将选择技术引进与要素积累交互推进这一循环往复的方式,随着这一过程的不断重复,后发国家 Z 要素积累程度逐渐深化,Z 要素密集型技术效率不断提高,技术

差距逐步缩小,直至接近发达国家的技术前沿,技术引进成本高昂且由于技术封锁难以再大规模引进,后发国家开始进行自主研发。

而当后发国家与发达国家的技术差距较小时,后发国家 B 最初根据本国要素禀赋选择在 B_3 点的技术,由于已达到一定的技术水平,随技术差距的缩小技术外溢效应将逐步减弱,因而通过技术引进实现的技术水平提升 T_{IMPORT} 与自主研发实现的技术水平提升 $T_{R\&D}$ 差异并不大,前者有可能超越后者。在此情形下,后发国家 B 将在技术前沿面上选择符合本国要素禀赋结构的自主创新。但因后发国家一般与发达国家的技术差距较大,因而这一情形在实体经济运行中较为少见。

第二节
后发国家适宜性技术选择的内生机理

上一节概述了不同要素禀赋结构下后发国家适宜性技术选择的机理,本节将引入中间品种类扩张型技术创新,利用数理模型演绎后发国家选择不同要素增进型技术的内生机理及其对经济增长的作用机制。笔者仍然沿用上一节的思路,设定后发国家和先发国家在生产过程中使用两种生产要素,劳动要素 L 和另一种生产要素 Z(可代表资本、技能劳动、土地或者其他自然资源等);该理论模型包括四个部门:第一是最终品的生产厂商,利用劳动密集型中间品 Y_L 和 Z 要素密集型中间品 Y_Z 生产并销售最终产品 Y;第二是不同要素密集型中间品的生产厂商,分别雇用劳动要素 L 或生产要素 Z,并从研发企业购买对应的要素互补型机器,生产并向最终品生产厂商出售不同要素密集型中间品;第三是研发企业,雇用科学家通过自主创新和技术引进两种方式从事不同类型要素互补型机器的研发与创新。若新的要素互补型机器研发成功,研发企业随即掌握这项技术的专利权,可生产这一新机器并独得垄断利润;第四是消费者,向最终产品生产厂商提供劳动力,并在预算约束下消费最终产品,实现效用最大化。

一、模型的基本假定

本节假定世界上有两个国家:后发国家 s 和发达国家 n。首先按照技术进步偏向性文献的思路(Acemoglu,1998,2002,2003),对两种生产要素 L 和 Z,分别与对应要素增进型技术进步 A_L 和 A_Z 相耦合的理论框架进行设定。

设定后发国家和发达国家代表性消费者的效用函数为相对风险厌恶不变型(CRRA):

$$U = \int_0^\infty \frac{C(t)^{1-\theta} - 1}{1-\theta} \cdot e^{-\rho t} dt$$

其中,ρ 代表贴现率,$C(t)$ 为这一代表性消费者在 t 时期的消费,θ 为相对风险厌恶系数。任一国家 c 面临的预算约束为:$C+I+R \leq Y$,其中,C 代表该国消费者的总量消费,I 代表投资,R 为研发企业的 R&D 支出,而国家 c 最终产品 Y^c 的生产函数为:

$$Y^c = \left[\alpha Y_L^{c\frac{\varepsilon-1}{\varepsilon}} + (1-\alpha) Y_Z^{c\frac{\varepsilon-1}{\varepsilon}} \right]^{\frac{\varepsilon}{\varepsilon-1}} \tag{3-1}$$

其中,Y_L^c 和 Y_Z^c 分别代表 c 国的 L 劳动密集型中间品和 Z 要素密集型中间品,而 α 代表分配份额的系数,ε 代表两类要素密集型中间品的替代弹性。

c 国的劳动密集型中间品 Y_L^c 和 Z 要素密集型中间品 Y_Z^c 的具体生产函数为:

$$Y_L^c = (L^c)^\beta \int_0^{A_L^c} x_L^c(i)^{1-\beta} di, \quad Y_Z^c = (Z^c)^\beta \int_0^{A_Z^c} x_Z^c(i)^{1-\beta} di \quad (3\text{-}2)$$

其中，$\beta \in (0, 1)$，式（3-2）表明要素密集型中间品由这一要素和与该类生产要素互补的机器共同生产。L^c 和 Z^c 分别代表 c 国生产投入的劳动要素 L 和 Z 要素总量，$x_L^c(i)$ 和 $x_Z^c(i)$ 分别为该国中间品生产厂商使用的第 i 类劳动要素 L 和 Z 要素互补型机器的数量。而 A_L^c 和 A_Z^c 则分别为该国劳动要素 L 互补型机器和 Z 要素互补型机器的种类，本节以此代表劳动增进型技术进步和 Z 要素增进型技术进步，A_Z^c / A_L^c 代表 c 国的技术选择。

二、技术需求市场的均衡

本节将从技术需求市场出发，阐释价格效应和市场效应通过影响不同要素增进型技术的价值，从而改变适宜性技术选择的机理。

基于中间品市场为完全竞争，市场出清条件要求中间品的相对价格满足：

$$p_Z^c / p_L^c = [(1-\alpha)/\alpha] \cdot (Y_Z^c / Y_L^c)^{-1/\varepsilon} \quad (3\text{-}3)$$

要素密集型中间品的生产厂商根据如下利润最大化条件确定机器需求数量：

$$\max \left\{ p_L^c Y_L^c - w_L^c L^c - \int_0^{A_L^c} x_L^c(i) \chi_L^c(i) di \right\},$$

$$\max \left\{ p_Z^c Y_Z^c - w_Z^c Z^c - \int_0^{A_Z^c} x_Z^c(i) \chi_Z^c(i) di \right\} \quad (3\text{-}4)$$

根据式（3-4）的一阶条件，可确定要素密集型中间品生产厂商对两类机器的需求数量：

$$x_L^c(i) = L^c \cdot \left(\frac{p_L^c(1-\beta)}{\chi_L^c(i)} \right)^{1/\beta}, \quad x_Z^c(i) = Z^c \cdot \left(\frac{p_Z^c(1-\beta)}{\chi_Z^c(i)} \right)^{1/\beta} \quad (3\text{-}5)$$

再根据利润最大化条件式（3-4）关于要素的一阶条件，可得劳动 L

和 Z 要素的报酬：

$$w_L^c = \beta p_L^c \cdot (L^c)^{\beta-1} \int_0^{A_L^c} x_L^c(i)^{1-\beta} di, \quad w_Z^c = \beta p_Z^c \cdot (Z^c)^{\beta-1} \int_0^{A_Z^c} x_Z^c(i)^{1-\beta} di$$

至于要素互补型机器的价格，基于机器为垄断市场，故机器的垄断厂商可根据生产成本和价格加成确定机器价格。设定要素互补型机器的生产成本为 κ，因而垄断厂商生产机器可获得的利润为：

$$\pi_L^c(i) = (\chi_L^c(i) - \kappa) \cdot x_L^c(i), \quad \pi_Z^c(i) = (\chi_Z^c(i) - \kappa) \cdot x_Z^c(i) \quad (3-6)$$

根据利润最大化条件可得，机器的价格 $x_L^c(i) = \kappa/(1-\beta)$，$x_Z^c(i) = \kappa/(1-\beta)$ 即机器生产成本的价格加成。将要素互补型机器的生产成本标准化为 $\kappa = 1-\beta$。据此，可确定劳动 L 和 Z 要素互补型机器厂商的垄断利润为：

$$\pi_L^c = \beta(1-\beta)(p_L^c)^{1/\beta} \cdot L^c, \quad \pi_Z^c = \beta(1-\beta)(p_Z^c)^{1/\beta} \cdot Z^c \quad (3-7)$$

定义 V_L^c 和 V_Z^c 分别为生产劳动 L 互补型机器和 Z 要素互补型机器各期利润流贴现的净现值，即发明新机器的价值或称不同要素增进型技术的价值。根据 Hamilton-Jacobi-Bellman 方程可知，生产机器的净现值 V_L^c 和 V_Z^c 与利润流满足：

$$rV_L^c = \pi_L^c + \dot{V}_L^c, \quad rV_Z^c = \pi_Z^c + \dot{V}_Z^c \quad (3-8)$$

平衡状态下，$\dot{V}_L^c = 0$，$\dot{V}_Z^c = 0$，式（3-7）和式（3-8），再结合式（3-2）、式（3-3）和式（3-5）可知，生产 Z 要素互补型机器和劳动 L 互补型机器的净现值之比为：

$$\frac{V_Z^c}{V_L^c} = (p_Z^c/p_L^c)^{1/\beta} \cdot (Z^c/L^c) = \left(\frac{1-\alpha}{\alpha}\right)^{\frac{\varepsilon}{\sigma}} \cdot \left(\frac{A_Z^c}{A_L^c}\right)^{-\frac{1}{\sigma}} \cdot \left(\frac{Z^c}{L^c}\right)^{\frac{\sigma-1}{\sigma}} \quad (3-9)$$

其中，$\sigma = \beta(\varepsilon - 1) + 1$ 为生产要素劳动 L 和要素 Z 之间的替代弹性，且与产品弹性 ε 的性质保持一致，即若 $\varepsilon > 1$，则 $\sigma > 1$，即劳动 L 和要素 Z 密集型中间品若为相互替代关系，劳动 L 和要素 Z 亦呈替代关系；而当 $0 < \varepsilon < 1$ 时，$0 < \sigma < 1$ 亦成立，表明劳动 L 和要素 Z 密集型中间品互相补充，劳动

第三章 后发国家适宜性技术选择及其对经济增长作用的机理分析

L 和要素 Z 亦呈互补关系。式（3-9）表明，c 国要素 Z 与劳动 L 互补型机器价值之比（V_Z^c/V_L^c）受价格效应（p_Z^c/p_L^c）$^{1/\beta}$ 和市场效应（Z^c/L^c）共同作用，前者使技术需求市场倾向于选择生产稀缺昂贵产品的技术；而后者则使技术朝向密集使用丰裕要素的方向发展。同时，要素结构（Z^c/L^c）对不同要素互补型机器价值之比（V_Z^c/V_L^c）的影响受制于要素替代弹性 σ，当 $\sigma>1$ 时，随着（Z^c/L^c）的增加，要素 Z 互补型机器与劳动 L 互补型机器的价值之比提升，表明市场效应起主导作用，经济体倾向于选择丰裕要素增进型技术；当 $0<\sigma<1$ 时，随着（Z^c/L^c）的增加，要素 Z 互补型机器与劳动 L 互补型机器的价值之比下降，经济体倾向于选择生产稀缺昂贵中间品的技术。

三、技术供给市场的均衡

上一部分对技术需求方的基本框架进行设定，在此基础上进一步引入知识基础型（Knowledge-based）R&D 创新可能性边界，设定研发投入为稀缺要素科学家 S，且当前技术状态对技术研发存在溢出效应以维持研发创新的边际生产率不下降，从技术供给方的视角，演绎要素结构对研发资源配置的影响，从而作用于适宜性技术选择的机制。

一般而言，后发国家通过技术引进和自主创新两种方式实现技术进步，但引进发达国家前沿技术并不完全等同于技术创新，后发国家还需要对引进技术进行吸收和改造。为此，本节按照后发国家分别通过技术引进和自主创新实现技术进步，再将两种方式的创新成果以 CES 函数融合这一思路设定知识生产函数。后发国家 s 开发劳动 L 和要素 Z 互补型新机器的创新可能性边界如式（3-10）所示：

$$\dot{A}_L^s = [\gamma \cdot (\eta_L A_L^n (S_{LC}^s)^\phi)^\rho + (1-\gamma)(\varphi_L A_L^s (S_{LI}^s)^\phi)^\rho]^{1/\rho},$$

$$\dot{A}_Z^s = [\gamma \cdot (\eta_Z A_Z^n (S_{ZC}^s)^\phi)^\rho + (1-\gamma)(\varphi_Z A_Z^s (S_{ZI}^s)^\phi)^\rho]^{1/\rho} \quad (3-10)$$

其中，S^s_{LC} 和 S^s_{LI} 分别代表在后发国家 s，研发企业进行劳动 L 互补型机器技术引进和自主创新所雇用的科学家数量；而 S^s_{ZC} 和 S^s_{ZI} 分别为该国研发企业用于要素 Z 互补型机器技术引进和自主创新所雇用的科学家数量，ϕ 是科学家对创新成果的产出弹性。后发国家通过自主创新和技术引进两种方式实现知识积累，均存在完全的状态依存度，即当前本国的技术状态 A^s_L 和 A^s_Z 对自主创新成果存在影响；而发达国家技术状态 A^n_L 和 A^n_Z 则影响后发国家的技术引进成果。η_L 和 η_Z 分别代表引进劳动 L 和要素 Z 互补型机器时后发国家的技术吸收效率；φ_L 和 φ_Z 则代表该国两类要素互补型机器的自主创新效率。γ 和 $1-\gamma$ 分别代表技术引进和自主创新对技术进步的贡献度。

对于发达国家而言，主要通过自主创新实现技术升级，因而令式（3-10）中的 $\gamma=0$，发达国家 n 研发厂商发明新型机器的方程转化为：

$$\dot{A}^n_L = \varphi_L A^n_L (S^n_L)^\phi, \quad \dot{A}^n_Z = \varphi_Z A^n_Z (S^n_Z)^\phi \tag{3-11}$$

对于发达国家 n 而言，技术市场出清条件要求，研发厂商雇用单位数量的科学家进行劳动 L 和要素 Z 互补型新机器的创新，所创造的市场价值相等，该研发厂商才会同时向两部门进行投资：

$$\frac{V^n_Z}{V^n_L} = \frac{\partial \dot{A}^n_L / \partial S^n_L}{\partial \dot{A}^n_Z / \partial S^n_Z} = \left(\frac{\varphi_Z}{\varphi_L}\right)^{-1} \cdot \left(\frac{A^n_Z}{A^n_L}\right)^{-1} \cdot \left(\frac{S^n_Z}{S^n_L}\right)^{1-\phi} \tag{3-12}$$

再结合技术需求市场的结论式（3-9），可得发达国家 n 的 Z 要素增进型技术进步与劳动 L 增进型技术进步之比为：

$$\frac{A^n_Z}{A^n_L} = \left(\frac{1-\alpha}{\alpha}\right)^{\frac{\varepsilon}{1-\sigma}} \cdot \left(\frac{\varphi_Z}{\varphi_L}\right)^{\frac{\sigma}{1-\sigma}} \cdot \left(\frac{Z^n}{L^n}\right)^{-1} \cdot \left(\frac{S^n_Z}{S^n_L}\right)^{1-\phi} \tag{3-13}$$

在平衡增长路径上，该国 Z 要素和劳动 L 要素互补型机器种类应以相同速率增长，即 $\dot{A}^n_L/A^n_L = \dot{A}^n_Z/A^n_Z$，而劳动市场出清条件要求 $S^n_L + S^n_Z = S^n$，因而两部门科学家数量满足：

$$S^n_L = S^n (1 + (\varphi_Z/\varphi_L)^{-1/\phi})^{-1}, \quad S^n_Z = (\varphi_Z/\varphi_L)^{-1/\phi} S^n \cdot (1 + (\varphi_Z/\varphi_L)^{-1/\phi})^{-1} \tag{3-14}$$

在后发国家 s，研发企业进行研发决策分为两个阶段：第一阶段，考虑如何实现研发资源即科学家 S^s，在劳动 L 和要素 Z 互补型机器研发部门的合理配置；第二阶段，在两要素互补型机器研发部门内部，进一步考察如何有效分配研发资源，进行自主创新和技术引进。本节对模型的求解始于第二阶段，根据劳动 L 和要素 Z 互补型机器创新可能性边界的一阶条件，确定两类机器研发部门内部技术引进和自主创新研发投入的最优比例：

$$\frac{S^s_{LC}}{S^s_{LI}} = \left[\left(\frac{1-\gamma}{\gamma}\right) \cdot a_L^{-\rho}\right]^{\frac{1}{\rho\phi-1}}, \frac{S^s_{ZC}}{S^s_{ZI}} = \left[\left(\frac{1-\gamma}{\gamma}\right) \cdot a_Z^{-\rho}\right]^{\frac{1}{\rho\phi-1}} \quad (3-15)$$

其中，$a_L = \eta_L A_L^n / \varphi_L A_L^s$，$a_Z = \eta_Z A_Z^n / \varphi_Z A_Z^s$ 分别表示后发国家与发达国家经标准化的劳动 L 增进型技术差距和 Z 要素增进型技术差距，在一般技术差距的定义上纳入了该国的技术吸收效率 η_L 和 η_Z，自主创新效率 φ_L 和 φ_Z。

后发国家 c 的技术市场出清条件亦要求，投入劳动 L 和要素 Z 互补型机器创新的科学家创造的市场价值相等，因而可得：

$$\frac{V^s_Z}{V^s_L} = \frac{\partial \dot{A}^s_L / \partial S^s_{LI}}{\partial \dot{A}^s_Z / \partial S^s_{ZI}} = \left(\frac{\varphi_Z A^s_Z}{\varphi_L A^s_L}\right)^{-1} \cdot \left(\frac{S^s_{ZI}}{S^s_{LI}}\right)^{1-\phi} \cdot \left\{\frac{1+\left[\left(\frac{1-\gamma}{\gamma}\right)^{-\frac{1}{\rho}} a_Z\right]^{\frac{\rho}{1-\rho\phi}}}{1+\left[\left(\frac{1-\gamma}{\gamma}\right)^{-\frac{1}{\rho}} a_L\right]^{\frac{\rho}{1-\rho\phi}}}\right\}^{\frac{\rho-1}{\rho}}$$

$$(3-16)$$

式（3-16）结合式（3-9），可得研发企业投入 Z 要素和劳动 L 要素互补型机器研发部门进行自主创新的科学家数量之比：

$$\frac{S^s_{ZI}}{S^s_{LI}} = \left(\frac{1-\alpha}{\alpha}\right)^{\frac{\varepsilon}{\sigma(1-\phi)}} \left(\frac{\varphi_Z}{\varphi_L}\right)^{\frac{1}{1-\phi}} \cdot \left(\frac{A^s_Z Z^s}{A^s_L L^s}\right)^{\frac{1-\sigma}{(\phi-1)\sigma}} \cdot \left\{\frac{1+\left[\left(\frac{1-\gamma}{\gamma}\right)^{-\frac{1}{\rho}} a_Z\right]^{\frac{\rho}{1-\rho\phi}}}{1+\left[\left(\frac{1-\gamma}{\gamma}\right)^{-\frac{1}{\rho}} a_L\right]^{\frac{\rho}{1-\rho\phi}}}\right\}^{\frac{1-\rho}{\rho(1-\phi)}}$$

$$(3-17)$$

式（3-17）结合式（3-15），由后发国家的劳动市场出清条件 $S^s_{LC}+$

$S_{LI}^s = S_L^s$，$S_{ZC}^s + S_{ZI}^s = S_Z^s$，$S_L^s + S_Z^s = S^s$，可知研发企业投入劳动 L 互补型机器自主创新的科学家数量：

$$S_{LI}^s = S^s \cdot \left\{ \frac{\left[1 + \left(\left(\frac{1-\gamma}{\gamma}\right)^{-\frac{1}{\rho}} a_Z\right)^{\frac{\rho}{1-\rho\phi}}\right] + \left(\frac{1-\alpha}{\alpha}\right)^{\frac{\varepsilon}{\sigma(1-\phi)}} \left(\frac{\varphi_Z}{\varphi_L}\right)^{\frac{1}{1-\phi}} \cdot \left(\frac{A_Z^s Z^s}{A_L^s L^s}\right)^{\frac{1-\sigma}{(\phi-1)\sigma}} \cdot}{\left[1 + \left(\left(\frac{1-\gamma}{\gamma}\right)^{-\frac{1}{\rho}} a_L\right)^{\frac{\rho}{1-\rho\phi}}\right]^{\frac{\rho-1}{\rho(1-\phi)}} \cdot \left[1 + \left(\left(\frac{1-\gamma}{\gamma}\right)^{-\frac{1}{\rho}} a_Z\right)^{\frac{\rho}{1-\rho\phi}}\right]^{\frac{1-\rho\phi}{\rho(1-\phi)}}} \right\}^{-1}$$

(3-18)

在平衡增长路径上，后发国家 s 的 Z 要素和劳动 L 要素互补型机器种类应以相同速率增长，即 $\dot{A}_L^s/A_L^s = \dot{A}_Z^s/A_Z^s$，因而两部门进行自主创新的科学家数量之比满足：

$$\dot{A}_L^s/A_L^s = (1-\gamma)^{1/\rho} \varphi_L S_{LI}^{s\phi} \cdot \left[1 + \left(\left(\frac{1-\gamma}{\gamma}\right)^{-\frac{1}{\rho}} a_L\right)^{\frac{\rho}{1-\rho\phi}}\right]^{\frac{1}{\rho}},$$

$$\dot{A}_Z^s/A_Z^s = (1-\gamma)^{1/\rho} \varphi_Z S_{ZI}^{s\phi} \cdot \left[1 + \left(\left(\frac{1-\gamma}{\gamma}\right)^{-\frac{1}{\rho}} a_Z\right)^{\frac{\rho}{1-\rho\phi}}\right]^{\frac{1}{\rho}},$$

$$\frac{S_{ZI}^s}{S_{LI}^s} = \left(\frac{\varphi_Z}{\varphi_L}\right)^{-1/\phi} \cdot \left\{ \frac{1 + \left[\left(\frac{1-\gamma}{\gamma}\right)^{-\frac{1}{\rho}} a_Z\right]^{\frac{\rho}{1-\rho\phi}}}{1 + \left[\left(\frac{1-\gamma}{\gamma}\right)^{-\frac{1}{\rho}} a_L\right]^{\frac{\rho}{1-\rho\phi}}} \right\}^{-1/\rho\phi}$$

(3-19)

四、后发国家和发达国家适宜性技术选择的对比

本节将结合上文技术需求市场和技术供给市场的均衡，演绎要素结构对一国技术选择的影响机制，探析并对比后发国家和发达国家选择不同要素增进型技术的内生机理及其对经济增长的作用机制。

结合式（3-13）和式（3-14）可知，发达国家 c 的适宜性技术选择为：

$$\frac{A_Z^n}{A_L^n} = \left(\frac{1-\alpha}{\alpha}\right)^{\frac{\varepsilon}{1-\sigma}} \cdot \left(\frac{\varphi_Z}{\varphi_L}\right)^{\frac{\sigma}{(1-\sigma)\phi}} \cdot \left(\frac{Z^n}{L^n}\right)^{-1}$$

(3-20)

可见，发达国家的适宜性技术选择 A_Z^n/A_L^n 受该国的要素结构 Z^n/L^n 与两类要素增进型技术的自主创新效率之比 A_Z^n/A_L^n 共同影响，该国技术选择 A_Z^n/A_L^n 与要素结构 Z^n/L^n 呈反向关系；而创新效率之比 A_Z^n/A_L^n 对技术选择的影响则受限于要素替代弹性 σ，当 $\sigma>1$ 时，Z 要素与劳动要素 L 呈替代关系，则 Z 要素增进型技术相对于劳动 L 要素增进型技术自主创新效率的提升，有利于提高 Z 要素相对于劳动 L 增进型技术的水平；而若 $0<\sigma<1$，Z 要素与劳动要素 L 表现为互补关系，则 Z 要素增进型技术相对于劳动 L 要素增进型技术自主创新效率的提高，有利于提高劳动 L 要素增进型技术的相对水平。

结合式（3-17）和式（3-18）可得，后发国家 s 的适宜性技术选择：

$$\frac{A_Z^s}{A_L^s} = \left(\frac{1-\alpha}{\alpha}\right)^{\frac{\varepsilon}{1-\sigma}} \cdot \left(\frac{\varphi_Z}{\varphi_L}\right)^{\frac{\sigma}{(1-\sigma)\phi}} \cdot \left(\frac{Z^s}{L^s}\right)^{-1} \cdot \left\{ \frac{1+\left[\left(\frac{1-\gamma}{\gamma}\right)^{-\frac{1}{\rho}} a_Z\right]^{\frac{\rho}{1-\rho\phi}}}{1+\left[\left(\frac{1-\gamma}{\gamma}\right)^{-\frac{1}{\rho}} a_L\right]^{\frac{\rho}{1-\rho\phi}}} \right\}^{\frac{\sigma(1-\rho\phi)}{(1-\sigma)\rho\phi}}$$

(3-21)

由式（3-21）可知，后发国家的适宜性技术选择 A_Z^s/A_L^s 受本国要素结构 Z^s/L^s 和后发国家与发达国家标准化的劳动增进型技术差距 a_L 和 Z 要素增进型技术差距 a_Z 共同影响。

而根据式（3-13）可知，发达国家的技术选择 A_Z^n/A_L^n 是该国的要素结构 Z^n/L^n 的函数。再结合式（3-19）可得，后发国家与发达国家的劳动 L 增进型技术差距 a_L 和 Z 要素增进型技术差距 a_Z 亦受两国要素结构 Z^n/L^n 和 Z^s/L^s 的共同影响：

$$\frac{a_Z}{a_L} \left\{ \frac{1+\left[\left(\frac{1-\gamma}{\gamma}\right)^{-\frac{1}{\rho}} a_Z\right]^{\frac{\rho}{1-\rho\phi}}}{1+\left[\left(\frac{1-\gamma}{\gamma}\right)^{-\frac{1}{\rho}} a_L\right]^{\frac{\rho}{1-\rho\phi}}} \right\}^{\frac{\sigma(\rho\phi-1)}{(1-\sigma)\rho\phi}} = \left(\frac{\varphi_Z}{\varphi_L}\right)^{-1} \left(\frac{\eta_Z}{\eta_L}\right) \cdot \left(\frac{Z^s/L^s}{Z^n/L^n}\right) \quad (3-22)$$

因此，后发国家的适宜性技术选择 A_Z^n/A_L^n，是该国自主创新效率系数 φ_Z/φ_L，发达国家的要素结构 Z^n/L^n 和后发国家要素结构 Z^s/L^s 的函数。后发国家的要素结构 Z^s/L^s，一方面通过改变不同要素增进型技术的创新价值，影响该国的适宜性技术选择；另一方面协同发达国家的要素结构 Z^n/L^n，影响后发国家与发达国家的要素增进型技术差距 a_Z/a_L，实现研发投入资源科学家在两要素互补型机器研发部门之间，及部门内部自主创新和技术引进的重新配置，从而作用于后发国家的适宜性技术选择。

在此基础上，本节进一步研究一国的技术选择对该国经济增长的影响。根据式（3-11）和式（3-14）可得，平衡增长路径下发达国家 n 的经济增长率 g^n 为：

$$g^n = \dot{A}_L^n/A_L^n = [S^n/(\varphi_L^{-1/\phi} + \varphi_Z^{-1/\phi})]^\phi \qquad (3-23)$$

式（3-23）表明，发达国家的经济增长率主要受该国的科学家人数 S^n、劳动 L 增进型技术和 Z 要素增进型技术的自主创新效率 φ_Z 和 φ_L 共同影响。正是源于发达国家完全根据本国要素禀赋进行适宜性技术选择，因而平衡增长路径下的经济增长率，不存在要素与技术的非适配性引致的效率损失，仅受科学家在劳动 L 和要素 Z 增进型技术开发部门间的配置所影响，而不同要素增进型技术的自主创新效率 φ_Z 和 φ_L 则是调控研发资源科学家配置的主要因素。

而剖析后发国家技术选择对该国经济增长的影响，根据式（3-18）和式（3-19）可得，平衡增长路径下后发国家 s 的经济增长率为 g^s：

$$g^s = \dot{A}_L^s/A_L^s = (1-\gamma)^{1/\rho} \Phi(a_L)^{\frac{1-\rho}{\rho}} S^s \left[\left(\frac{\Phi(a_L)^{\frac{\phi-1}{\phi}}}{\varphi_L^{\frac{1}{\phi-1}}}\right) + \left(\frac{\Phi(a_Z)^{\frac{\phi-1}{\phi}}}{\varphi_Z^{\frac{1}{\phi-1}}}\right) \right]^{-\phi}$$

$$(3-24)$$

其中，$\Phi(a) = 1 + \{1 + [((1-\gamma)/\gamma)^{-\frac{1}{\rho}} a]^{\frac{\rho}{1-\rho\phi}}\}$。式（3-24）表明，后发国家的经济增长率，不仅受该国科学家人数 S^s、劳动增进型技术 L 和 Z

要素增进型技术的自主创新效率 φ_Z 和 φ_L 所影响，该国与发达国家标准化的劳动增进型技术差距 a_L 和 Z 要素增进型技术差距 a_Z 亦是决定其经济增长率的主要因素。而不同要素增进型技术差距 a_L 和 a_Z 则是两国要素结构 Z^n/L^n 和 Z^s/L^s 的函数，但隐函数特征使我们难以据此判断两国要素结构对要素增进型技术差距的作用方向。可见，后发国家的经济增长率是该国与发达国家的要素增进型技术差距 a_Z 和 a_L 函数的加权和；而两国要素结构的相似或互补程度通过影响劳动增进型技术差距 a_L 和 Z 要素增进型技术差距 a_Z，继而作用于后发国家技术选择和经济增长率。

第三节 后发国家技术变迁路径及其对经济增长的作用机理

上一节研究了后发国家进行适宜性技术选择及其对经济增长作用的机理。然而，随着后发国家逐步实现要素积累，提升技术水平并缩小与发达国家的技术差距，并逐步接近世界技术前沿面，该国将推进由技术引进向自主创新的转型。但后发国家能否完成由技术引进向自主创新的变迁，还是将陷入技术的"低水平均衡陷阱"？本节在中间产品质量提升的理论框架下，通过引入技术引进和自主创新两种技术进步方式，探究后发国家在技术差距约束下的技术变迁路径，分析两种技术进步方式对经济增长的贡献率，及其向世界技术前沿面的收敛机制。

考虑一个包括最终产品的生产者、研发企业和消费者的三部门后发经济体,最终产品的生产者通过雇用劳动力,并从研发企业购买中间品,生产并销售最终产品;研发企业投入研发支出,通过自主创新和技术引进模仿创新提高中间品质量,一旦技术创新成功使该类中间品质量提升,则转化为中间品生产者,并掌握新中间品的一期专利权,只生产这一质量最高的中间品,独得垄断利润;若技术创新失败,则技术研发厂商无法提高这一中间品的产品质量,技术垄断权将随机分配给掌握原有技术的任意企业(Aghion 和 Howitt,2009;Acemoglu 等,2012a);消费者在预算约束下最大化其效用。

一、消费者偏好和最终产品的生产

基于质量提升型技术创新,本书建立一个像中国这样的后发国家技术选择和转换模型。假定后发国家的代表性家庭通过供给劳动力获得工资收入,用于消费实现效用最大化,其效用函数满足 CRRA 形式:

$$U = \int_0^\infty e^{-\rho t} \cdot e^{nt} \frac{c(t)^{1-\theta} - 1}{1-\theta} dt$$

其中,ρ 代表折现率,θ 为相对风险厌恶系数,而 $c(t)$ 则代表 t 时刻的劳均消费量,n 为家庭规模即劳动力供给的增长率,为简化分析将初始时点的劳动力数量 $L(0)$ 标准化为 1。

假定生产厂商投入劳动力和中间品生产最终产品,其生产函数形式设定如下:

$$Y(t) = L(t)^{1-\alpha} \int_0^1 q_i(t)^{1-\alpha} x_i(t)^\alpha di \qquad (3-25)$$

其中,$1-\alpha \in (0,1)$ 为劳动要素的投入比例;$Y(t)$ 表示后发国家在 t 时刻生产的最终产品;连续的中间品种类被标准化为 1,$x_i(t)$ 代表 t 时刻最终产品生产厂商使用的第 i 种中间品的数量,$q_i(t)$ 是该类中间品的最高质量。每个部门仅生产一类中间品,且只生产并使用该类最高质量的该类中间品。在部门 i 中,实现质量改进的研发企业可获得对应质量中间品的垄断权。

在 t 时刻所面对的资源约束如下:

$$Y(t) = C(t) + X(t) + Z(t)$$

其中,总消费 $C(t) = c(t)L(t)$,$X(t)$ 为生产中间品的总支出,$Z(t)$ 代表研发总支出。

最终品生产厂商将根据利润最大化函数,确定中间品的需求数量 $x_i(t)$:

$$\max_{x_i(t)} \left[L(t)^{1-\alpha} \int_0^1 q_i(t)^{1-\alpha} x_i(t)^{\alpha} di - w(t)L(t) - \int_0^1 p_i(t) x_i(t) di \right]$$

其中,$p_i(t)$ 为第 i 种中间品在 t 时刻的价格。

由利润最大化函数的一阶条件,中间品的边际产品等于价格,可得中间品需求数量:

$$x_i(t) = (p_i(t)/\alpha)^{\frac{1}{\alpha-1}} q_i(t) L(t) \tag{3-26}$$

二、研发企业的创新决策

研发企业面临一个两阶段决策问题,第一阶段是考虑研发支出和研发的预期垄断利润,决定是否投入研发资源进行技术创新提高中间品的质量,以及投入研发资源的数量;第二阶段是若研发企业技术创新成功,掌握一期对应质量的中间品专利权,确定向最终品生产者出售这一中间品的价格。由于中间品的定价将影响垄断利润,因而笔者从第一阶段开始确定中间品的垄断价格。

假定中间的生产成本为单位投入,研发企业技术创新成功后将中间品质量由 $q_i(t-1)$ 提高到 $q_i(t)$,可获取垄断利润:

$$\pi(q_i(t)) = (p_i(t) - 1) \cdot x_i(t)$$

根据垄断利润最大化原则确定中间品的价格为生产成本的价格加成 $p_i(t) = 1/\alpha$,结合式(3-25)可知最终品的生产函数为:

$$Y(t) = \alpha^{\frac{2\alpha}{1-\alpha}} A(t) L(t), \quad A(t) = \int_0^1 q_i(t) di \qquad (3-27)$$

其中，$A(t)$ 为所有类型中间品最高质量的均值，代表整体技术水平。

结合式（3-26）可知生产中间品的总支出亦为技术水平的函数：

$$X(t) = \alpha^{\frac{2}{1-\alpha}} A(t) L(t) \qquad (3-28)$$

结合式（3-28）可知，研发企业获得的垄断利润为：

$$\pi(q_i(t)) = \vartheta q_i(t) L(t), \quad \vartheta = \alpha^{\frac{1+\alpha}{1-\alpha}}(1-\alpha) \qquad (3-29)$$

引入质量提升型技术创新（Grossman 和 Helpman，1991a，1991b；Aghion 和 Howitt，1992），技术进步表现为中间品质量的提升，研发企业进行研发投资，随机从事第 i 类中间品的研发活动，一旦成功将提高该类中间品的质量，该研发企业成为对应质量中间品的技术垄断厂商，获得这一中间品的一期专利权和垄断利润；若技术创新失败则该类中间品的产品质量无法提高，技术垄断权将随机分配给掌握原有技术的任一企业（Aghion 和 Howitt，2009；Acemoglu 等，2012a）。假定研发企业通过自主创新和引进模仿两种技术创新方式，提升第 i 类中间品的质量。在此将自主创新界定为原始性创新。设研发企业在 t 时自主创新和引进模仿成功后，可使下期中间品质量分别提升至：

$$q_{D_i}(t+1) = (1+\lambda_D) \cdot q_i(t), \quad q_{F_i}(t+1) = \left(1 + \frac{\lambda_F}{a(t)}\right) \cdot q_i(t) \qquad (3-30)$$

其中，$q_i(t)$ 代表中间品 i 在 t 时刻的产品质量，λ_D 和 λ_F 代表通过自主创新和模仿创新方式实现的基准创新步长，$\lambda_D \in (\underline{\lambda}_D, \overline{\lambda}_D)$①。$\lambda_F/a(t)$ 则表示通过技术引进实现的模仿创新步长，其中 $a(t) = A(t)/\overline{A}(t)$ 代表后

---

① $\underline{\lambda}_D = \frac{[\vartheta(1+n)]^2 \overline{g} - \zeta_F[\vartheta(1+n) - \zeta_D]}{(\vartheta(1+n))^2 - \zeta_F \zeta_D}$，$\overline{\lambda}_D = \frac{\vartheta(1+n)\overline{g}}{\vartheta(1+n) - \zeta_F}$，其中，$\overline{g}$ 代表世界前沿技术进步速率，ζ_D、ζ_F 分别代表自主创新和引进模仿创新的成本参数，详见下文。

发国家在 t 时刻的相对技术水平或技术差距,即后发国家技术水平 $A(t)$ 与世界前沿技术水平 $\bar{A}(t)$ 的比值,$a(t)$ 越大,表明后发国家越接近于世界技术前沿面,其与发达国家的技术差距越小（Acemoglu 等,2006）。设世界前沿技术进步率为 $\bar{g}>1-\zeta_D(\vartheta(1+n))^{-1}$,即 $\bar{A}(t)=\bar{A}(0)\cdot e^{\bar{g}t}$,后发国家的技术进步率为 $g(t)$,可见,后发国家的模仿创新步长受制于技术差距,这是因为技术差距越大,后发国家技术模仿的空间越大,技术外溢效应越显著（Sjoholm,1999；Konings,2001；Keller 和 Yeaple,2009；傅元海等,2010；亓朋等,2009）,模仿创新的步长就越大。伴随后发国家技术水平逐渐接近世界技术前沿面,可供模仿的技术空间缩小,技术复杂度提高,技术外溢效应逐渐减弱,技术引进可实现的创新步长缩短。

设研发企业用于自主创新和技术引进的研发支出分别为 $z_{D_i}(t)$ 和 $z_{F_i}(t)$,研发成功率 $p_{D_i}(t)$ 和 $p_{F_i}(t)$ 是劳均研发支出 $z_{D_i}(t)/L(t)$,$z_{F_i}(t)/L(t)$ 的函数,随研发支出增加而提高。而劳均研发支出 $z_{D_i}(t)/L(t)$,$z_{F_i}(t)/L(t)$ 对研发成功率 $p_{D_i}(t)$ 和 $p_{F_i}(t)$ 的边际影响递增或递减都是合理的。但为了简化模型的分析,本节设定研发成功率 $p_{D_i}(t)$ 和 $p_{F_i}(t)$ 与劳均研发支出 $z_{D_i}(t)/L(t)$,$z_{F_i}(t)/L(t)$ 成比例变化。在研发支出给定的条件下,创新成功率还取决于所要实现的技术目标,本书以技术创新成功后的新中间品质量来刻画,新中间品质量越高,通过技术创新实现这一突破的可能性越小,即：

$$p_{D_i}(t)=\frac{z_{D_i}(t)}{L(t)}\cdot\varphi(q_{D_i}(t+1)),\ p_{F_i}(t)=\frac{z_{F_i}(t)}{L(t)}\cdot\varphi(q_{F_i}(t+1)) \quad (3-31)$$

为了使模型能够得到显性解,不失一般性,假定该函数与研发成功率存在负向关系：

$$\varphi[q_{D_i}(t+1)]=\frac{1}{\zeta_D q_{D_i}(t+1)},\ \varphi[q_{F_i}(t)]=\frac{1}{\zeta_F q_{F_i}(t+1)} \quad (3-32)$$

其中，ζ_D、ζ_F 分别代表自主创新和模仿创新的成本参数，假定成本参数满足 $\zeta_F<\vartheta(1+n)$，$\vartheta(1+n)(\lambda_D-\lambda_F)/(1+\lambda_D)<\zeta_D<\vartheta(1+n)$。由式（3-32）可知，创新成功率随自主创新和技术引进的成本及新中间品质量的提高而下降。

t 时刻用于自主创新和模仿创新的研发支出 $Z_D(t)$、$Z_F(t)$ 及总量研发支出 $Z(t)$ 分别为：

$$Z_D(t) = \int_0^1 z_{D_i}(t)di,$$

$$Z_F(t) = \int_0^1 z_{F_i}(t)di,$$

$$Z(t) = \int_0^1 (z_{D_i}(t) + z_{F_i}(t))di \tag{3-33}$$

在技术创新步长给定的条件下，技术进步率与技术创新成功率相关，因而首先需要确定用于自主创新和模仿创新的研发支出 $Z_D(t)$ 和 $Z_F(t)$。研发企业将根据如下预期垄断利润 $E\pi(q_i(t+1))$，分配用于自主创新和模仿创新的研发支出 $z_{D_i}(t)$ 和 $z_{F_i}(t)$，选择技术创新方式。本书考察不同技术进步路径的预期利润：

$$E\pi(q_i(t+1)) = \begin{cases} p_{D_i}(t) \cdot E\pi(q_{Di}(t+1)) + (1-p_{D_i}(t)) \cdot p_{F_i}(t) \cdot E\pi(q_{Fi}(t+1)) \\ \quad -z_{D_i}(t) - z_{F_i}(t), \text{ if } \lambda_D \geq \lambda_F/a(t) \\ p_{F_i}(t) \cdot E\pi(q_{Fi}(t+1)) + (1-p_{F_i}(t)) \cdot p_{D_i}(t) \cdot E\pi(q_{Di}(t+1)) \\ \quad -z_{D_i}(t) - z_{F_i}(t), \text{ if } \lambda_D < \lambda_F/a(t) \end{cases}$$

$$\tag{3-34}$$

式（3-34）中，$E\pi(q_{Di}(t+1)) = \vartheta(1+\lambda_D) \cdot q_i(t)L(t+1)$ 和 $E\pi[q_{Fi}(t+1)] = \vartheta(1+\lambda_F/a(t)) \cdot q_i(t)L(t+1)$ 分别代表通过自主创新和模仿创新成功实现的预期利润，可知研发企业技术创新的预期垄断利润具有状态依存性，受自主创新和模仿创新的步长 λ_D 和 $\lambda_F/a(t)$，以及各自技术创新成功

率 $p_{D_i}(t)$ 和 $p_{F_i}(t)$ 的影响。

(一) 当自主创新步长大于模仿创新步长时研发企业的创新决策

当自主创新步长大于模仿创新的步长时，即 $\lambda_D \geq \lambda_F/a(t)$ 时，若研发企业进行自主创新成功而模仿创新失败，则 $t+1$ 期新中间品质量提高至 $(1+\lambda_D) \cdot q_i(t)$，该企业以 $p_{D_i}(t) \cdot (1-p_{F_i}(t))$ 的概率获得预期利润 $E\pi[q_{D_i}(t+1)]$；若研发企业自主创新失败，但通过技术引进成功实现技术的模仿创新并使新中间品质量提高至 $[1+\lambda_F/a(t)] \cdot q_i(t)$，则该企业以 $p_{F_i}(t) \cdot [1-p_{D_i}(t)]$ 的概率获取预期利润 $E\pi[q_{F_i}(t+1)]$；若研发企业自主创新和模仿创新同时成功实现技术突破，由于此时自主创新步长大于模仿创新步长，则自主创新成果将覆盖模仿创新成果，新中间品质量仍然提高到 $(1+\lambda_D) \cdot q_i(t)$，该企业以 $p_{D_i}(t) \cdot p_{F_i}(t)$ 的概率获得预期利润 $E\pi[q_{D_i}(t+1)]$；但若研发企业的自主创新和模仿创新均未实现技术突破，企业获得零利润的概率为 $[1-p_{F_i}(t)] \cdot [1-p_{D_i}(t)]$。在此情形下，研发企业将确定自主创新和模仿创新的研发支出 $z_{D_i}(t)$ 和 $z_{F_i}(t)$，由式（3-34）的一阶条件可得研发套利均衡：

$$\frac{\varphi[q_{D_i}(t+1)]}{L(t)} \cdot E\pi[q_{D_i}(t+1)] - \frac{\varphi[q_{D_i}(t+1)]}{L(t)} \cdot \frac{z_{F_i}(t)}{L(t)} \cdot \varphi[q_{F_i}(t+1)]$$

$E\pi(q_{F_i}(t+1)) - 1 = 0$

$$\left\{1 - \frac{\varphi[q_{D_i}(t+1)]}{L(t)} \cdot z_{D_i}(t)\right\} \cdot \frac{\varphi[q_{F_i}(t+1)]}{L(t)} \cdot E\pi[q_{F_i}(t+1)] - 1 = 0$$

再结合式（3-30）和式（3-32）可得，研发企业用于自主创新和模仿创新的研发支出：

$$z_{D_i}(t) = \frac{\zeta_D[\vartheta(1+n) - \zeta_F](1+\lambda_D) \cdot q_i(t)L(t)}{\vartheta(1+n)},$$

$$z_{F_i}(t) = \frac{\zeta_F[\vartheta(1+n) - \zeta_D](1+\lambda_D) \cdot q_i(t)L(t)}{\vartheta(1+n)} \quad (3-35)$$

可见，研发支出受当前技术水平即中间品质量 $q_i(t)$ 影响，当前技术水平越高，该企业进行自主创新和模仿创新的研发支出越高。同时，研发企业内部自主创新和模仿创新之间的支出分配，则受成本参数 ζ_D 和 ζ_F 影响，研发支出随成本参数提高而增加。

由式（3-33）和式（3-35）可得，全社会的自主创新和模仿创新支出 $Z_D(t)$ 和 $Z_F(t)$ 及总研发支出 $Z(t)$ 分别为：

$$Z_D(t)=\frac{\zeta_D(\vartheta(1+n)-\zeta_F)(1+\lambda_D)A(t)L(t)}{\vartheta(1+n)},$$

$$Z_F(t)=\frac{\zeta_F(\vartheta(1+n)-\zeta_D)(1+\lambda_D)A(t)L(t)}{\vartheta(1+n)},$$

$$Z(t)=\frac{[\vartheta(1+n)(\zeta_D+\zeta_F)-2\zeta_D\zeta_F]\cdot(1+\lambda_D)A(t)L(t)}{\vartheta(1+n)} \quad (3-36)$$

研发领域的风险投资偏好于蕴藏着巨大增长潜力的新技术领域，研发企业将关注创新可实现的步长 λ_D，以此确定研发投资规模。将式（3-35）和式（3-32）代入式（3-31），可得研发企业自主创新和模仿创新的成功率分别为：

$$p_{D_i}(t)=\frac{\vartheta(1+n)-\zeta_F}{\vartheta(1+n)},\; p_{F_i}(t)=\left[\frac{\vartheta(1+n)-\zeta_D}{\vartheta(1+n)}\right]\cdot\left[\frac{1+\lambda_D}{1+\lambda_F/a(t)}\right] \quad (3-37)$$

结合式（3-36）和式（3-37）可知，研发支出虽然与当前技术水平相关，即技术水平越高研发支出越多，但不同技术水平创新成功的概率相同。自主创新成功率仅受制于成本参数，模仿创新成功率也与上一期的相对技术水平和创新步长有关，上一期相对技术水平越高，通过模仿创新实现的模仿创新步长将越短，但技术模仿的成功率却越高。

研发企业通过自主创新和模仿创新提高中间品质量，中间品 i 在 $t+1$ 时刻的质量为：

$$q_i(t+1) = \begin{bmatrix} \dfrac{\vartheta(1+n)-\zeta_F}{\vartheta(1+n)} \cdot (1+\lambda_D) + \left(\dfrac{\zeta_F}{\vartheta(1+n)}\right) \cdot \left(\dfrac{\vartheta(1+n)-\zeta_D}{\vartheta(1+n)}\right) \cdot \left(\dfrac{1+\lambda_D}{1+\lambda_F/a(t)}\right) \cdot \\ \left(1+\dfrac{\lambda_F}{a(t)}\right) + \left(\dfrac{\zeta_F}{\vartheta(1+n)}\right) \cdot \left(\dfrac{\vartheta(1+n)\left(\dfrac{\lambda_F}{a(t)}-\lambda_D\right)+\zeta_D(1+\lambda_D)}{\vartheta(1+n)(1+\lambda_F/a(t))}\right) \end{bmatrix} \cdot q_i(t)$$

(3-38)

(二) 当自主创新步长小于模仿创新步长时研发企业的创新决策

当自主创新步长小于模仿创新的步长时，即 $\lambda_D < \lambda_F/a(t)$ 时，若研发企业进行自主创新成功而模仿创新失败，则 $t+1$ 期新中间品质量提高至 $(1+\lambda_D) \cdot q_i(t)$，该企业以 $p_{D_i}(t) \cdot (1-p_{F_i}(t))$ 的概率获得预期利润 $E\pi(q_{D_i}(t+1))$；若研发企业自主创新失败，但通过技术引进成功实现技术的模仿创新并使新中间品质量提高至 $(1+\lambda_F/a(t)) \cdot q_i(t)$，则该企业以 $p_{F_i}(t) \cdot (1-p_{D_i}(t))$ 的概率获取预期利润 $E\pi[q_{F_i}(t+1)]$；若研发企业自主创新和模仿创新同时成功实现技术突破，由于此时自主创新的步长小于模仿创新步长，则自主创新成果将覆盖模仿创新成果，新中间品质量仍然提高到 $(1+\lambda_F) \cdot q_i(t)$，该企业以 $p_{D_i}(t) \cdot p_{F_i}(t)$ 的概率获得预期利润 $E\pi[q_{F_i}(t+1)]$；但若研发企业的自主创新和模仿创新均未实现技术突破，企业获得零利润的概率为 $[1-p_{F_i}(t)] \cdot [1-p_{D_i}(t)]$。在此情形下，研发企业将确定自主创新和模仿创新的研发支出 $z_{D_i}(t)$ 和 $z_{F_i}(t)$，由式（3-34）的一阶条件可得研发套利均衡：

$$\dfrac{\varphi[q_{F_i}(t+1)]}{L(t)} \cdot E\pi[q_{F_i}(t+1)] - \dfrac{\varphi[q_{F_i}(t+1)]}{L(t)} \cdot \dfrac{z_{D_i}(t)}{L(t)} \cdot$$
$$\varphi[q_{D_i}(t+1)] E\pi[q_{D_i}(t+1)] - 1 = 0$$
$$\left\{1 - \dfrac{\varphi(q_{F_i}(t+1))}{L(t)} \cdot z_{F_i}(t)\right\} \cdot \dfrac{\varphi[q_{D_i}(t+1)]}{L(t)} \cdot E\pi[q_{D_i}(t+1)] - 1 = 0$$

再结合式（3-29）和式（3-31）可得，研发企业用于自主创新和模仿创新的研发支出：

$$z_{D_i}(t) = \frac{\zeta_D[\vartheta(1+n)-\zeta_F][1+\lambda_F/a(t)] \cdot q_i(t)L(t)}{\vartheta(1+n)},$$

$$z_{F_i}(t) = \frac{\zeta_F[\vartheta(1+n)-\zeta_D][1+\lambda_F/a(t)] \cdot q_i(t)L(t)}{\vartheta(1+n)} \tag{3-39}$$

可见，研发支出受当前该部门技术水平即中间品质量 $q_i(t)$ 影响，当前技术水平越高，该企业进行自主创新和模仿创新的研发支出越高；后发经济体与先发经济体的整体技术差距同样影响研发支出，技术差距越大，研发支出越高。同时，研发企业内部自主创新和模仿创新之间支出分配，则受成本参数 ζ_D 和 ζ_F 影响，研发支出随成本参数提高而增加。

由式（3-33）和式（3-35）可得，全社会的自主创新和模仿创新支出 $Z_D(t)$ 和 $Z_F(t)$ 及总研发支出 $Z(t)$ 分别为：

$$Z_D(t) = \frac{\zeta_D[\vartheta(1+n)-\zeta_F][1+\lambda_F/a(t)] \cdot A(t)L(t)}{\vartheta(1+n)},$$

$$Z_F(t) = \frac{\zeta_F[\vartheta(1+n)-\zeta_D][1+\lambda_F/a(t)] \cdot A(t)L(t)}{\vartheta(1+n)},$$

$$Z(t) = \frac{[\vartheta(1+n)(\zeta_D+\zeta_F)-2\zeta_D\zeta_F] \cdot [1+\lambda_F/a(t)] \cdot A(t)L(t)}{\vartheta(1+n)}$$

$$\tag{3-40}$$

研发领域的风险投资偏好于蕴藏着巨大增长潜力的新技术领域，研发企业将关注创新可实现的步长 $\lambda_F/a(t)$，以此确定研发投资规模。将式（3-39）和式（3-40）代入式（3-31），可得研发企业自主创新和模仿创新的成功率分别为：

$$p_{D_i}(t) = \left(\frac{\vartheta(1+n)-\zeta_F}{\vartheta(1+n)}\right) \cdot \left(\frac{1+\lambda_F/a(t)}{1+\lambda_D}\right),$$

$$p_{F_i}(t) = \frac{\vartheta(1+n)-\zeta_D}{\vartheta(1+n)} \tag{3-41}$$

结合式（3-40）和式（3-41）可知，研发支出虽然与当前技术水平相关，即技术水平越高研发支出越多，但不同技术水平创新成功的概率相同。自主创新成功率与上一期的相对技术水平和创新步长有关，随着相对技术水平的提升和自主创新步长的增加，自主创新的难度不断增加，自主创新成功率下降。模仿创新成功率仅受制于成本参数。

研发企业通过自主创新和模仿创新提高中间品质量，中间品 i 在 $t+1$ 时刻的质量为：

$$q_i(t+1) = \begin{bmatrix} \dfrac{\vartheta(1+n)-\zeta_D}{\vartheta(1+n)} \cdot \left(1+\dfrac{\lambda_F}{a(t)}\right) + \left(\dfrac{\zeta_D}{\vartheta(1+n)}\right) \cdot \left(\dfrac{\vartheta(1+n)-\zeta_F}{\vartheta(1+n)}\right) \cdot \left(\dfrac{1+\lambda_F/a(t)}{1+\lambda_D}\right) \cdot \\ (1+\lambda_D) + \left(\dfrac{\zeta_D}{\vartheta(1+n)}\right) \cdot \left(\dfrac{\vartheta(1+n)\left(\lambda_D-\dfrac{\lambda_F}{a(t)}\right)+\zeta_F(1+\lambda_F/a(t))}{\vartheta(1+n)(1+\lambda_D)}\right) \end{bmatrix} \cdot q_i(t)$$

(3-42)

三、技术变迁路径对经济增长的作用机理

在上文基础上，分析后发经济体的技术变迁路径，分解自主创新和模仿创新两种技术进步方式对经济增长的贡献。

（一）当自主创新步长大于模仿创新步长时技术变迁路径对经济增长的作用机理

当自主创新步长大于模仿创新步长时 $\lambda_D \geqslant \lambda_F/a(t)$，根据式（3-38）和式（3-27），可得后发国家在 t 时刻技术水平 $A(t)$ 及其技术进步率 $g(t)$ 为：

$$A(t) = \begin{bmatrix} \dfrac{\vartheta(1+n)-\zeta_F}{\vartheta(1+n)} \cdot (1+\lambda_D) + \left(\dfrac{\zeta_F}{\vartheta(1+n)}\right) \cdot \left(\dfrac{\vartheta(1+n)-\zeta_D}{\vartheta(1+n)}\right) \cdot \left(\dfrac{1+\lambda_D}{1+\lambda_F/a(t-1)}\right) \cdot \\ \left(1+\dfrac{\lambda_F}{a(t-1)}\right) + \left(\dfrac{\zeta_F}{\vartheta(1+n)}\right) \cdot \left(\dfrac{\vartheta(1+n)\left(\dfrac{\lambda_F}{a(t)}-\lambda_D\right)+\zeta_D(1+\lambda_D)}{\vartheta(1+n)(1+\lambda_F/a(t-1))}\right) \end{bmatrix} \cdot A(t-1)$$

$$g(t) = \frac{\dot{A}(t)}{A(t)} = \frac{A(t) - A(t-1)}{A(t-1)}$$

$$= \underbrace{\frac{\vartheta(1+n) - \zeta_F}{\vartheta(1+n)} \cdot \lambda_D}_{\text{自主创新} g_D} + \underbrace{\left(\frac{\zeta_F}{\vartheta(1+n)}\right) \cdot \left(\frac{\vartheta(1+n) - \zeta_D}{\vartheta(1+n)}\right) \cdot \left(\frac{1+\lambda_D}{1+\lambda_F/a(t-1)}\right) \cdot \frac{\lambda_F}{a(t-1)}}_{\text{模仿创新} g_F}$$

(3-43)

由式（3-43）可知，后发国家通过自主创新和模仿创新实现技术进步，受创新步长和相对技术水平的影响，自主创新的步长越大，技术进步速度越快。而后发国家与发达国家上一期的相对技术水平对当期技术进步率的跨期作用存在正反两种效应：一方面，前期相对技术水平 $a(t-1)$ 对当期技术进步速率 $g(t)$ 产生反向影响，这在于技术外溢效应随技术差距缩小而减少，所能实现的模仿创新步长也逐渐减小，从而技术进步率减慢。另一方面，相对技术水平 $a(t-1)$ 对技术进步速率 $g(t)$ 具有正向作用，随着技术差距的缩小，技术吸收障碍逐渐减弱，提升模仿创新成功的概率。因而，技术进步率的变化取决于这两种作用的相对强弱：

$$\frac{\partial g(t)}{\partial a(t-1)} = \frac{\partial g_F}{\partial a(t-1)} = -\left[\frac{\zeta_F}{\vartheta(1+n)}\right] \cdot \left[\frac{\vartheta(1+n) - \zeta_D}{\vartheta(1+n)}\right] \cdot (1+\lambda_D) \cdot \frac{\lambda_F/a(t-1)^2}{[1+\lambda_F/a(t-1)]^2} < 0$$

因此，伴随后发国家技术接近世界技术前沿，此时模仿创新成功率提高的正向作用不足以抵消技术创新步长缩短的反向影响，技术进步率随相对技术水平提高而下降。

$$\frac{g_D(t)/g(t)}{g_F(t)/g(t)} = \frac{\vartheta(1+n) - \zeta_F}{\zeta_F \cdot \left[1 - \dfrac{\zeta_D}{\vartheta(1+n)}\right]} \cdot \frac{\lambda_D}{1+\lambda_D} \cdot \frac{1+\lambda_F/a(t-1)}{\lambda_F/a(t-1)},$$

$$\frac{\partial \left[\dfrac{g_D(t)/g(t)}{g_F(t)/g(t)}\right]}{\partial a(t-1)} = \frac{\vartheta(1+n) - \zeta_F}{\zeta_F \cdot \left[1 - \dfrac{\zeta_D}{\vartheta(1+n)}\right]} \cdot \frac{\lambda_D}{(1+\lambda_D)\lambda_F}$$

$$\frac{\partial\left[\dfrac{g_D(t)/g(t)}{g_F(t)/g(t)}\right]}{\partial \lambda_D} = \frac{\vartheta(1+n)-\zeta_F}{\zeta_F \cdot \left[1-\dfrac{\zeta_D}{\vartheta(1+n)}\right]} \cdot \frac{1+\lambda_F/a(t-1)}{\lambda_F/a(t-1)} \cdot \frac{1}{(1+\lambda_D)^2},$$

$$\frac{\partial\left[\dfrac{g_D(t)/g(t)}{g_F(t)/g(t)}\right]}{\partial \lambda_F} = -\frac{\vartheta(1+n)-\zeta_F}{\zeta_F \cdot \left[1-\dfrac{\zeta_D}{\vartheta(1+n)}\right]} \cdot \frac{\lambda_D}{1+\lambda_D} \cdot \frac{a(t-1)}{\lambda_F^2} \qquad (3-44)$$

同时,技术差距变化也对技术变迁路径产生影响。若 $\partial((g_D/g)/(g_F/g))>0$,表明自主创新增长更快,技术选择偏向于自主创新;若 $\partial((g_D/g)/(g_F/g))<0$,表明模仿创新比自主创新增长更快,此时技术进步朝更有利于模仿创新方向发展。结合式(3-43)和式(3-44)可知,伴随后发国家技术进步,技术差距缩小使模仿创新步长减小,诱致模仿创新的增速 g_F 下降,自主创新作用更为突出,此时技术进步朝自主创新方向发展。考察创新步长对技术变迁路径的影响,发现当自主创新步长 λ_D 大于模仿创新步长 λ_F 时,λ_D 对 g_D 产生正向影响,使技术进步更朝自主创新方向发展;而模仿创新步长 λ_F 对自主创新不产生影响,但正向作用于模仿创新增速 g_F,使技术进步朝模仿创新方向发展。

(二)当自主创新步长小于模仿创新步长时技术变迁路径对经济增长的作用机理

当自主创新步长小于模仿创新的步长时,即 $\lambda_D<\lambda_F/a(t)$ 时,结合式(3-27)和式(3-42)可知,后发国家在 t 时刻技术水平 $A(t)$ 及其技术进步率 $g(t)$ 为:

$$A(t)=\left[\begin{array}{l}\dfrac{\vartheta(1+n)-\zeta_D}{\vartheta(1+n)} \cdot \left[1+\dfrac{\lambda_F}{a(t-1)}\right]+\left[\dfrac{\zeta_D}{\vartheta(1+n)}\right] \cdot \left[\dfrac{\vartheta(1+n)-\zeta_F}{\vartheta(1+n)}\right] \cdot \left[\dfrac{1+\lambda_F/a(t-1)}{1+\lambda_D}\right] \cdot \\ (1+\lambda_D)+\left[\dfrac{\zeta_D}{\vartheta(1+n)}\right] \cdot \left\{\dfrac{\vartheta(1+n)\left[\lambda_D-\dfrac{\lambda_F}{a(t-1)}\right]+\zeta_F[1+\lambda_F/a(t-1)]}{\vartheta(1+n)(1+\lambda_D)}\right\}\end{array}\right] \cdot A(t-1)$$

$$g(t)=\underbrace{\left[\frac{\zeta_D}{\vartheta(1+n)}\right]\cdot\left[\frac{\vartheta(1+n)-\zeta_F}{\vartheta(1+n)}\right]\cdot\lambda_D\left[\frac{1+\lambda_F/a(t-1)}{1+\lambda_D}\right]}_{\text{自主创新}g_D}+\underbrace{\frac{\vartheta(1+n)-\zeta_D}{\vartheta(1+n)}\cdot\frac{\lambda_F}{a(t-1)}}_{\text{模仿创新}g_F}$$

(3-45)

由式（3-45）可知，后发国家通过自主创新和模仿创新实现技术进步，受创新步长和相对技术水平的影响，自主创新的步长越大，技术进步速度越快。而后发国家与发达国家上一期的相对技术水平对当期技术进步率的跨期作用存在两方面的反向效应：其一，前期相对技术水平 $a(t-1)$ 对当期技术进步速率 $g(t)$ 产生反向影响，这在于技术外溢效应随技术差距缩小而减少，所能实现的模仿创新步长也逐渐减小，从而技术进步率减慢。其二，相对技术水平 $a(t-1)$ 对技术进步速率 $g(t)$ 的反向作用体现在随着技术差距的缩小，自主创新难度增加，自主创新成功率下降，并对技术进步率产生影响：

$$\frac{\partial g_D(t)}{\partial a(t-1)}=-\left(\frac{\zeta_D}{\vartheta(1+n)}\right)\cdot\left(\frac{\vartheta(1+n)-\zeta_F}{\vartheta(1+n)}\right)\cdot\left(\frac{\lambda_D}{1+\lambda_D}\right)\frac{\lambda_F}{a(t-1)^2}<0,$$

$$\frac{\partial g_F(t)}{\partial a(t-1)}=-\frac{\vartheta(1+n)-\zeta_D}{\vartheta(1+n)}\cdot\frac{\lambda_F}{a(t-1)^2}<0$$

$$\frac{g_D(t)/g(t)}{g_F(t)/g(t)}=\frac{\zeta_D\cdot\left(1-\frac{\zeta_F}{\vartheta(1+n)}\right)}{\vartheta(1+n)-\zeta_D}\cdot\frac{\lambda_D}{1+\lambda_D}\cdot\frac{1+\lambda_F/a(t-1)}{\lambda_F/a(t-1)},$$

$$\frac{\partial\left(\frac{g_D(t)/g(t)}{g_F(t)/g(t)}\right)}{\partial a(t-1)}=\frac{\zeta_D\cdot\left(1-\frac{\zeta_F}{\vartheta(1+n)}\right)}{\vartheta(1+n)-\zeta_D}\frac{\lambda_D}{(1+\lambda_D)\lambda_F}$$

$$\frac{\partial\left(\frac{g_D(t)/g(t)}{g_F(t)/g(t)}\right)}{\partial\lambda_D}=\frac{\zeta_D\cdot\left(1-\frac{\zeta_F}{\vartheta(1+n)}\right)}{\vartheta(1+n)-\zeta_D}\frac{1+\lambda_F/a(t-1)}{\lambda_F/a(t-1)}\frac{1}{(1+\lambda_D)^2},$$

$$\frac{\partial\left(\frac{g_D(t)/g(t)}{g_F(t)/g(t)}\right)}{\partial\lambda_F}=-\frac{\zeta_D\cdot\left(1-\frac{\zeta_F}{\vartheta(1+n)}\right)}{\vartheta(1+n)-\zeta_D}\cdot\frac{\lambda_D}{1+\lambda_D}\cdot\frac{a(t-1)}{\lambda_F^2}$$

一方面，当后发国家逐渐接近世界技术前沿面即技术差距缩小时，技术进步率 $g(t)$、自主创新和模仿创新的速率 g_D 和 g_F 均随之下降，而模仿创新降幅大于自主创新，技术进步朝自主创新方向发展。另一方面，自主创新步长 λ_D 与自主创新速率 g_D 正相关，但对模仿创新 g_F 作用为负；而模仿创新步长 λ_F 对自主创新 g_D 和模仿创新 g_F 均存在正向作用。可见，自主创新步长 λ_D 和模仿创新的步长 λ_F 对自主创新的增速 g_D 和模仿创新的增速 g_F 作用存在非一致性。

四、模型的均衡特征

假定技术研发厂商投入研发支出进行技术创新提高中间产品质量，技术创新成功，则该厂商转变成为中间品生产厂商；最终品生产部门通过雇用劳动力和购买中间产品生产和销售最终品。均衡增长路径上劳均产出 $y(t)$，劳均消费支出 $c(t)$、生产中间品的劳均支出 $\bar{x}(t) = X(t)/L(t)$，劳均研发支出 $\bar{z}(t) = Z(t)/L(t)$ 均以不变速率增长。由式 (3-27)、式 (3-28) 和式 (3-36) 可知，劳均产出 $y(t)$、劳均中间品支出 $\bar{x}(t)$、劳均研发支出 $\bar{z}(t)$ 均为 $A(t)$ 的线性函数，故劳均消费支出 $c(t)$ 也是关于 $A(t)$ 的线性函数，上述所有变量与 $A(t)$ 存在相同增长率：

$$g(t) = \frac{\dot{A}(t)}{A(t)} = \frac{\dot{c}(t)}{c(t)} = \frac{\dot{y}(t)}{y(t)} = \frac{\dot{\bar{x}}(t)}{\bar{x}(t)} = \frac{\dot{\bar{z}}(t)}{\bar{z}(t)}$$

（一）当自主创新步长大于模仿创新步长时模型的均衡特征

当自主创新步长大于模仿创新的步长即 $\lambda_D \geq \lambda_F/a(t)$ 时，由式 (3-43) 可知，当期技术进步率受上一期相对技术水平 $a(t-1)$ 的影响，即技术差距对后发国家技术进步率存在跨期效应，$a(t)$ 变化路径满足：

$$\frac{\dot{a}(t)}{a(t)} = g(t) - \bar{g} \qquad (3-46)$$

由式（3-43）和式（3-46）可知，若 $g(t)>\bar{g}$，后发国家技术进步快于世界前沿技术，相对技术水平提高，可知技术进步率下降即 $\dot{g}(t)<0$；若 $g(t)<\bar{g}$，后发国家技术进步低于世界技术前沿，该国相对技术水平下降时，而技术进步率上升即 $\dot{g}(t)>0$，其技术进步率将逐渐收敛于世界前沿技术进步率 $\bar{g}$。当 $g(t)=\bar{g}$ 时，后发国家与世界前沿技术保持相同增长率，其相对技术水平收敛于 a^*：

$$a^* = \left\{ \frac{\left[\dfrac{\zeta_F}{\vartheta(1+n)}\right] \cdot \left[\dfrac{\vartheta(1+n)-\zeta_D}{\vartheta(1+n)}\right]\bar{g} + \left[1-\dfrac{\zeta_F \zeta_D}{(\vartheta(1+n))^2}\right] \cdot \lambda_D}{\bar{g} - \left[\dfrac{\vartheta(1+n)-\zeta_F}{\vartheta(1+n)}\right]\lambda_D} \right\} \lambda_F,$$

$$\frac{g_D^*/\bar{g}}{g_F^*/\bar{g}} = \frac{1-\dfrac{\zeta_F}{\vartheta(1+n)}}{1-\dfrac{\zeta_D}{\vartheta(1+n)}} \cdot \frac{\lambda_D\left[\left(1-\dfrac{\zeta_D}{\vartheta(1+n)}\right)\right]}{\bar{g}-\left(1-\dfrac{\zeta_F}{\vartheta(1+n)}\right)\lambda_D}$$

$$\frac{\partial a^*}{\partial \lambda_D} = \frac{\lambda_F \zeta_F \left\{\left[1-\dfrac{\zeta_D}{\vartheta(1+n)}\right]\bar{g} + \left[1-\dfrac{\zeta_F}{\vartheta(1+n)}\right]\left[1-\dfrac{\zeta_D}{\vartheta(1+n)}\right]\right\}}{\vartheta(1+n)\left[\bar{g}-\left(1-\dfrac{\zeta_F}{\vartheta(1+n)}\right)\lambda_D\right]^2} > 0,$$

$$\frac{\partial a^*}{\partial \lambda_F} = \frac{\left[\dfrac{\zeta_F}{\vartheta(1+n)}\right] \cdot \left[1-\dfrac{\zeta_D}{\vartheta(1+n)}\right]\bar{g} + \left[1-\dfrac{\zeta_F \zeta_D}{(\vartheta(1+n))^2}\right] \cdot \lambda_D}{\bar{g}-\left[1-\dfrac{\zeta_F}{\vartheta(1+n)}\right]\lambda_D} > 0,$$

$$\frac{\partial a^*}{\partial \zeta_D} = \frac{-\dfrac{\zeta_F}{(\vartheta(1+n))^2}\lambda_D \lambda_F}{\bar{g}-\left[1-\dfrac{\zeta_F}{\vartheta(1+n)}\right]\lambda_D} < 0, \quad \frac{\partial a^*}{\partial \zeta_F} = \frac{\left[\dfrac{\vartheta(1+n)-\zeta_D}{(\vartheta(1+n))^2}\right]\left[(1+\lambda_D)\bar{g} - \lambda_D - \lambda_D^2\right]\lambda_F}{\left[\bar{g}-\left(\dfrac{\vartheta(1+n)-\zeta_F}{\vartheta(1+n)}\right)\lambda_D\right]^2}$$

(3-47)

由式（3-47）可知，后发国家在均衡增长路径上相对技术水平 $a(t)$ 直接受制于自主创新和模仿创新的步长和成本。自主创新步长与模仿创新步长的作用为正,即伴随λ_D和λ_F的增加,技术水平提升越快,模仿创新步长的正向作用强度又受自主创新步长的限制,λ_D越长其正向效果越明显。不同类型创新成本对相对技术水平的影响却并不一致,其中自主创新成本参数作用为负,并受步长约束,自主创新和模仿创新的步长越大,这一负向作用越明显。模仿创新成本参数的影响方向不确定,受制于自主创新步长,当$\lambda_D<\bar{g}$时,模仿创新成本参数对后发国家相对技术水平产生正向影响,若$\lambda_D>\bar{g}$,模仿创新成本参数对相对技术水平的作用为负。

(二) 当自主创新步长小于模仿创新步长时模型的均衡特征

当自主创新步长小于模仿创新步长即$\lambda_D \leq \lambda_F/a(t)$时,后发国家$a(t)$变化路径为:

$$\tilde{a}^* = \left\{ \frac{\left[\dfrac{\zeta_D}{\vartheta(1+n)}\right] \cdot \left[\dfrac{\vartheta(1+n)-\zeta_F}{\vartheta(1+n)}\right]\left(\dfrac{\lambda_D}{1+\lambda_D}\right) + \dfrac{\vartheta(1+n)-\zeta_D}{\vartheta(1+n)}}{\bar{g} - \left[\dfrac{\zeta_D}{\vartheta(1+n)}\right] \cdot \left[\dfrac{\vartheta(1+n)-\zeta_F}{\vartheta(1+n)}\right]\left(\dfrac{\lambda_D}{1+\lambda_D}\right)} \right\} \lambda_F,$$

$$\frac{g_D^*/\bar{g}}{g_F^*/\bar{g}} = \frac{\left[\bar{g} + \dfrac{\vartheta(1+n)-\zeta_D}{\vartheta(1+n)}\right]\left[\dfrac{\zeta_D}{\vartheta(1+n)}\right] \cdot \left[\dfrac{\vartheta(1+n)-\zeta_F}{\vartheta(1+n)}\right]\left(\dfrac{\lambda_D}{1+\lambda_D}\right)}{\bar{g} - \left[\dfrac{\zeta_D}{\vartheta(1+n)}\right] \cdot \left[\dfrac{\vartheta(1+n)-\zeta_F}{\vartheta(1+n)}\right]\left(\dfrac{\lambda_D}{1+\lambda_D}\right)}$$

$$\frac{\partial \tilde{a}^*}{\partial \lambda_D} = \frac{\lambda_F \left[\dfrac{\zeta_D}{\vartheta(1+n)}\right]\left[1 - \dfrac{\zeta_F}{\vartheta(1+n)}\right]\left[\bar{g} - \left(1 - \dfrac{\zeta_D}{\vartheta(1+n)}\right)\right]}{\left\{(1+\lambda_D)\bar{g} - \left[\dfrac{\zeta_D}{\vartheta(1+n)}\right]\left[1 - \dfrac{\zeta_F}{\vartheta(1+n)}\right]\lambda_D\right\}^2} > 0,$$

$$\frac{\partial \tilde{a}^*}{\partial \lambda_F} = \frac{\left[\dfrac{\zeta_D}{\vartheta(1+n)}\right] \cdot \left[\dfrac{\vartheta(1+n)-\zeta_F}{\vartheta(1+n)}\right]\left(\dfrac{\lambda_D}{1+\lambda_D}\right) + \dfrac{\vartheta(1+n)-\zeta_D}{\vartheta(1+n)}}{\bar{g} - \left[\dfrac{\zeta_D}{\vartheta(1+n)}\right] \cdot \left[\dfrac{\vartheta(1+n)-\zeta_F}{\vartheta(1+n)}\right]\left(\dfrac{\lambda_D}{1+\lambda_D}\right)} > 0$$

$$\frac{\partial \widetilde{a}^*}{\partial \zeta_D} = \frac{-\lambda_F \cdot \frac{\overline{g}}{\vartheta(1+n)}(1+\lambda_D+\lambda_D\zeta_F)}{\left\{(1+\lambda_D)\overline{g}-\left[\frac{\zeta_D}{\vartheta(1+n)}\right]\cdot\left[1-\frac{\zeta_F}{\vartheta(1+n)}\right]\lambda_D\right\}^2}<0,$$

$$\frac{\partial \widetilde{a}^*}{\partial \zeta_F} = \frac{-\frac{\lambda_F\zeta_D}{[\vartheta(1+n)]^2}\left(\frac{\lambda_D}{1+\lambda_D}\right)\left\{\overline{g}+\left[1-\frac{\zeta_F}{\vartheta(1+n)}\right]\right\}}{\left\{\overline{g}-\left[\frac{\zeta_D}{\vartheta(1+n)}\right]\cdot\left[\frac{\vartheta(1+n)-\zeta_F}{\vartheta(1+n)}\right]\left(\frac{\lambda_D}{1+\lambda_D}\right)\right\}^2}<0 \quad (3-48)$$

自主创新和模仿创新的步长和成本参数决定均衡技术水平。其中自主创新步长对均衡技术水平作用为正，模仿创新步长作用为正，但影响程度仅受自主创新步长 λ_D 约束，即自主创新步长越大正向作用强度越大。此外，成本参数 ζ_D 和 ζ_F 对相对技术水平均衡值的作用均为负，且仅受自主创新步长约束，自主创新步长越大则自主创新成本参数的负向影响越明显。

结合式（3-43）、式（3-45）、式（3-47）和式（3-48），可得两种情况下相对技术水平收敛于世界技术前沿面时自主创新的步长为：

$$\lambda_{D1} = \frac{\left(\frac{\lambda_F+1}{\lambda_F}\right)\overline{g}-\left[\frac{\zeta_F}{\vartheta(1+n)}\right]\cdot\left[\frac{\vartheta(1+n)-\zeta_D}{\vartheta(1+n)}\right]}{1-\frac{\zeta_F\zeta_D}{[\vartheta(1+n)]^2}+\frac{\vartheta(1+n)-\zeta_F}{\vartheta(1+n)}\cdot\frac{1}{\lambda_F}},$$

$$\lambda_{D2} = \frac{\frac{\overline{g}}{\lambda_F}-\frac{\vartheta(1+n)-\zeta_D}{\vartheta(1+n)}}{1-\frac{\zeta_F\zeta_D}{[\vartheta(1+n)]^2}+\left[\frac{\zeta_D}{\vartheta(1+n)}\right]\cdot\left[\frac{\vartheta(1+n)-\zeta_F}{\vartheta(1+n)}\right]\cdot\frac{1}{\lambda_F}-\frac{\overline{g}}{\lambda_F}}$$

综合而言，若 $\lambda_D \geq \lambda_F/a(t)$ 时，后发国家的相对技术水平收敛于 a^*，且当 $\lambda_D = \lambda_{D1}$ 时收敛于世界技术前沿面，后发国家成功实现技术追赶。相对均衡技术水平 a^* 受创新步长的影响，其中自主创新步长越大，技术进步越偏向于自主创新且相对均衡技术水平越高，当自主创新步长增加 1 单位时，均衡时自主创新增长 $[1-\zeta_F/\vartheta(1+n)]$。而模仿创新步长对均衡时的技术变迁路径无影响，但能提高相对均衡技术水平。若 $\lambda_D \leq \lambda_F/a(t)$ 时，后发国家相对技术水平收敛于 $\tilde{a}^*$，且当 $\lambda_D = \lambda_{D2}$ 时恰好收敛于世界技术前沿面，此时后发国家亦可实现技术追赶。相对均衡技术水平 $\tilde{a}^*$ 和创新步长关系与 $\lambda_D \geq \lambda_F/a(t)$ 时的情况相似，但单位创新步长的作用强度与前一种情况存在差异。

可见，技术差距对后发国家技术进步率存在跨期效应，且均衡的技术进步率将收敛于世界前沿技术进步率。均衡增长时技术水平和适宜性技术变迁路径受技术创新步长和创新成本参数影响，其中模仿创新步长的变化虽然对技术追赶产生正向影响，却难以打破均衡的技术变迁路径，扭转均衡适宜性技术变迁路径的关键在于自主创新，不仅影响均衡的技术水平，还能推进由模仿创新向自主创新的转变；而创新成本参数则通过约束创新成功率改变均衡的技术差距。

第四节 本章小结

本章首先从技术前沿面的视角，考察后发国家的适宜性技术选择机理，发现：当后发国家与发达国家要素结构互补时，后发国家将选择符合自身要素结构的技术引进，通过"技术引进与要素积累交互推进"的方式推动技术前沿面外移；当两国要素结构相似时，后发国家将选择"要素积累驱动技术引进"的方式实现技术赶超，通过要素积累缩小与发达国家要素结构的差距，实现引进的技术与要素结构的适配性后再引进前沿技术。直至后发国家技术水平接近或者超越发达国家，技术外溢效应趋于零，凭借前期技能劳动要素的积累，后发国家开始取代发达国家从事前沿技术研发。

在此基础上，本章基于中间品种类扩张型技术创新，建立数理模型演绎后发国家选择不同要素增进型技术的内生机理及其对经济增长的作用机制。首先引入基于知识基础的 CES 型创新可能性边界，以稀缺要素科学家为研发资源，演绎研发企业对研发资源的两阶段配置及其对技术选择的影响，从技术供给方的视角剖析后发国家的适宜性技术选择对经济增长的影响。结论显示，后发国家的适宜性技术选择是该国自主创新效率系数，发达国家的要素结构和后发国家要素结构的函数；而该国经济增长率，受其科学家人数、自主创新效率，该国与发达国家标准化的要素增进型技术差距共同影响。后发国家的要素结构一方面通过改变不同要素增进型技术的创新价值，影响该国的适宜性技术选择；另一方面协同发达国家的要素结构影响技术选择，两国要素结构的相似程度或互补程度通过影响后发国家与发达国家的要素增进型技术差距，实现研发投入资源科学家在两要素互补型机器研发部门之间，及部门内部自主创新和技术引进的重新配置，从而作用于后发国家的适宜性技术选择和经济增长率。

最后，本章引入包含自主创新和模仿创新的质量提升型技术进步模型，考察后发国家由技术引进转向自主创新的技术变迁路径，研发企业依据技术引进和自主创新所能实现的预期利润分配研发资源进行技术选择。技术创新的预期垄断利润受自主创新和模仿创新的步长，以及创新成功率影响。自主创新和模仿创新的步长对技术变迁路径的作用效应表现出非一致性，自主创新步长的变化虽不能改变均衡时的技术进步率，却对自主创新和模仿创新增速具有水平效应和增长效应；而模仿创新步长变化对自主创新和模仿创新增速仅存在水平效应，表示实现创新驱动经济增长的关键在于自主创新。

基于经济史的后发国家适宜性技术选择的案例分析

本章沿用第三章后发国家适宜性技术选择机理的分析思路，通过技术前沿面视角，对比先发国家英国，考察了工业革命至今，美国、德国和日本及"亚洲四小龙"等不同要素结构的代表性后发国家或地区如何实现适宜性的技术选择；再以中国近代丝织业技术发展格局变迁为自然实验，探析并对比上海、南京和杭州三个不同要素结构地区技术选择是否具有适宜性特征，及其对丝织业技术升级的影响，以检验上文对后发国家的适宜性技术选择机理的判断。

第一节
世界经济史视角下后发国家的适宜性技术选择

后发国家如何实现快速经济增长和经济赶超，一直是经济学家关注的焦点。根据麦迪森（2009）估算的历史数据发现，公元1~1500年世界各国的经济增长均极其缓慢，以公元1300年为例，中国人均GDP和总量GDP分别为600元和60亿元（以1990年国际美元计价，下同），而西欧地区人均GDP为593元和44.2亿元，无论从总量还是人均量看，当时中国经济都处于世界领先地位。但到公元1500~1913年，西欧经济开始高速增长，人均GDP由771元增长至3458元，同期中国人均GDP却处于停滞甚至下降阶段。表4-1显示公元1~2001年世界主要国家的人均GDP增长率。面对这种财富逆转，笔者不禁思考，工业革命开始的两百多年内，西方国家的经济增长为何突然加快？当时英、美、德、日等后发国家是如何实现经济崛起不断赶超发达国家，重新改变世界经济格局的？

表4-1 不同历史阶段世界主要国家年均经济增速对比

单位：%

国家/时间	1~1000	1000~1500	1500~1820	1820~1870	1870~1913	1913~1950	1950~1973	1973~2001
德国	—	—	0.14	1.08	1.61	0.17	5.02	1.60
荷兰	—	—	0.28	0.81	0.90	1.07	3.45	1.83
英国	—	—	0.27	1.26	1.01	0.93	2.42	1.86
葡萄牙	—	—	0.13	0.11	0.58	1.39	5.45	2.53
西班牙	—	—	0.13	0.36	1.25	0.17	5.60	2.59

续表

国家/时间	1~1000	1000~1500	1500~1820	1820~1870	1870~1913	1913~1950	1950~1973	1973~2001
美国	—	—	0.36	1.34	1.82	1.61	2.45	1.86
日本	0.01	0.03	0.09	0.19	1.48	0.88	8.06	2.14
中国	0.00	0.06	0.00	-0.25	0.10	-0.62	2.86	5.32

资料来源：《世界经济千年统计》数据整理。

纵观世界经济近代史，在工业革命时期，英国率先完成工业化进程，其经济发展迈入鼎盛时期。正如大家所熟知，在工业革命发生之前，英国并非世界经济强国。在15~16世纪葡萄牙和西班牙掌握最为先进的航海技术，迅速扩张海上航线和海洋贸易使其经济称霸世界。不过，这一时期两国主要依靠掠夺而来的财富却都用于消费，导致国内工业部门全面衰退和萎缩。其后，荷兰重视造船技术的革新，以保持航海业的领先优势，凭借运货量大、生产成本和运输成本低廉的"大肚船"，使荷兰迅速成长为世界商贸中心。同期，贸易的支付需求又催生了阿姆斯特丹银行和股票交易所，荷兰逐渐迈入世界经济大国行列。不过，这一时期英国虽未崛起却积累了大量的熟练劳动力、科学知识，并建立了专利制度，为工业革命提供了条件，之后出现了大家所熟知的工业革命。

虽然英国发起第一次工业革命并成为那一时期的世界经济强国，但第二次工业革命却并未发生在英国。在19世纪末至20世纪初，注重技术教育与技能劳动力积累，美国和德国引领了第二次工业革命，技术大发展极大地促进了两国生产效率的提升，美德两国实现后发国家对发达国家的技术赶超。到"二战"后，日本依靠引进的专利技术以及在此基础上的自主创新，技术迅速发展到世界前沿水平进而迈入世界强国行列。直到20世纪60年代起，韩国、新加坡、中国台湾和中国香港在内的"亚洲四小龙"，大力引进外资和技术及推行出口导向型战略发展劳动密集型产业，最终进

第四章 基于经济史的后发国家适宜性技术选择的案例分析

入高收入国家或地区。

可见,不同后发国家在各个阶段通过差异化的技术选择实现了经济赶超。那么,何种类型的技术进步方式才是后发国家适宜的选择,最能有效提升技术进步加快经济增长?大量文献利用数理模型或经验数据,研究技术进步与要素禀赋的适宜性,据此分析跨国生产率差异和经济增长收敛性问题,但往往只能解释特定国家和特定时期的经济增长现象,结论往往不具有普适性(董直庆和王林辉,2013)。对于我国这样一个后发国家,如何选择适宜性的技术尚未形成共识。为此,本节从经济史和技术前沿面视角,考察后发国家的适宜性技术选择的经验证据。

19世纪20年代,发端于英国的工业革命,极大地提升了英国各行业的生产率水平,纺织业、煤矿采选业和冶金业以及机械制造业等产业的经济绩效获得突破性地提升,其工业生产总额占比达到了50%(见表4-2)。工业革命时期的技术扩散,也使全世界完成由农业化向工业化阶段的过渡。在此之前,世界各国均处于农业化阶段,经济增长极为缓慢。作为后发国家的英国与当时先发国荷兰之间的技术差距并不大,英国之所以能凭借技术革命完成经济赶超迈入大国行列,原因在于英国根据本国环境资源和要素禀赋进行技术研发,选择了适宜性技术,也在于专利法为其提供了适合技术创新的制度环境。

工业革命之前,葡萄牙和西班牙掌握当时最为先进的航海技术,造船技术革命使荷兰拥有世界领先的造船技术,技术领先的优势使这些国家先后迈入世界大国行列。在当时,英国的要素禀赋和资源环境与这些国家不同,英国具有较高的工资水平(斯密,1776;马尔萨斯,1992;克拉潘,

1975；艾伦，2012)①，圈地运动、殖民掠夺和对外贸易又使其积累了大量资本。同时，英国国内煤炭资源价格极为低廉，如图4-1和图4-2所示。英国各地区煤炭资源价格都远低于另一主要燃料木炭的价格，与世界其他地区燃料资源相比也较为廉价。这些资源禀赋条件诱致了一系列以机器代替手工劳动，且密集使用煤炭资源的技术创新，主要体现在纺织业、煤炭和冶金业、机械制造业，成为英国经济腾飞的支柱产业（卡梅伦和尼尔，2003）。英国拥有丰富的煤炭资源，蒸汽机的发明与应用最初源于煤炭采矿业，以廉价的煤炭代替木炭的市场需求催生深层挖掘煤炭的生产目标。为解决深层挖掘中的淹井问题，排除矿井的积水，纽科门蒸汽机应运而生。纽科门蒸汽机体积较大，燃料的利用率低，但考虑到煤矿产区低廉的燃料价格，这类蒸汽机被广泛应用于煤炭采矿业。不过，英国不同地区煤炭资源价格差异较大（见图4-2），作为锡矿产区的康沃尔郡，煤炭燃料价格昂贵，瓦特和博尔顿发明的新式蒸汽机克服了纽科门蒸汽机燃料消耗大的缺陷，提高了燃料的利用效率，因而被广泛用于这一矿区。可见，英国丰富而廉价的煤矿资源诱致蒸汽机技术的创新，而不同地区煤炭资源丰裕度和价格的差异，才诱使燃料利用效率不同的各式蒸汽机得以出现。

表4-2 工业革命时期英国与其他国家经济绩效对比

时期	项目	英国	法国	德国	美国	俄国
1810~1812年	棉纺织业机纺锭数（万锭）	506.7	1040	27.5~30	9~12	—

---

① ［英］马尔萨斯. 人口原理 [M]. 胡企林，朱和中译. 北京：商务印书馆，1992；［英］克拉潘. 现代英国经济史 [M]. 姚曾廙译. 北京：商务印书馆，1975；［英］斯密. 国富论 [M]. 郭大力，王亚南译. 北京：商务印书馆，1972；［英］艾伦. 近代英国工业革命揭秘：放眼全球的深度透视 [M]. 毛立坤译. 浙江：浙江大学出版社，2012. 学界对于工业革命期间英国劳动力的工资水平存在一定争议，库钦斯基等人认为期间英国工资率水平较低；但罗伯特·艾伦在《近代英国工业革命揭秘》一书中详尽阐述了在此期间英国工资率水平较高的原因，笔者赞同这一观点。

续表

时期	项目	英国	法国	德国	美国	俄国
19世纪~20世纪初	棉纺织业机纺锭数	英国的纱锭数超过法国的3~4倍,超过德国的10倍			—	—
1825年	生铁产量(万吨)	59		48		
19世纪~20世纪初	煤产量(万吨)	>1400	100	100	5~6	—
1850年	煤产量(万吨)煤产量占比(%)	>5000 60.2	三国煤产量略大于英国的1/3			
1825年	蒸汽机数量(台)总功率(万马力)	15000 37.5	328 0.5	—		
1837年	蒸汽机数量(台)总功率(万马力)	—	—	423 0.75	19世纪前25年使用水力机	
1820年 1840年 1870年	工业生产总额占比(%)	50 45 32	— 12 13	— 11 23		

资料来源:《世界经济史》,转引自《经济危机和周期的理论与历史》第一卷上册,《资本主义世界经济史研究》。

采矿业对于蒸汽机的使用,带动了机械制造业的技术创新,也正是机械制造业的发展,又增加了生铁的需求,进而推动了冶金行业的技术创新。由于煤中含有硫化物,铁矿石遇硫化物后无法产生纯正的生铁,过去丰富的煤矿资源并不能用于炼铁。亚伯拉罕·达比通过加热煤炭排除硫化物将其转化为焦炭,作为炼铁的燃料;其后,搅拌法和滚轧法的发明使煤炭彻底代替木炭成为炼铁行业的主要燃料。可见,机械制造业和冶金业的技术创新与英国丰裕的煤矿资源不无关系,前者提高了煤矿的开采效率,而后者则使廉价的煤炭资源广泛使用。同时,冶金行业的技术进步使铁产量提高和价格下降,并改善了冶铁质量,蒸汽机的技术创新诱致了蒸汽机车的发明,使铁路交通运输发展迅速。

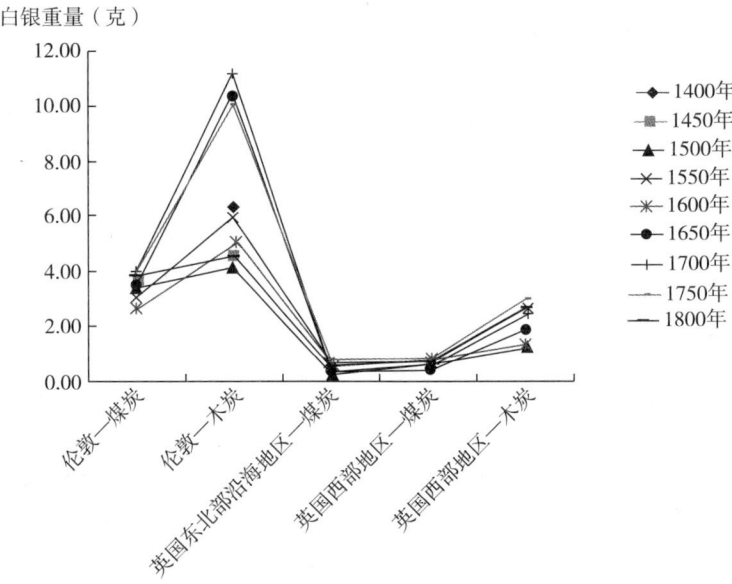

图 4-1　英国不同地区煤炭与木炭资源实际价格对比

资料来源：《近代英国工业革命揭秘——放眼全球的深度透视》。

纺织业作为新兴产业，其发展源于约翰·凯伊于 1733 年发明的飞梭，织布效率得到极大的提升，纺纱和织布的非平衡发展催生了纺纱机器的需求（萧国亮和隋福民，2013），珍妮纺纱机、水力纺纱机和走锭纺纱机相继出现，纺纱机器的技术创新和更新换代也与当时的要素禀赋密切相关。首先，珍妮纺纱机的构造相对简单，仅通过设置多个纱锭提高劳动生产率，而因操作困难使男工代替女工（高德步、王珏，2011）；更具影响力的水力纺纱机，以水力驱动、体积庞大且造价昂贵，这使该类机器必须在有水位落差的村庄才能设厂，工厂雇用廉价的妇女和童工取代熟练男工。其后，走锭纺纱机结合了珍妮纺纱机和水力纺纱机的优点，以蒸汽机驱动，克服水力纺纱机受自然条件约束的局限性，能够充分利用英国丰裕且廉价的煤矿资源。可见，纺织行业的技术创新起初主要为了提升劳动效

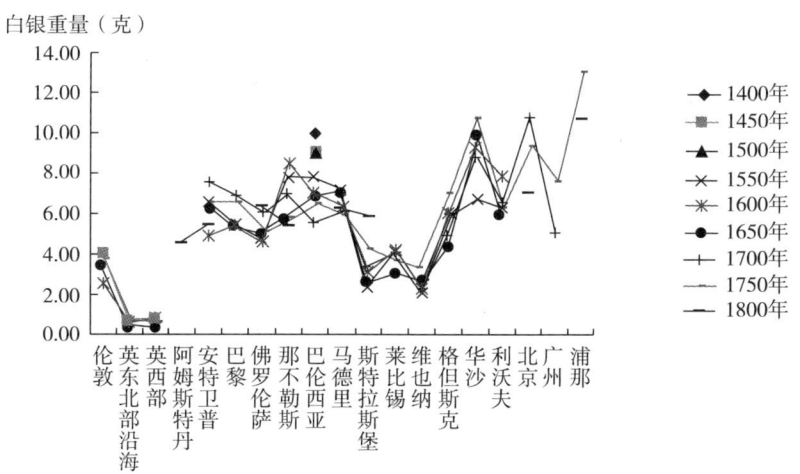

图 4-2　英国各地区与世界其他地区资源实际价格对比

资料来源：《近代英国工业革命揭秘——放眼全球的深度透视》。

率，但逐渐朝向多使用廉价劳动力和丰富的煤矿资源方向发展，验证要素禀赋条件是技术创新方向的决定因素。

与此同时，专利法的确立为技术创新提供了相适宜的制度保障，成为英国能够实现技术赶超的重要条件。在工业革命前，技术创新更多表现为一种基于经验积累的偶发性行为，技术创新概率较低且发明数量十分有限（林毅夫，2007）。技术发明的非排他性使发明者的私人收益和社会收益不对等，技术创新和发明缺乏相应的激励机制。英国于 1624 年颁布《独占法》，作为世界首部具有现代意义的专利法，规定各行业门类新技术发明者具有一定年限的专利权，缩小了技术发明的私人收益与社会收益之间的差异，自此技术发明成为一项利润驱动的经济行为，从而使技术创新成群地、集中地出现。可见，与技术创新相适宜的专利法为英国技术创新、生产率提高和经济增长奠定了制度基础。表 4-3 归结了以专利法作为制度保障的条件下，英国根据本国要素资源禀赋所进行的适宜性技术创新。

表 4-3 法律制度和资源、要素禀赋对英国适宜性技术选择路径的影响

时期	产业	技术选择的诱致因素	对适宜性技术选择路径的影响
1624 年	—	独占法	《专利法》的颁布缩小了技术创新的私人收益和社会收益之间的差异,为技术创新和发明创造适宜的制度环境
18 世纪	—	资本与劳动要素	丰富的资本积累,劳动力的工资水平较高——以机器设备资本代替昂贵手工劳动的技术创新
1712 年 1769 年	机械制造业	挖掘深层的煤炭资源	挖掘煤炭资源——纽科门蒸汽机 煤炭价格的地区差异——新式蒸汽机
1709 年 1784 年	冶金业	利用丰富的煤炭资源	实现煤炭燃料对木炭的完全替代——将煤炭转化为焦炭可用于炼铁——搅拌法和滚轧法
1767~1779 年	纺织业	劳动要素价格	异质性劳动力的价格差异——纺纱机的更新换代 珍妮纺纱机—水力纺织机—走锭纺纱机

一、要素结构相似条件下适宜性技术选择的经验分析

许多实现经济赶超的国家,要素禀赋并非存在过大差距,甚至可能是相似的。那么,这类国家如何实现经济赶超呢?诸如资源相似国家,英国凭借工业革命虽最先完成工业化进程,但引领第二次工业革命的却是美国和德国。作为与发达国家英国具有相似要素结构的美国和德国,在实现经济赶超进程中的技术选择有许多相似之处,通过关税保护确立了与技术创新相适宜的制度环境,通过技能劳动的引进与培育加速技能劳动积累,拓宽资本来源渠道发展资本市场,提高本国要素禀赋与引进前沿技术的适配性。首先,为保护本国新兴产业和弱势产业,美国和德国都通过关税保护抵制英国的倾销。以纺织业为例,英国纺织业通过技术创新并实现由机械设备对手工劳动的替代后,生产效率高且生产成本低,向德国和美国倾销大批廉价纺织品。而此时美国和德国纺织业的技术水平较为落后,纺织产品与英国相比也无比较优势,但均实行保护性关税政策,其中 1830~1932

年美国棉纺织品的真实关税为71%（杰里米·阿塔克和彼得·帕塞尔，2000），德国则通过关税同盟对英国的棉纺织业原材料实行开放政策，对英国棉纺织商品实行关税保护，这些措施为国内幼稚产业和新兴产业技术创新提供良好的制度保障。

其次，美国和德国都通过教育和技术移民加强技能劳动的积累，广泛改进有利于重点产业发展的要素条件，形成与引进的前沿技术相适宜的要素结构（North，1966）。技能劳动积累与前沿技术相适配可提高技术吸收效率，同时，高技能劳动可作为技术创新的研发投入，提高创新成功率，这与厉以宁（2013）的技术教育对经济增长有重要作用的观点相一致。因此，美国和德国在引进英国先进技术设备的同时，更注重技能劳动的积累，通过技术移民和学校教育增加技能劳动供给。1825年以前，英国实行技术封锁严禁技术工匠移居海外以保持自己的技术优势，美国和德国只能派出工业间谍获取英国先进技术，以高薪吸引技能劳动偷渡移居本国。如图4-3所示，1820~1859年美国移民构成中熟练技能工人的占比颇高，尤其是1820~1829年、1830~1839年熟练工人移民占移民总人数的比重高达30.54%和31.50%。此后，两国还通过加强技术教育以提高技能劳动供给，如表4-4所示，德国早在19世纪20年代开始实行义务教育并兴办职业技术学校，设立三级制教育培训体制。同期，美国兴办公立学校，逐渐发展职业技术教育。可见，职业技术教育的普及增加了与技术进步相适宜的技能劳动供给，有利于实现资本设备和技能劳动对简单劳动的替代。同时，以高校教育为基础的科研机构培养了大批技术研发的高技能型人才（见表4-4），以大型企业为依托的工业实验室则使技术创新迅速推广，转化为生产力。

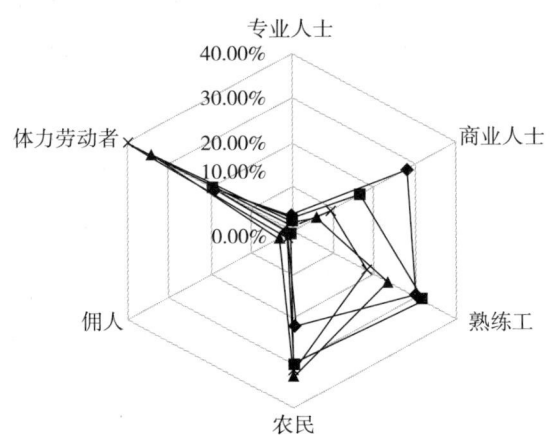

图 4-3　1820~1859 年美国移民的职业构成

资料来源：《世界现代化历程：北美卷》，转引自《美国经济史的再解释》。

表 4-4　美国和德国教育体系概览

时间	国家	名称	成果概览
1821 年	美国	公立学校	美国开办了免费的公立学校
1860~1862 年	美国	职业技术学校	出台《莫利尔法》，促进美国公立教育和职业技术教育的发展
1863~1865 年	美国	国家科学院	成立国家科学院，同时其他科研组织数量达 36 个，增加了美国高技术型人才的供应
19 世纪 20 年代	德国	义务教育 职业技术教育	开始实行强制义务教育，实行公立学校或私立学校、职业学校、技术学校为主体的三级职业技术教育培育体制
19 世纪 20 年代	德国	基森大学	化学家的摇篮，化学家李比西创立。李比西研究了土壤的化学构成，建立合成肥料理论体系
19 世纪初	德国	哥廷根大学	高斯开创的哥廷根学派，培养大量数学家，尤其是黎曼、狄利克雷和雅可比等人在不同数学领域取得重大突破
19 世纪 60 年代	德国	柏林大学	以霍夫曼为代表的学者研究了煤焦油燃料化工技术，并合成各种化学制剂

资料来源：笔者从《世界经济史》一书整理。

最后，美国资本市场和德国全能银行的发展，推动了资本密集型技术创新。第二次工业革命期间的技术创新，归根结底仍是以机器设备投资代替简单劳动力的技术进步，势必需要大量的资本积累。以德国为代表的后发国家通过高投资和引进前沿技术政策，迅速赶超发达国家（Gerschenkron，1962）。然而，与英国相比，美国和德国初期并不具备丰富的资本积累，通过资本融通将社会资本配置到耗费大量资本积累的工业部门，为其技术发展筹集资金。其中美国工业企业主要通过留存利润进行内源融资和在资本市场发行股票和债券筹措资金，尤其是自19世纪80年代起华尔街的股票和债券市场是工业企业的主要融资渠道（萧国亮和隋福民，2013）。德国的全能银行通过滚转法即以新换旧为大型工业企业提供长期借贷，发行股票和债券为大型企业发展资本密集型技术筹措资本，使德国工业企业对全能银行形成很高的依赖程度。综合性银行与企业之间的长期信贷关系有利于推进经济发展，鼓励投资和技术引进的政策可能更适用于后发国家（Acemoglu，2006）。可见，与英国技术选择不同，美国和德国是在关税政策保护下，通过技术移民和教育积累技能劳动，利用金融市场筹集资金，缩小与发达国家要素结构的差距，通过要素禀赋结构的升级驱动技术进步。

当然，美国和德国的要素禀赋和资源环境也存在一定差异，两国在技术进步和经济赶超路径也表现出各自的特征。美国最初作为英国的殖民地，其技术进步更多是对英国技术的借鉴、仿效和延续，走农业技术发展带动轻工业，轻工业技术发展促进重工业技术发展，重工业技术反哺农业，再实现农业机械化。具体而言，美国拥有广袤而肥沃的土地和丰富的矿产资源，农业产业内部分工细化，劳动生产率较高和农产品价格较低，为轻工业发展创造有利条件。由于国内劳动力资源的长期匮乏，诱致企业研发劳动节约型技术进步，这类技术创新甚至比英国同类技术更倾向于节约劳动力，以其他丰裕的要素投入代替稀缺的劳动力要素投入（Rosenberg，1972；哈巴库克和波斯坦，2002）。美国纺织业通过引进英国先进技术最先获得发展，其后铁路建设推动了煤炭采选业、钢铁冶炼业和机械制造业的发展，大量科研投入使石油工业和化学工业快速发展，凭借科技领域的重大突破电力行业和通信行业高速发展，汽车行业则通过标准化生产流程迅速发展。与此同时，美国在重工业化进程中同步实现了农业机械化。与美国内生的技术赶超路径不同，德国引进并发展技术的路径则是由政府主导的，限于英国纺织业的压制，难以选择先轻工业后重工业的传统技术变迁路径，政府通过铁路建设带动煤矿采选业、钢铁冶炼业和机械制造业等重工业的发展，火车燃煤和冶炼钢铁产生了对煤矿资源的超额需求，使电动泵、电力驱动的通风机等用于深层挖煤的机器得到广泛应用，机械制造业技术创新使采煤业生产效率大幅提高。当然，机械制造业的技术创新源于电气行业的发展，化工等新兴工业的技术创新则使德国完成后发国家的技术赶超。

同样，19世纪80年代日本开始工业化，亦是先通过要素积累缩小其与发达国家要素结构的差距，再引进、吸收前沿技术。明治维新时期的地税改革和教育先行政策，有利于深化资本积累和加速技能劳动供给。首先，地税改革为日本资本积累奠定重要基础。为加速资本积累，日本政府率先从财政收入入手。作为日本政府财政收入的主要来源，土地税收制度的改革十分关键。日本于1873年开始推行地税改革，一改旧税制中实物交税成本过高、土地丈量和确定产量程序烦琐等弊端，施行以实际土地生产能力核准土地价格作为计税依据，以3%的税率向土地所有者征税，规定统一用货币缴纳。如图4-4所示，1873年地税改革后，土地税额由1868年的0.2009亿元增加至0.606亿元，后者约为前者的3倍。其次，日本推行教育先行的政策，在提高义务教育普及程度的基础上，还增设东京大学和东京技术工业学院增加技能劳动力供给。日本在中日战争和日俄战争中，掠夺侵占了大量资本和资源，这些都为日本工业革命的发生提供大量的物质资本、自然资源和技能劳动。

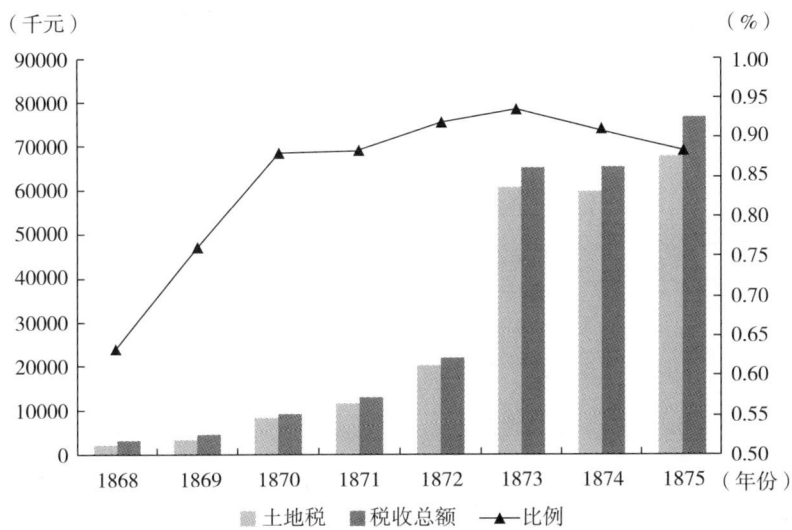

图 4-4　1868~1875 年日本土地税收变化趋势

资料来源：《日本近现代经济史》，转引自《明治维新和明治政权性质的再探讨》。

日本工业革命开始的时点，英国已基本完成工业革命，明显不同于美国沿袭英国工业化的推进顺序，依次实现农业、轻工业和重工业技术进步的技术追赶模式，日本技术引进模式则是全面的、水平的移植世界范围内的前沿技术，并率先移植制度为前提：18 世纪 70 年代明治维新时期日本政府先后移植了美国的银行系统、小学教育系统，英国的海军、电报和邮政系统，法国的陆军系统、司法和警察系统等。在良好的制度安排条件下，日本纺织工业、铁路建设业、机械制造业、煤炭采选业、冶铁业和船舶制造业都有快速发展。

二、要素结构互补条件下适宜性技术选择的经验分析

而若后发国家与发达国家之间存在互补的要素结构时,应当如何选择适宜性的技术呢?本书以日本为例,分析其技术选择的条件。日本曾两次实现了经济赶超:第一次始于19世纪80年代,此时英、美、德等国家经历近百年完成工业化进程,日本却仅用了25年的时间就完成了工业革命,实现由农业国家向工业化国家迈进;第二次是"二战"后1950~1973年,日本作为当时的战败国,经济迅速复兴,年均经济增速高达8%远超欧美发达国家,国内生产总值翻两番,创造了"增长奇迹"。值得关注的是,作为日本经济增速最快的"二战"后期,其要素结构与发达国家大相径庭,技术差距也较大,如何选择适宜性的技术而实现经济赶超?日本在"二战"中损失总计643亿日元,损失率约达25%(香西泰,1989),死亡人数约为300万人;面对战败制裁,日本国内外经济环境均十分严峻,农业经济凋敝和工业生产萎缩,国内生活、生产资料匮乏,加之货币发行量激增,日本面临严重的通货膨胀。在此情形下,1946年12月~1949年,日本政府推行"倾斜生产方式",即在生产资料严重不足的条件下,所有经济政策都集中向煤炭的生产倾斜,扶持钢铁产业,以此改善其他产业的原材料生产和供给,带动整个矿业和农业生产。在物质资本和劳动力投入向煤炭和钢铁产业倾斜的情形下,煤炭和钢铁产量确实大幅增长,却以其他产业发展缓慢和通货膨胀持续蔓延为代价。为了抑制通货膨胀的蔓延,自1949年开始日本政府施行"道奇计划"推行产业结构合理化,逐步在煤炭、钢铁、电力、造船业四大重点产业进行现代技术设备投资推进产业结构升级,1951~1955年劳动和资本生产率、劳动装备率和生产附加值等指数均提高1倍以上(安藤良雄,1976)。日本引进技术仍然遵循由低端产业向中高端产业迈进、由资源密集型产业向资本及技术密集型产业发展

的顺序，以技术引进加速资本积累，再逐步推进产业结构优化。从20世纪50年代初期大量引进煤炭、钢铁、造船和电力产业的技术，除煤炭生产业因资源匮乏逐年萎缩外，其他三个产业在60年代初期都处于领先地位。到50年代后期开始引进汽车、电子和家用电器及合成化工产业技术，于60年代后期处于世界领先地位。为解决资本积累不足与引进前沿技术产生的大额资金需求之间的矛盾，日本政府控制外部资金和内部资金的来源和使用，一方面实行外汇管制，外汇资金仅能用于上述四大重点产业的技术设备更新，严格控制外商直接投资，鼓励对外借款；另一方面，财政投融资和政策金融协同扶持重点产业的发展。在此基础上，本着"保证国际收支平衡为前提，不扰乱国内产业秩序，限制可能对中小企业造成冲击的技术引进"的原则，日本开始引进国外先进技术。为充分利用本国稀有的外汇资金，日本政府对引进技术分类，审查极为严格，禁止重复引进；鼓励国内企业吸收前沿技术，实现进口技术替代。有赖于战前的技能劳动积累，日本能够迅速识别、引进和吸收世界范围内的前沿技术，加强对技术价值的审核，每一行业设置一个技术引进窗口企业，引进技术后这一行业所有企业均可使用这一技术，既避免重复投资又实现适度竞争（井村喜代子，1996）。

  然而，同为与发达国家具有较大技术差距和要素结构互补的后发国家，亚洲四小龙和日本的技术选择却有些许不同。首先，新加坡、韩国、中国台湾和中国香港与日本所处的经济发展阶段并不相同，如前所述，日本作为战败国虽背负巨额战争赔款，但整体来看，其人力资本折损程度并不大，且日本战前已经基本完成工业化，技术水平处于世界领先地位。而"亚洲四小龙"曾作为欧美发达国家的殖民地，以生产初级产品为主的经济结构极为单一，经济总量和增速都相对落后，资本和劳动力相对匮乏。

表 4-5　日本与"亚洲四小龙"不同要素密集型产业技术发展顺序

阶段	日本	韩国	中国台湾	中国香港	新加坡
1950~1955年	电力、钢铁和交通运输业		棉纺织业	纺织、服装产业	
1956~1960年	化工精炼技术、造船、电力、钢铁、电子产品和家用电器		棉纺织业	服装产业	食品加工业、木材加工、纺织、服装和电子工业产品的装配
1961~1965年	化工材料和合成化工业	化工业	棉纺织业、服装产业	电子产品和钟表制造业	
1966~1970年	汽车、微型电子业	化工精炼技术、钢铁业	棉纺织业、服装、鞋帽、玩具、钟表制造业		
1971~1975年	微型电子业	造船业、钢铁业、机械制造业和石油化工业	棉纺织业、服装、鞋帽、玩具、钟表制造业	通用机械和运输机械,服务业取代制造业	食品加工业、木材加工、纺织、服装和电子产品的装配
1976~1980年	微型电子业		新型电脑、计算机外围设备、无线电话、声像和电信设备业	航运、航空旅游、金融业	石油精炼、塑料制品、合成纤维、燃气轮机、工业机械、光学产品、办公设备;交通、通信、金融医疗和旅游业

资料来源:《比较优势与发展战略——对"东亚奇迹"的再解释》,《世界经济史》。

其次,日本和"亚洲四小龙"虽然都通过技术引进和模仿实现技术赶超,但二者技术引进的方式存在较大差异:日本主要是通过购买专利技术,充分吸收前沿国家的先进技术,对外商直接投资加以限制。亚洲四小龙国家或地区则充分利用本地的廉价劳动力,通过外商直接投资即以跨国公司在本地设厂为主,发展劳动密集型产业提高技术水平。最后,日本和亚洲四小龙引进技术类型也有所不同(见表4-5),日本几乎是同步引进不同产业的世界前沿技术，尤其是战后集中发展钢铁、电力、交通运输业及微电子产业等资本和技术密集型产业。亚洲四小龙则优先发展食品、木材加工业、纺织服装业和电子工业产品装配等劳动密集型产业，引进非前沿的劳动密集型技术，借此加深资本积累后逐步引进资本密集型技术，推动石油化工业、机械制造业和钢铁业等资本技术密集型产业发展，即以技术引进带动要素结构升级，再促进技术升级。可见，与发达国家要素结构互补且具有较大技术差距的后发国家，先通过技术引进加快资本和技能劳动的积累，再推进产业结构合理化实现技术升级路径更加适宜。

第二节 中国近代经济史视角下后发国家的适宜性技术选择

中国作为世界蚕丝的发源地，丝织业也一直是众多传统产业中技术最为先进的部门，中国丝织技术一直处于世界领先地位，经历数千年的发展和改进在明代达到了顶峰，至19世纪中期以前我国一直是世界丝绸和蚕丝的主要供应地。然而，在辛亥革命前，近代中国丝织技术长期停滞，丝织业使用的仍然是明清时期发明且改进不大的木制织机，亦称手抛梭木机，需劳动力脚踏开口，一手抛梭，一手接梭（徐新吾，1991）。而在西方资本主义国家，虽然工业革命使棉纺织业实现了机器化生产，但由于丝织工艺的复杂性和特殊性，丝织生产机器化的难度较大，推广时间也远滞后于棉纺织业。19世纪中后期，欧洲地区的丝织业开始普及推广贾卡尔式手拉提花丝织机（Jacquard Machine），从"手抛梭"升级为"手拉打梭"；此时美国已发明并推广动力织机，以电力驱动织机进行生产（王翔，2005）。直至19世纪末，第二次工业革命使欧洲地区全面迈入"电气时代"，电气技术的突破使动力织机在该地区得以广泛推广（王翔，2011）。至于三类丝绸织机的生产效率，一般来说，木制织机的车速为30~40梭/分，由于手拉织机改变木制织机手抛式的投梭方式，转而采用手拉式投梭，故而手拉织机的速度为60~70梭/分，达木制织机的两倍；而动力织机的所有丝织程序均由机械完成，再由电力驱动，运转车速提高至150梭/分。若织平纹织物，手拉织机的劳动生产率比木制织机高1倍多，而动力织机则比木制织机高3倍多；若织花纹织物，手拉织机和动力织机则分别比木制织机高出4~8倍。

表4-6　1880~1937年江南地区丝织业织机数

单位：台

| | 1880年 | 1911年 | 1936~1937年 | | | 资料来源 |
	木机	木机	动力机	手拉机	木机	
南京	5800	6110	—	—	700	《首都丝织业调查记》，彭泽益《中国近代手工业史资料》第3卷第427页
苏州	5500	7000	2100	500	1400	《通商各关华洋贸易总册》，苏州丝绸工业公司编志组供稿
镇江	1000	1300	—	—	—	估计
盛泽	8000	8000	1100	8000		估计，盛泽工商联提供机数
丹阳	—	2000	—	4300	—	《江苏省实业视察报告》，丹阳县工商联提供织机数
杭州	3000	10250	6200	8000	500	朱新予，《浙江丝绸史料》第147页，第86页
湖州	4000	10000	931	585	3000	姚粟周，《湖州旧时机、绐两业史话》推估，湖州老年同业座谈会记录
双林	1200	1200	—	1500		据数代业绫绢的励树常告知，双林镇绫绢厂提供

续表

	1880年	1911年	1936~1937年			资料来源
	木机	木机	动力机	手拉机	木机	
绍兴	2700	3400	34	2650	2000	朱新予,《浙江丝绸史料》第147页,《绍兴之丝绸》第22~23页、第33页和第38页
宁波	848	900	80	700	—	根据1926年以后情况衰落估计
上海	—	105	7200	—	—	Silk 第83页,上海同业登记表

资料来源：徐新吾主编《近代江南丝织工业史》93页、124页整理。

此时，我国不同要素禀赋地区选择引进的技术即丝织机器的类型是否适宜，则成为是中国近代史上丝织业发展格局变迁的关键：从古至今，江南地区的南京、苏州、杭州历来是我国丝织技术最为发达的地区如表4-6所示，以1880年~1937年江南地区丝织业织机数表征其生产规模和技术水平，1880年江南地区木制织机数量排名前五的地区依次是盛泽、南京、苏州、湖州和杭州，至1911年该地区丝织技术的发展格局变化不大，拥有木制织机数量最多的依然是杭州、湖州、盛泽、苏州和南京五个地区，而此时上海地区仅有105台木制织机。但自辛亥革命后，不同地区差异化的技术选择，却成为我国丝织业发展格局变化的重要原因，上海取代南京、苏州和杭州成为了国内新的丝织业技术中心，生产规模和生产效率都远超其他地区。如表4-6所示，1936~1937年，上海地区动力织机数量高达7200台，全面超越之前处于技术领先地位的南京、苏州和杭州等地区。江南地区丝织业技术发展格局的变化，归根结底与当地资源要素禀赋，及据此所做的适宜性技术选择有关。

一般而言，在丝织业机械化生产过程中与不同种类的丝织机器相耦合的投入要素包括四类：其一是丝织业的原材料，包括以天然蚕丝缫制的土丝和厂丝，前者是土法缫制而成，后者是由机器缫制，以及由化学原料合成的人造丝，价格低廉，质量优越；其二是具有手工织造技能的劳动力，由于手拉织机只是将木制织机的手抛梭，改造为手拉打梭，因此无论是使用木制织机还是手拉织机都需要投入具有一定手工织造技能的丝织业手工业者；其三是基于电力织机的引进和推广，需要电力资源供给，以驱动丝织机运转；其四是用以购置丝织机器的资本积累，江南地区往往通过民族资本投资或多家绸缎庄合资设立丝织手工工场、电力丝织工厂。在辛亥革命前，江南地区的丝织技术水平差异化程度较小，皆使用明清时代已定型的木制丝织机进行手工织造，与世界前沿的动力织机具有较大技术差距；但各地区资源禀赋的差异化程度却较为显著。为此，本节沿用上节的分析思路，从要素禀赋的视角解读江南地区不同城市丝织业的技术选择是否具有适宜性特征，及其对丝织业生产效率的影响机理。

一、要素相似地区适宜性技术选择的经验分析

上海丝织业的诞生始于19世纪逃避太平天国起义战祸的南京和杭州地区的丝织商人，但大部分战后回归原地，1880年上海当地仅余80台丝织机器，如表4-6所示，直至1911年该地区木制织机也仅105台。但上海丝织业起步虽晚，却利用当地与发达国家相近的要素禀赋结构，以"要素积累驱动技术引进"的方式，先通过要素积累缩小要素结构的差距再进行前沿技术引进，1936~1937年该地区动力织机数量达7200台成功超越苏州、杭州和南京等地区跃居首位，在丝织业成功实现技术赶超。

一方面，电力资源是动力织机最重要的驱动能源，上海电力技术发展较早且发展迅速，拥有充足的电力资源供应，1882年该地区成立中国第一家电厂上海电光公司，几乎保持与世界丝织前沿技术同步发展。上海的电厂多从英国引进最为先进的发电设备，技术水平和发电效率有了极大的提高，以上海电力公司为例，将1894年该公司的发电容量为基准，1914年约为其62.4倍，1934年约为784.2倍；1901~1925年，该公司售电量连

续25年保持年增长率10%以上。而这些电力资源供应中，1911年工业用电仅占9.1%，其后工业用电高速增长，于1915年工业用电超过生活照明用电，达总用电量的61.3%。

另一方面，上海地区无论天然蚕丝还是人造丝都较为丰富，自1907年以后上海缫丝业发展迅速，尤其是辛亥革命后上海丝厂和丝车数量持续增长，1912年，上海丝厂数量达48家，丝车数量13392台，而到了1930年丝厂数量翻了一番，多达107家，丝车数目增加至18298台。不仅如此，上海作为近代中国的重要通商口岸，上海地区能以较低的成本获取进口人造丝。同时，上海地区还聚集大量民间资本和外商资本，可用于购置丝织机器设备。可见，上海与掌握世界丝织业前沿技术的发达国家具有相似的要素禀赋。因而该地区并未选择先引进手拉梭机，实现资本积累后再完成机器设备由手拉机向动力机的更新换代，这种循序渐进的技术升级方式。基于要素禀赋的适宜性，上海地区的资源禀赋与丝织业的世界前沿技术相匹配，当地大部分丝织工厂一开始就直接引进当时的前沿技术设备动力织机，如肇兴绸厂1915年从瑞士购买动力织机9台，文记绸厂1918年直接购置动力丝织机104台，中华工业厂购200台动力织机等，实现了一步到位式的技术进步。由于选择了适宜的技术，上海地区的丝织业技术水平和生产规模反而超越了江南地区的其他城市，成为新的丝织业生产和技术中心。

二、要素互补地区适宜性技术选择的经验分析

南京和杭州作为我国久负盛名的丝织业重镇，丝织技术历来处于国内领先水平。且两地的资源要素禀赋较为相似，但都与掌握世界丝织业前沿技术，广泛采用动力织机的欧美地区的要素禀赋具有较大差别，要素禀赋结构与发达国家具有互补性特征。然而，南京和杭州的丝织业却由于技术

引进选择的差别，走上了截然不同的发展道路。具体而言：首先，同为丝织业技术领先地区的南京和杭州都不乏具有一定手工织造技能的丝织业手工劳动者和用于引进购置机器的资本；其次，电力供应状况与上海相比略显不足，实现充裕的工业用电时间比上海滞后；最后，关于杭州与南京两地丝织业原材料天然蚕丝和人造丝的供应，基于江浙地区缫丝业的机械化推广时间约比丝织业提前10年，当地厂丝供应较为充足；但由于交通成本等因素，当地的人造丝使用成本较之于上海地区相对偏高。

表 4-7　杭州与南京丝织业技术发展趋势对比

时间	杭州				南京			
	户数（户）	机数（台）	年产量（匹）	工人数（人）	户数（户）	机数（台）	年产量（匹）	工人数（人）
1912	2050	5012	388310	18783	—	—	—	—
1915	2090	4350	331890	15012	—	—	—	—
1920	2206	6400	480000	19400	—	—	—	—
1926	2797	11200	840000	33600	—	—	—	—
1927	3100	11750	881230	35248	—	—	—	—
1928	1857	7100	556000	18330	60	2448	39130	7344
1929	2306	6721	419610	17242		3742	81107	11534
1930	2653	8200	491520	19930	—			
1931	3162	9500	549480	21800	60	1628	26760	4884
1932	1455	5140	324180	12570	60	1129	17500	3387
1933	—	—	—	—		1101	27500	3300
1935					56	720	15327	
1936	4141	14700	1205400	36515	54	700	—	2800

资料来源：彭泽益《中国近代手工业史资料》第3卷，第427页；工商部《首都丝织业调查记》第39、第47、第49、第61、第77页；朱新予主编《浙江丝绸史》，第186页。

但即使如此，杭州和南京选择的技术却截然不同。辛亥革命以前，杭州丝织业生产皆使用木制织机，其后先引进与当地要素禀赋结构相适配，

第四章 基于经济史的后发国家适宜性技术选择的案例分析

且生产效率相对较低的手拉织机,再推进要素积累,逐步实现丝织机器的更新换代,引进推广生产效率较高的动力织机。"一切织物,皆赖旧式木机之手工织造,光泽艳丽织品,尚难一观,其后丝织业竭尽其才力,逐渐精研,由旧式木机,一变而为手拉铁木合制机,再变而为电机,出品日多,花样日繁,五光十色,目迷神眩"。[①] 杭州初期电力供应不足,1918年以前电力供应仅用于生活照明。因此,杭州地区一开始并未引进需要电力作为驱动的动力丝织机,而是选择了并非当时前沿技术的手拉织机。作为引进外国丝织机器第一家,杭州纬成股份有限公司于1912年筹资2万元购置12台日式手拉提花机,其后,袁震和绸厂、天章绸厂、虎林公司和都锦生丝织厂陆续引进手拉织机[②]。不仅如此,杭州地区还开始培养能够熟练操作日式手拉提花机的技能劳动力,民国初期杭州丝绸业会拨款1.5万元,由浙江工业中等学堂从日本购买原材料,聘请织机技师,兴办"机织传习所",招募浙江地区的青年丝织业手工劳动者。

1918年,杭州电力资源才开始投入工业生产领域。此后,天章绸厂于1919年从日本引进重田式动力织机,各大绸厂和公司纷纷效仿开始引进当时较为先进的动力织机。如表4-7所示,自1915～1927年,杭州丝织业的户数、机器数量、工人数及年产量均呈持续增长态势,杭州丝织业蓬勃发展。1927年,杭州丝织业有100余家大小绸厂,木制织机1000余台,手拉织机6000余台,但由于电力供应的限制,动力织机约为3000多台,杭州丝织机器总数达到这一阶段的峰值11750台。其后,由于丝织产品价格下跌,及1931年"九一八"事变和1932年"一·二八"事变的影响,丝绸业生产销售持续衰落。而随着国内经济逐渐从战乱和世界经济危机的波及中得到恢复,1936年杭州丝织业发展重新恢复活力,当年机器数量约为

---

① 杭州市丝绸业现状 [J]. 国际贸易导报, 1932, 4 (1): 1.
② 摘自纬成公司编的《纬成股份有限公司纪实》。

14700台，年产量达1205400匹，成为当时国内除上海外的第二大丝织业生产基地和技术中心。可见，杭州地区虽然与丝织技术领先国家拥有互补的要素结构，且存在较大的技术差距，但为了避免因自身资源禀赋结构难以吸收前沿技术，选择符合自身禀赋结构的技术类型，通过"技术引进与要素积累交互推进"这一循环往复的方式，推动技术前沿面外移。

与之形成对比的是，南京虽然资本和技能劳动充足，电力供应尚可，但丝织业生产却因循守旧，技术设备几乎没有改进。作为重要的丝织业生产基地，南京丝织业产品种类繁多，包括绸缎、锦缎、漳缎、漳绒和建绒等。然而，作为占据市场主导地位的缎业，生产设备的革新却进展缓慢，不仅没有民族资本投资设厂，亦无多家绸缎庄合资设立工厂，技术发展远远滞后于杭州和上海地区。1914~1918年仅有的一次政府主导的技术革新也宣告失败，江苏省公署曾拨款四千元设立"南京丝织手工传习所""每月补助洋四百元为进场费""曾向沪地购买木机铁龙头、钢扣、提梭等件，共配铁机（按即手拉机）十二具，每具约得三百元，另有刻画机一具，花本全系购自日人"[①]。然而，由于并未同步推进民间资本、技能劳动要素的积累，这一由政府主导的技术引进终究难以维系，"成立四年，略具规模，乃受军事影响，省款支绌，再值军事发生，销路大减，于是该所更难维持，于民国八年停办"[②]。由于技术设备的落后，南京丝织业生产凋敝，如表4-7所示，1936年该地区丝织业机器仅余700台。

---

①② 《首都丝织业调查记》，第2页，1930年。

第三节
本章小结

以先发国家英国作为对比,本章梳理了工业革命至今,美国、德国和日本以及"亚洲四小龙"等不同要素禀赋结构的后发国家或地区进行适宜性技术选择并完成技术追赶的经验。英国作为先发国家,根据其环境资源和要素禀赋结构进行技术研发,专利法为其提供了适合技术创新的制度环境,凭借技术革命完成经济赶超迈入大国行列。而美国和德国则与先发国家英国具有相似的要素结构,在实现经济赶超进程中通过关税保护确立了与技术创新相适宜的制度环境,通过技能劳动的引进与培育加速技能劳动积累,拓宽资本来源渠道发展资本市场,提高本国要素禀赋结构与引进的前沿技术的适配性。然而,同为与发达国家要素结构互补的后发国家,亚洲四小龙和日本均先通过技术引进加快资本和技能劳动的积累,再推进产业结构合理化实现技术升级;二者虽然都通过技术引进和模仿实现技术赶超,但技术引进的方式和技术类型存在较大差异:日本主要是通过购买专利技术,几乎是同步引进和吸收发达国家的前沿技术,对外商直接投资加以限制;"亚洲四小龙"国家或地区则充分利用本地的廉价劳动力,通过外商直接投资即以跨国公司在本地设厂为主,发展劳动密集型产业提高技术水平,借此加深资本积累后逐步引进资本密集型技术。

再利用中国近代史上丝织业技术格局变迁的自然实验,分析并对比上海、南京和杭州三个不同要素禀赋结构地区技术选择是否具有适宜性,及其对丝织业技术升级和发展格局的影响，上海丝织业起步晚，基于要素禀赋结构与世界丝织业前沿技术的适配性，选择直接引进当时的前沿技术设备动力织机，成为新的丝织业生产和技术中心；而杭州和南京都与发达国家的要素结构互补，选择的技术却截然不同。杭州丝织业生产先使用木制织机，其后先引进与当地要素禀赋结构相适配，且生产效率相对较低的手拉织机，再推进要素积累，逐步实现丝织机器的更新换代，引进推广生产效率较高的动力织机；而南京虽然曾引进手拉织机，但并未同步推进民间资本、技能劳动要素的积累，丝织业技术革新失败。以上国家和地区的经验基本吻合本书对适宜性技术选择机理的判断。

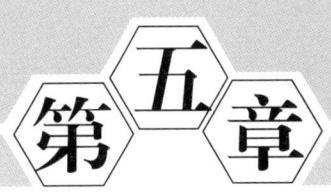

后发国家适宜性技术选择及其对经济增长作用的实证检验

本章建立适宜性技术选择的评价指标体系,从资本和劳动要素结构,与技能劳动和非技能劳动要素结构的双重视角检验后发国家的技术选择是否具有适宜性特征。首先,测度后发国家的资本和劳动要素技术效率和技术进步偏向性,并以发达国家为对照,判断后发国家的技术选择是否与其资本和劳动要素结构相适配。再测算各国的前沿技术产出,横向对比不同技术吸收障碍条件下后发国家和发达国家在引进美国前沿技术后的经济增长。在此基础上,测度后发国家的引进技术产出,纵向对比该国在选取不同国家技术后的经济增长,甄别后发国家在不同阶段的适宜性技术选择,测算技术选择的合意区间,指导该国未来的技术选择。其次,再测算后发国家的技能劳动和非技能劳动要素技术效率,并以发达国家为对照,判断后发国家是否对于本国丰裕要素的利用效率更高,以此甄别其技术选择的适宜性。并基于此,测算不同国家的前沿技术产出和适宜性技术产出,对比后发国家与发达国家技术进步效应和适宜性技术选择效应对经济增长的贡献。

第一节
技术选择与资本和劳动要素的适宜性

一、技术选择与资本和劳动要素适宜性的评价指标体系

将国家 i 的生产函数设定为包含资本 K 和劳动 L 要素投入的 CES 型产生函数：

$$Y_{it} = \left[(1-\alpha_i)(A_{L_{it}}L_{it})^{\frac{\varepsilon_i-1}{\varepsilon_i}} + \alpha_i(A_{K_{it}}K_{it})^{\frac{\varepsilon_i-1}{\varepsilon_i}} \right]^{\frac{\varepsilon_i}{\varepsilon_i-1}} \quad (5-1)$$

其中，Y_{it} 代表 t 时刻国家 i 的总产出，而 L_{it} 和 K_{it} 则为该国这一时期生产过程中投入的劳动和资本要素，$A_{L_{it}}$ 和 $A_{K_{it}}$ 代表同期的劳动增进型技术进步和资本增进型技术进步，也称劳动要素技术效率和资本要素技术效率，而 ε_i 为该国两种生产要素之间的替代弹性。若 $\varepsilon_i=0$，表明该国资本与劳动不存在替代关系，该国生产函数转化为 Leontief 生产函数；若 $0<\varepsilon_i<1$，该国两类要素在生产中呈互补关系；若 $\varepsilon_i=1$ 时，该国生产函数退化为 C-D 型；若 $\varepsilon_i>1$，则代表资本与劳动在生产过程中表现为相互替代关系；当 $\varepsilon_i=+\infty$ 时，生产要素完全替代，该国的生产函数转变为线性。

由利润最大化的一阶条件可知，资本与劳动的相对边际产出与要素价格相等，且由两类要素增进型技术进步和要素结构共同决定：

$$\frac{MP_{L_{it}}}{MP_{K_{it}}} = \frac{w_{it}}{r_{it}} = \left(\frac{1-\alpha}{\alpha}\right) \cdot \left(\frac{A_{L_{it}}}{A_{K_{it}}}\right)^{\frac{\varepsilon_i-1}{\varepsilon_i}} \left(\frac{L_{it}}{K_{it}}\right)^{-\frac{1}{\varepsilon_i}} \quad (5-2)$$

为分析后发国家的技术选择是否与该国资本和劳动要素禀赋结构相适配，探析有偏型技术进步对要素相对边际产出的影响，及对要素使用的偏好，并结合 Acemoglu（2002）对有偏型技术进步内涵界定，分别定义技术进步的相对增进形态和技术进步偏向性指数：

定义 1：当劳动的要素技术效率 $A_{L_{it}}$ 相对于资本的要素技术效率 $A_{K_{it}}$ 增加时，即 $d(A_{L_{it}}/A_{K_{it}})/dt>0$，则技术进步为相对劳动增进形态；反之，当劳动技术效率 $A_{L_{it}}$ 相对于资本技术效率 $A_{K_{it}}$ 降低，即 $d(A_{L_{it}}/A_{K_{it}})/dt<0$，则技术进步为相对资本增进形态。

技术进步的相对增进形态的实质是劳动相对于资本的要素技术效率的变化速率，以对比资本和劳动两种生产要素技术效率变化的快慢，甄别何种生产要素的技术效率提高更快，后发国家更加擅于利用何种生产要素。

在此基础上，进一步定义技术进步偏向性指数 TB_i：

$$TB_{it} = \frac{\partial(MP_{L_{it}}/MP_{K_{it}})}{\partial(A_{L_{it}}/A_{K_{it}})} \cdot \frac{d(A_{L_{it}}/A_{K_{it}})}{dt}$$

$$= \left(\frac{1-\alpha}{\alpha}\right) \cdot \left(\frac{\varepsilon_i-1}{\varepsilon_i}\right) \cdot \left(\frac{A_{L_{it}}}{A_{K_{it}}}\right)^{-\frac{1}{\varepsilon_i}} \cdot \left(\frac{L_{it}}{K_{it}}\right)^{-\frac{1}{\varepsilon_i}} \cdot \frac{d(A_{L_{it}}/A_{K_{it}})}{dt} \quad (5-3)$$

$$= \left(\frac{1-\alpha}{\alpha}\right) \cdot \left[\left(\frac{A_{L_{it}}}{A_{K_{it}}}\right)^{\frac{\varepsilon_i-1}{\varepsilon_i}}\left(\frac{L_{it-1}}{K_{it-1}}\right)^{-\frac{1}{\varepsilon_i}} - \left(\frac{A_{L_{it-1}}}{A_{K_{it-1}}}\right)^{\frac{\varepsilon_i-1}{\varepsilon_i}}\left(\frac{L_{it-1}}{K_{it-1}}\right)^{-\frac{1}{\varepsilon_i}}\right]$$

定义 2：在一国 i 要素结构（L_i/K_i）保持不变的前提下，仅由要素相对增进形态 $A_{L_{it}}/A_{K_{it}}$ 变化引致的要素相对边际产出 MP_{L_i}/MP_{K_i} 的变化。当 $TB_i>0$ 时，表明该国要素增进型技术进步引起的劳动边际产出的增加幅度大于资本，技术进步偏向于劳动，倾向于多使用劳动要素而节约资本要素；当 $TB_i<0$ 时，表明该国由要素增进型技术进步引起的劳动边际产出的增加程度小于资本，技术进步偏向于资本，倾向于多使用资本要素而节约劳动要素；而 $TB_i=0$ 时，表明该国技术进步对劳动和资本要素相对边际产出的作

用趋同，技术进步表现出无偏中性特征。

技术进步偏向性指数 TB_i 的实质是衡量技术进步对劳动与资本的要素相对边际产出的作用，考察后发国家对劳动和资本要素边际产出的非对称性影响，及对不同要素的使用偏好是否符合要素禀赋结构。

根据定义1和定义2可知，技术进步相对增进形态与技术进步偏向性指数的内涵并不一致，前者从技术进步与要素耦合的视角出发，而后者则考虑技术进步对要素边际产出产生的非对称性影响。根据技术进步偏向性指数 TB_i 的定义式易知，可根据要素替代弹性 ε_i 判定技术进步的相对增进形态和偏向性指数二者的关系：当 $\varepsilon_i>1$ 时劳动与资本相互替代，要素相对增进型技术进步同时也偏向于这一生产要素，如技术进步为相对资本增进形态则倾向于提高资本的相对边际产出，而若技术进步为相对劳动增进形态则也偏向于劳动。当 $0<\varepsilon_i<1$ 时资本与劳动要素互补，要素相对增进型技术进步并不偏向于这一要素，如技术进步为相对资本增进形态，因在两种要素互补的情况下，资本技术效率提高会增加劳动需求，而由于资本技术效率提升程度高于劳动，故劳动需求的增加高于资本，劳动报酬相对提高，技术进步偏向于劳动；反之，若技术进步为相对劳动增进形态将偏向于资本。当 $\varepsilon_i=1$ 时，生产函数转化为无偏中性的柯布—道格拉斯生产函数。

下文将结合不同国家的要素禀赋测算劳动和资本要素技术效率，按照这一思路测度得到的各国技术进步的相对增进形态和技术进步偏向性指数。在此基础上，本节还将检验不同国家要素禀赋结构和前沿技术的适宜性。

定义3：前沿技术产出 Y_{it}^{US} 是指以美国劳动和资本要素技术效率（A_{Lit}^{US}，A_{Kit}^{US}）代表前沿技术，假定在无技术吸收障碍的条件下，各国在完全吸收美国前沿技术后的最终产出。

$$Y_{it}^{US}=\left[(1-\alpha_i)(A_{Lit}^{US}L_{it})^{\frac{\varepsilon_i-1}{\varepsilon_i}}+\alpha_i(A_{Kit}^{US}K_{it})^{\frac{\varepsilon_i-1}{\varepsilon_i}}\right]^{\frac{\varepsilon_i}{\varepsilon_i-1}} \qquad (5-4)$$

在资本和劳动要素技术效率（$A_{L_{it}}^{US}$，$A_{K_{it}}^{US}$）均实现零吸收效率损失的条件下，重新测算各国的前沿技术产出 Y_{it}^{US}，及前沿技术产出与实际产出之比 Y_{it}^{US}/Y_{it}，并对比不同国家最终产出变化幅度的差异：

$$Y_{it}^{USB} = \left[(1-\alpha_i)\left((A_{L_{it}}^{US}/\varpi_{it})L_{it}\right)^{\frac{\varepsilon_i-1}{\varepsilon_i}} + \alpha_i\left((A_{K_{it}}^{US}/\varpi_{it})K_{it}\right)^{\frac{\varepsilon_i-1}{\varepsilon_i}}\right]^{\frac{\varepsilon_i}{\varepsilon_i-1}} \quad (5-5)$$

然而，实体经济运行过程中，后发国家在引进先发国家前沿技术的过程中，势必存在不同程度的技术吸收障碍。为了更吻合实体经济的运行规律，笔者引入技术吸收障碍条件下的前沿技术产出 Y_{it}^{USB}，考虑技术水平不同的国家，在技术引进过程中存在着不同的技术吸收障碍 ϖ_{it}，此时引进美国前沿技术后可实现的最终产出即技术吸收障碍条件下的前沿技术产出。在此基础上，笔者再进一步定义引进技术产出 Y_{it}^{T}。

定义4：引进技术产出 Y_{it}^{T} 是假定不存在技术吸收障碍的条件下，后发国家分别引进且充分吸收不同国家技术效率组合（$A_{L_{jt}}$，$A_{K_{jt}}$）后可实现的最终产出，该指标可用于识别后发国家最适宜的技术选择。

$$Y_{it}^{T} = \left[(1-\alpha_i)(A_{L_{jt}}L_{it})^{\frac{\varepsilon_i-1}{\varepsilon_i}} + \alpha_i(A_{K_{jt}}K_{it})^{\frac{\varepsilon_i-1}{\varepsilon_i}}\right]^{\frac{\varepsilon_i}{\varepsilon_i-1}} \quad (5-6)$$

以后发国家 i 为例，依次测算该国在使用不同国家 j 劳动和资本要素技术效率组合（$A_{L_{jt}}$，$A_{K_{jt}}$）后的最终产出即引进技术产出 Y_{it}^{T}，并对比最终产出 Y_{it}^{T} 的变化幅度 Y_{it}^{T}/Y_{it}，根据测算结果甄别后发国家最适宜的技术选择。

二、计量模型设计与数据来源说明

根据上节的一阶条件式（5-2）可得，国家 i 的劳动和资本增进型进步 A_{Lit}、A_{Kit}：

$$A_{L_{it}} = \left(\frac{1-s_{K_{it}}}{1-\alpha_i}\right)^{\frac{\varepsilon_i}{\varepsilon_i-1}}\left(\frac{Y_{it}}{L_{it}}\right),$$

$$A_{K_{it}} = \left(\frac{s_{K_{it}}}{\alpha_i}\right)^{\frac{\varepsilon_i}{\varepsilon_i-1}} \left(\frac{Y_{it}}{K_{it}}\right) \quad (5-7)$$

其中，$1-s_{K_i}$、s_{K_i} 分别代表该国的劳动和资本收入份额，可根据实际数据测算，仅需估计不同国家的要素替代弹性 ε_i 和表征要素投入份额的参数 α_i。根据 Klump 等（2007）的分析思路，本节首先对国家 i 的生产函数及其一阶条件进行标准化处理，构建供给面三方程标准化系统，利用似不相关回归模型（SUR）估计生产函数中的要素替代弹性。

首先，将要素增进型技术进步的增长率设定为 BOX-COX 型可变增长率，其中 $\gamma_{A_{Li}}$ 和 $\gamma_{A_{Ki}}$ 分别代表劳动增进型和资本增进型技术效率参数，而 $\lambda_{A_{Li}}$ 和 $\lambda_{A_{Ki}}$ 则分别表示劳动增进型和资本增进型技术进步的曲率。

$$A_{L_{it}} = A_{L_{it0}} \cdot e^{g_{A_{Lit}}}, \quad A_{K_{it}} = A_{K_{it0}} \cdot e^{g_{A_{Kit}}},$$

$$g_{A_{Lit}} = \frac{\gamma_{A_{L_i}} t_0 ((t/t_0)^{\lambda_{A_{Li}}} - 1)}{\lambda_{A_{Li}}}, \quad g_{A_{Kit}} = \frac{\gamma_{A_{K_i}} t_0 ((t/t_0)^{\lambda_{A_{Ki}}} - 1)}{\lambda_{A_{Ki}}}$$

假定基期数据满足 $w_{it_0} L_{it_0} / r_{it_0} K_{it_0} = (1-\alpha_i)/\alpha_i$，则可证明基期劳动和资本要素增进型技术进步为：$A_{L_{it0}} = Y_{it_0}/L_{it_0}$，$A_{K_{it0}} = Y_{it_0}/K_{it_0}$。

再将上述不同指标的样本均值作为基准值分别对其进行标准化：$Y_{it_0} = \xi_i \bar{Y}_i$，$K_{it_0} = \bar{K}_i$，$L_{it_0} = \bar{L}_i$，$t_0 = \bar{t}$，代入生产函数及其一阶条件可得三方程标准化系统：

$$\log\left(\frac{Y_{it}/\bar{Y}_i}{K_{it}/\bar{K}_i}\right) = \log(\xi_i) + \frac{\gamma_{A_{Ki}} \bar{t}}{\lambda_{A_{Ki}}} \left[\left(\frac{t}{\bar{t}}\right)^{\lambda_{A_{Ki}}} - 1\right] +$$

$$\frac{\varepsilon_i}{\varepsilon_i - 1} \log\left\{(1-\alpha_i)\left(\frac{L_{it}/\bar{L}_i}{K_{it}/\bar{K}_i}\right)^{\frac{\varepsilon_i-1}{\varepsilon_i}} e^{\frac{\varepsilon_i-1}{\varepsilon_i}\left[\frac{\gamma_{A_{Li}}\bar{t}}{\lambda_{A_{Li}}}\left(\left(\frac{t}{\bar{t}}\right)^{\lambda_{A_{Li}}}-1\right) - \frac{\gamma_{A_{Ki}}\bar{t}}{\lambda_{A_{Ki}}}\left(\left(\frac{t}{\bar{t}}\right)^{\lambda_{A_{Ki}}}-1\right)\right]} + \alpha_i\right\}$$

$$\log\left(\frac{w_{it} L_{it}}{Y_{it}}\right) = \log(1-\alpha_i) - \frac{\varepsilon_i-1}{\varepsilon_i}\left[\log\left(\frac{Y_{it}/\bar{Y}_i}{L_{it}/\bar{L}_i}\right) - \log\xi_i - \frac{\gamma_{A_{Li}}\bar{t}}{\lambda_{A_{Li}}}\left(\left(\frac{t}{\bar{t}}\right)^{\lambda_{A_{Li}}} - 1\right)\right]$$

$$\log\left(\frac{r_{it}K_{it}}{Y_{it}}\right) = \log \alpha_i - \frac{\varepsilon_i - 1}{\varepsilon_i}\left[\log\left(\frac{Y_{it}/\overline{Y}_i}{K_{it}/\overline{K}_i}\right) - \log\xi_i - \frac{\gamma_{A_{Ki}}\bar{t}}{\lambda_{A_{Ki}}}\left(\left(\frac{t}{\bar{t}}\right)^{\lambda_{A_{Ki}}} - 1\right)\right] \quad (5-8)$$

运用可行广义非线性最小二乘法（FGNLS），并结合不同国家 1950~2011 年的时间序列数据，可估计出原方程组中的参数 ξ_i，λ_{ALi}，λ_{AKi}，γ_{ALi}，γ_{AKi}，α_i，ε_i，变量初值选取遵循 Leon-Ledesma 等的思路。总产值 Y_{it} 为不同国家历年经过购买力平价（Purchasing Power Parity，PPP）调整的总产出，以 2005 年美元为计价单位，资本要素投入 K_{it} 同样为各国经过购买力平价调整的以 2005 年美元计价的资本存量，而劳动要素投入 L_{it} 则为各国历年的总就业人数，劳动收入 $w_{it}L_{it}$ 为 GDP 中的劳动者报酬所占份额与总产出的乘积；类似地，资本收入 $r_{it}K_{it}$ 则为资本收入份额与总产出的乘积。以上所有数据均来源于佩恩世界表 8.1（Penn World Table 8.1），本节根据 Izyumov 和 Vahaly（2014）的思路，选取发达国家、欠发达国家和经济转型国家三类经济体，将欠发达国家和经济转型国家归为后发国家，并以发达国家作为对照组，剔除连续样本期间低于 30 年的国家数据。

三、技术选择与资本和劳动要素适宜性的检验

发达国家和后发国家的三方程标准化系统的参数估计结果如表 5-1 和表 5-2 所示（由于表格篇幅限制，只列出了各个国家的三位英文简码，对应的国家名称见附录）：

第一，绝大多数国家的参数估计结果达到 1% 的显著性水平，且似不相关模型的 log determinant 值和三方程残差的 ADF 检验结果基本满足统计检验要求。

第二，在 24 个发达国家中，绝大部分资本与劳动的要素替代弹性小于 1，表明具有有偏技术进步且资本与劳动呈互补关系的 CES 生产函数可更好地拟合在发达经济体的生产过程。但也有如瑞士、英国、塞浦路斯和韩国四

个国家的要素替代弹性大于 1,以英国和瑞士为例,两国在精密仪器、微电子和医药业等尖端制造业保有雄厚实力处于世界技术前沿,并且还有高度发达的金融业提供资本支持,在生产过程中资本对劳动形成了较强的替代关系;以及西班牙和葡萄牙两国的要素替代弹性接近于 1,生产函数退化为无偏中性的 CD 生产函数,这可能与两国以旅游业为支柱产业、工业化水平不高、低技术产业占主导地位的经济结构有关。绝大多数发达国家的劳动增进型技术效率参数 γ_{Li} 大于资本增进型技术效率参数 γ_{Ki},仅韩国劳动增进型技术效率参数 γ_{Li} 为 0.02 略微低于资本增进型技术效率参数 γ_{Ki}(0.034),表明绝大多数发达国家劳动增进型技术进步 A_{Li} 年均增速大于资本增进型技术进步 A_{Ki},技术进步整体呈现相对劳动增进形态,再结合资本与劳动要素替代弹性小于 1 的经验事实可知,该类国家的技术进步大体上偏向于资本要素,朝向多使用资本节约劳动的方向发展,与其具有丰裕的资本而劳动要素相对稀缺的要素结构相吻合。

表 5-1　24 个发达国家的 CES 三方程标准化系统的参数估计结果

Code	ξ_i	γ_{K_i}	λ_{K_i}	ε	α	γ_{L_i}	λ_{L_i}	ADF_Y	ADF_K	ADF_L	Log-Det	obs
AUS	0.9299 (0.000)	-0.0477 (0.000)	1.3832 (0.000)	0.7380 (0.000)	0.2560 (0.000)	0.0377 (0.000)	1.2905 (0.000)	-3.646	-2.622	-1.909	-69.7311	62
AUT	1.0235 (0.000)	-0.0293 (0.000)	1.5845 (0.000)	0.7833 (0.000)	0.3183 (0.000)	0.0338 (0.000)	0.8076 (0.000)	-1.849	-2.667	-2.786	-74.8026	62
BEL	0.9636 (0.000)	-0.000 (0.522)	9.8812 (0.000)	0.9558 (0.000)	0.3735 (0.000)	0.0278 (0.000)	0.8475 (0.000)	-2.187	-3.559	-3.586	-74.3307	62
CAN	0.9476 (0.000)	-0.0635 (0.043)	1.1795 (0.000)	0.9216 (0.000)	0.3585 (0.000)	0.0489 (0.008)	1.2601 (0.000)	-2.490	-2.523	-2.525	-69.3798	62
CHE	0.9905 (0.000)	-0.0730 (0.000)	0.6424 (0.012)	1.2292 (0.000)	0.2852 (0.000)	0.0124 (0.000)	0.4897 (0.000)	-2.004	-2.173	-1.949	-68.7442	62
DEU	0.9597 (0.000)	-0.0061 (0.000)	4.7498 (0.000)	0.7748 (0.000)	0.3051 (0.000)	0.0354 (0.000)	0.9268 (0.000)	-2.077	-3.078	-3.480	-72.6520	62
DNK	0.9686 (0.000)	-0.0029 (0.003)	0.3761 (0.041)	0.7467 (0.000)	0.3338 (0.000)	0.0179 (0.000)	0.6750 (0.000)	-2.021	-2.608	-2.630	-72.1042	62

续表

Code	ξ_i	γ_{K_i}	λ_{K_i}	ε	α	γ_{L_i}	λ_{L_i}	ADF_Y	ADF_K	ADF_L	Log-Det	obs
ESP	1.0032 (0.000)	-0.4203 (0.985)	0.1304 (0.305)	1.0000 (0.000)	0.3509 (0.000)	0.2468 (0.984)	0.1371 (0.791)	-2.615	-2.481	-2.487	-77.8660	62
FIN	0.9241 (0.000)	-0.0305 (0.000)	1.2157 (0.000)	0.8011 (0.000)	0.3217 (0.000)	0.0443 (0.000)	1.0415 (0.000)	-2.352	-3.838	-3.419	-68.6488	62
FRA	1.0138 (0.000)	-0.0160 (0.000)	2.3968 (0.000)	0.7383 (0.000)	0.3074 (0.000)	0.0310 (0.000)	0.6865 (0.000)	-2.672	-2.962	-2.924	-72.7327	62
GBR	0.9314 (0.000)	0.0053 (0.076)	1.1373 (0.315)	1.1034 (0.000)	0.3650 (0.000)	0.0215 (0.000)	0.9191 (0.000)	-2.024	-5.657	-5.650	-61.5394	62
IRL	0.7937 (0.000)	0.0090 (0.062)	4.6710 (0.000)	0.9362 (0.000)	0.5169 (0.000)	0.0160 (0.002)	0.5211 (0.011)	-1.961	-1.319	-1.332	-64.1858	62
ITA	1.0235 (0.000)	-0.0379 (0.000)	2.5145 (0.000)	0.8693 (0.000)	0.3629 (0.000)	0.0553 (0.000)	1.0562 (0.000)	-2.484	-1.632	-1.351	-73.6266	62
JPN	1.0486 (0.000)	-0.0499 (0.000)	1.8709 (0.000)	0.8952 (0.000)	0.3973 (0.000)	0.0631 (0.000)	0.9122 (0.000)	-2.623	-4.155	-4.151	-79.2133	62
NLD	0.9478 (0.000)	-0.0244 (0.000)	1.6795 (0.000)	0.7685 (0.000)	0.3038 (0.000)	0.0348 (0.000)	0.9327 (0.000)	-2.005	-3.653	-3.700	-75.1911	62
NOR	0.7145 (0.000)	-0.0696 (0.048)	1.4520 (0.000)	0.9010 (0.000)	0.3590 (0.000)	0.0769 (0.000)	1.9996 (0.000)	-2.972	-4.122	-4.127	-64.4985	62
NZL	0.9081 (0.000)	-0.0443 (0.208)	1.7795 (0.000)	0.9275 (0.000)	0.4328 (0.000)	0.0513 (0.068)	1.8839 (0.000)	-2.367	-1.375	-1.293	-64.9363	62
PRT	1.0061 (0.000)	-0.2578 (0.989)	0.9588 (0.871)	0.9995 (0.000)	0.3107 (0.000)	0.1364 (0.987)	0.8214 (0.811)	-2.474	-2.774	-2.878	-59.8447	62
SWE	0.9204 (0.000)	-0.0128 (0.000)	1.9446 (0.001)	0.7665 (0.000)	0.3014 (0.000)	0.0296 (0.000)	1.2888 (0.000)	-1.751	-3.532	-3.442	-63.9494	62
USA	0.9534 (0.000)	-0.0017 (0.041)	5.3496 (0.000)	0.7071 (0.000)	0.3325 (0.000)	0.0178 (0.000)	0.9777 (0.000)	-1.696	-2.628	-2.620	-72.8465	62
CYP	0.9222 (0.000)	-0.0010 (0.692)	7.4056 (0.072)	1.0814 (0.000)	0.4586 (0.000)	0.0418 (0.000)	0.8281 (0.000)	-3.981	-3.473	-3.499	-63.2557	52
HKG	0.9845 (0.000)	-0.0001 (0.853)	9.5240 (0.285)	0.8878 (0.000)	0.4829 (0.000)	0.0169 (0.000)	0.9291 (0.000)	-3.242	-3.355	-3.313	-68.4675	52
ISR	0.9976 (0.000)	-0.0175 (0.000)	1.1496 (0.000)	0.8567 (0.000)	0.4067 (0.000)	0.0196 (0.000)	0.5837 (0.000)	-2.788	-3.025	-3.116	-72.4523	52
KOR	0.8285 (0.000)	0.0347 (0.043)	0.5712 (0.000)	1.1652 (0.000)	0.4287 (0.000)	0.0200 (0.092)	0.5436 (0.006)	-1.319	-2.828	-2.791	-63.9737	52

第三，后发国家生产过程中的资本与劳动要素替代弹性则相对复杂：在27个后发国家中，哥伦比亚、危地马拉、尼日尔、突尼斯和巴拿马5个

国家的劳动资本要素替代弹性大于1，表明这5个国家在生产过程中资本与劳动要素相互替代，这些国家的年均经济增长率较高，尤其是突尼斯和巴拿马在样本期内的GDP的平均增长率分别为5.8%和5.5%；这与德拉格兰德维尔假说（De La Grandville，1989，1997，2004；Klump和De La Grandville，2000；Palivos和Karagiannis，2010）相吻合，即在投入产出固定的条件下，要素替代性较高的国家，可能获得更高的经济增长率。而委内瑞拉、布基纳法索、摩洛哥、菲律宾和塞内加尔5个国家的要素替代弹性接近于1，这些国家的生产函数为CD生产函数，并呈现无偏中性技术进步；剩余17个国家的要素替代弹性均小于1，表明多数的后发国家在生产过程中资本与劳动要素依然呈现互补关系。除哥伦比亚、牙买加和尼日尔3个国家资本增进型技术效率参数大于劳动增进型技术效率参数外，剩余24个国家资本增进型技术效率参数γ_{Ki}均小于劳动增进型技术效率参数γ_{Li}，暗示劳动增进型技术进步A_{Li}年均增速大于资本增进型技术进步A_{Ki}。结合该类国家的要素替代弹性发现，与发达国家相类似，在样本期间内绝大多数的后发国家技术进步大体上偏向于资本，即朝向多使用资本而节约劳动要素的方向发展。

综上可知，后发国家和发达国家的技术进步大体上均呈现出相对劳动增进形态，这与技术进步相关理论研究的结论相吻合（Jones，2005；Acemoglu，2003）；再结合劳动与资本要素替代弹性小于1的结论，发达国家和后发国家的技术进步整体朝向多使用资本而节约劳动，以资本替代劳动的方向发展。笔者不禁思考，对劳动要素相对丰裕而资本要素相对稀缺的后发国家，为何技术进步也同样出现了资本偏向特征？发达国家与后发国家利用要素的技术效率是否存在较大差别？技术进步的偏向程度是否存在差异？在样本期间内各国技术进步在不同的发展阶段是否存在特征？在52个发达国家和后发国家中，剔除葡萄牙、西班牙、塞内加尔、委内瑞拉、布基纳法索、摩洛哥和菲律宾这7个国家要素替代弹性接近于1，技术进步呈无偏中性的国家。根据式（5-6）和式（5-7）测算剩余 45 个国家历年的劳动增进型技术进步 A_L 和资本增进型技术进步 A_K，如表 5-3 所示（由于篇幅限制，以 1980 年为起始年份，每隔 5 年列示）。数据显示：

第一，不同国家初始期 1980 年的劳动增进型技术进步 A_L 与其经济发展水平具有较强的正相关关系（见图 5-1），以该国劳均 GDP 表征的当地经济发展水平与初始期的劳动增进型技术进步 A_L，二者的相关系数约为 0.862。如图 5-1 所示，在 45 个国家中，后发国家和发达国家 1980 年的劳均 GDP 分别在 0~10000 和 30000~40000 这两个区间集中，而与该指标表现较强正相关关系的劳动增进型技术进步在 0~20000 和 30000~60000 这两个区间集中，如博茨瓦纳、中国、科特迪瓦、喀麦隆、蒙古国、印度和尼日尔等后发国家 1980 年劳动增加型技术进步均偏低，集中在 0~10000 这个

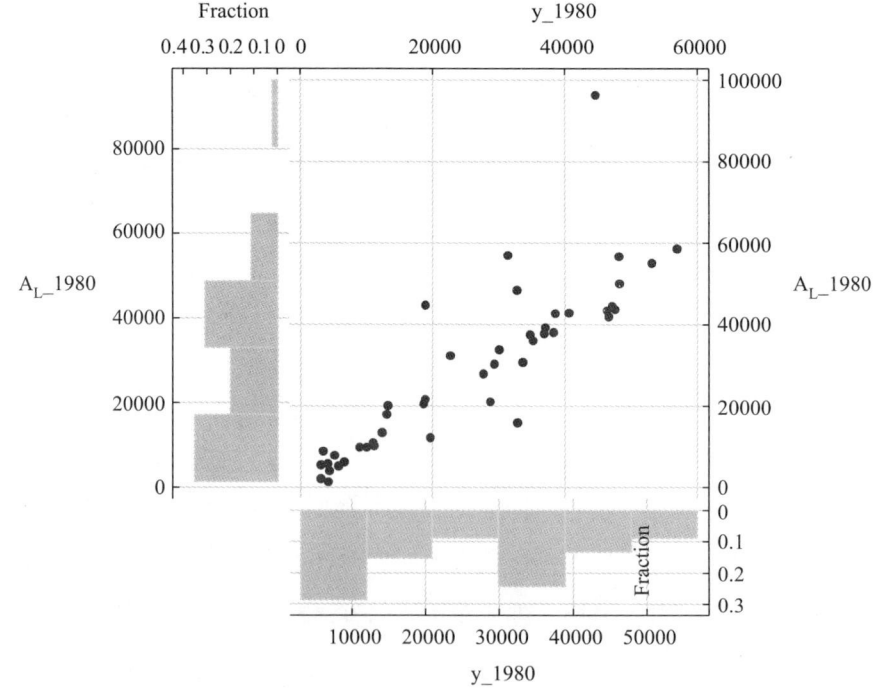

图 5-1　1980 年劳动要素技术效率 A_L 对劳均 GDP 的散点图

区间;而欧盟成员国如奥地利、比利时、塞浦路斯、德国、丹麦、芬兰、瑞士、法国、英国和瑞典,以及日本和美国等发达国家的劳动增进型技术进步 A_L 集中在 30000~60000 这一区间。

表 5-2　28 个后发国家的 CES 三方程标准化系统的参数估计结果

Code	ξ_i	γ_{K_i}	λ_{K_i}	ε	α	γ_{L_i}	λ_{L_i}	ADF_Y	ADF_K	ADF_L	Log-Det	obs
COL	0.9549 (0.000)	0.0077 (0.000)	1.2525 (0.000)	1.3268 (0.000)	0.4973 (0.000)	0.0061 (0.000)	0.2697 (0.001)	-0.607	-2.229	-2.259	-67.3431	62
CRI	1.0887 (0.000)	-0.0813 (0.292)	1.1545 (0.001)	0.9772 (0.000)	0.3746 (0.000)	0.0492 (0.290)	0.7176 (0.000)	-3.084	-4.257	-4.287	-70.3211	62
GTM	1.0122 (0.000)	0.0039 (0.012)	0.2980 (0.068)	1.0804 (0.000)	0.5407 (0.000)	0.0047 (0.010)	0.2755 (0.064)	-1.128	1.857	1.835	-68.3924	62
MEX	1.1153 (0.000)	-0.0430 (0.437)	1.5092 (0.021)	0.9592 (0.000)	0.5817 (0.000)	0.0597 (0.440)	08734 (0.010)	-2.392	-2.703	-2.751	-61.9330	62
VEN	1.0624 (0.000)	-0.1194 (0.000)	6.7432 (0.000)	0.9984 (0.000)	0.5901 (0.000)	0.1352 (0.018)	7.3808 (0.000)	-3.572	-3.821	-3.820	-68.8136	62
BFA	0.9514 (0.000)	-0.1599 (0.000)	3.8979 (0.000)	0.9837 (0.000)	0.3419 (0.000)	0.0744 (0.000)	4.5796 (0.000)	-3.656	-3.810	-3.812	-74.3456	52
CIV	1.1468 (0.000)	-0.0340 (0.000)	1.5327 (0.000)	0.7828 (0.000)	0.4120 (0.000)	0.0150 (0.000)	0.4982 (0.001)	-1.695	-2.517	-2.401	-60.0336	52
CMR	1.0690 (0.000)	-0.1327 (0.476)	2.1711 (0.000)	0.9802 (0.000)	0.4575 (0.000)	0.1425 (0.373)	1.6406 (0.000)	-2.201	-1.583	-1.542	-60.7792	52
EGY	1.3552 (0.000)	-0.0302 (0.000)	1.4824 (0.000)	0.9843 (0.000)	0.6452 (0.000)	0.0364 (0.001)	0.4526 (0.000)	-2.785	-2.657	-2.658	-65.6241	52
IND	0.7704 (0.000)	-0.1153 (0.000)	2.4058 (0.000)	0.9014 (0.000)	0.3129 (0.000)	0.0724 (0.000)	3.3291 (0.000)	-2.619	-1.993	-1.778	-68.4761	52
JAM	1.0233 (0.000)	-0.0022 (0.117)	0.2150 (0.203)	0.6015 (0.000)	0.4570 (0.000)	-0.0078 (0.000)	1.6714 (0.001)	-1.897	-3.188	-3.086	-61.5334	52
LKA	0.8575 (0.000)	-0.0606 (0.000)	1.5294 (0.000)	0.8181 (0.000)	0.2153 (0.000)	0.0310 (0.000)	2.3771 (0.000)	-2.283	-1.562	-1.493	-66.1220	52
MAR	1.1744 (0.000)	-0.1793 (0.782)	0.5723 (0.090)	0.9976 (0.000)	0.4695 (0.000)	0.1393 (0.808)	0.4535 (0.013)	-1.721	-1.370	-1.418	-68.6418	52
NER	1.0463 (0.000)	-0.0046 (0.131)	0.8100 (0.454)	1.5529 (0.000)	0.4195 (0.000)	-0.0218 (0.000)	0.9641 (0.000)	-1.965	-2.654	-2.281	-51.1566	52
PHL	1.1386 (0.000)	-0.1062 (0.788)	1.2943 (0.167)	0.9899 (0.000)	0.5664 (0.000)	0.1344 (0.796)	1.0380 (0.003)	-2.876	-1.971	-2.019	-59.3275	52

续表

Code	ξ_i	γ_{K_i}	λ_{K_i}	ε	α	γ_{L_i}	λ_{L_i}	ADF_Y	ADF_K	ADF_L	Log-Det	obs
SEN	1.2661 (0.000)	-1.5185 (0.000)	3.3680 (0.000)	1.0004 (0.000)	0.6238 (0.000)	2.5255 (0.000)	3.2442 (0.000)	-2.378	-4.044	-3.983	-69.6141	52
TUN	1.0796 (0.000)	-0.0112 (0.001)	2.2186 (0.000)	1.1230 (0.000)	0.5177 (0.000)	0.0185 (0.000)	0.3818 (0.000)	-1.873	-0.284	-0.216	-62.4299	52
URY	0.9975 (0.000)	-0.0442 (0.000)	1.6472 (0.000)	0.9048 (0.000)	0.4829 (0.000)	0.0210 (0.004)	3.3016 (0.000)	-2.383	-3.538	-3.850	-59.4858	52
ZAF	1.0732 (0.000)	-0.0257 (0.000)	1.3030 (0.000)	0.8207 (0.000)	0.4204 (0.000)	0.0125 (0.000)	0.5213 (0.000)	-1.801	-1.315	-1.226	-70.1863	52
BGR	1.0086 (0.000)	-0.0302 (0.000)	2.9672 (0.000)	0.9677 (0.000)	0.5026 (0.000)	0.0635 (0.000)	1.8735 (0.000)	-2.771	-4.124	-4.202	-60.8921	42
HND	1.1073 (0.000)	0.0104 (0.628)	6.6940 (0.000)	0.9875 (0.000)	0.4202 (0.000)	-0.0176 (0.299)	5.4054 (0.000)	-3.588	-3.583	-2.697	-64.6273	42
POL	0.8275 (0.000)	-0.0238 (0.000)	0.8098 (0.004)	0.8119 (0.000)	0.3688 (0.000)	0.0514 (0.000)	2.0608 (0.000)	-2.539	-2.321	-2.448	-64.1740	42
BWA	1.1301 (0.000)	-0.0218 (0.000)	2.6824 (0.000)	0.7559 (0.000)	0.7058 (0.000)	0.0601 (0.000)	0.9448 (0.000)	-2.740	-1.897	-1.889	-51.0152	32
MNG	1.0858 (0.000)	-0.0167 (0.018)	0.8122 (0.200)	0.8063 (0.000)	0.5956 (0.000)	0.0117 (0.165)	0.3587 (0.313)	-2.133	-1.959	-2.016	-50.8735	32
NAM	1.0122 (0.000)	-0.2189 (0.007)	3.0213 (0.000)	0.9700 (0.000)	0.3826 (0.000)	0.1236 (0.016)	3.5871 (0.000)	-3.845	-1.866	-1.887	-58.4983	32
CHL	1.0494 (0.000)	-0.0092 (0.014)	0.4073 (0.062)	0.9752 (0.000)	0.5601 (0.000)	0.0036 (0.371)	0.2005 (0.410)	-2.448	-3.561	-3.523	-68.8665	61
PAN	0.9657 (0.000)	0.0069 (0.000)	2.2399 (0.006)	1.4497 (0.000)	0.5717 (0.000)	0.0049 (0.000)	0.2306 (0.001)	-2.367	-2.806	-2.680	-62.9309	43
CHN	0.9066 (0.000)	-0.0429 (0.000)	4.4089 (0.000)	0.9430 (0.000)	0.4332 (0.000)	0.0412 (0.000)	4.7650 (0.000)	-4.573	-3.211	-3.359	-66.3973	60

第二，45个国家中，绝大多数地区的劳动增进型技术进步 A_L 呈上升趋势，尤其是中国、喀麦隆、印度、墨西哥和纳米比亚等后发国家劳动增进型技术进步 A_L 增长极为显著；而多数发达国家的劳动增进型技术进步 A_L 则出现较为平稳的增长。但也有如智利、爱尔兰、危地马拉、哥伦比亚、洪都拉斯、牙买加、突尼斯和尼日尔等国家的劳动增进型技术进步 A_L 反而呈下降趋势。整体来看，欧盟地区和美日等发达国家的劳动增进型技

术进步整体呈现较为平稳的增长。而对于欠发达地区和经济转型国家的劳动增进型技术进步 A_L 的变化趋势则趋向于显著增长或者下降的两极分化趋势。

第三，不同国家的劳动增进型技术进步 A_L 的变化趋势表现出较强的阶段特征，如以 2005 年及之前年份为界，与 1980 年相比劳动增进型技术进步的变化量 dA_L 与地区经济发展水平保持较强的相关性；然而，若以 2006 年及之后的年份为界，劳动增进型技术进步的变化量 dA_L 则与经济发展水平保持较强的反向相关关系，表示 1980~2005 年，发达国家劳动的增进型技术进步以更快的速度增长，而 2006 年~2010 年，后发国家的劳动增进型技术进步的增速更快。

表 5-3 45 个国家 1980~2011 年劳动要素技术效率 A_L

单位：1×10^4

Code	1980	1985	1990	1995	2000	2005	2010	2011
AUS	4.199	5.580	9.083	10.763	12.375	14.657	14.506	14.606
AUT	4.266	4.238	5.241	6.494	8.754	10.576	10.787	10.744
BEL	5.003	4.644	5.635	6.547	7.182	12.365	9.629	9.425
BGR	0.982	1.222	1.439	1.497	1.761	8.353	10.786	11.276
BWA	0.777	1.354	1.512	1.100	2.393	3.953	4.869	4.893
CAN	5.666	13.537	8.437	14.765	22.787	24.857	20.769	20.850
CHE	5.501	5.539	5.723	6.046	6.585	7.621	6.731	6.638
CHL	3.220	2.465	2.825	3.993	0.804	1.659	1.763	1.850
CHN	0.549	0.796	0.727	1.053	4.137	43.349	206.162	217.296
CIV	0.521	0.532	0.450	1.133	0.825	0.840	0.827	0.756
CMR	0.134	0.221	0.181	11.270	21.565	22.774	23.161	23.005
COL	2.058	2.122	2.077	1.902	1.514	1.389	1.540	1.615
CRI	1.231	4.728	1.992	1.301	37.521	7.989	2.881	2.834
CYP	3.032	3.842	4.547	4.723	2.913	7.579	9.335	9.065
DEU	3.782	3.762	4.726	5.886	7.046	9.931	10.822	10.888

续表

Code	1980	1985	1990	1995	2000	2005	2010	2011
DNK	3.807	4.037	4.428	5.826	7.036	7.410	6.161	6.187
EGY	0.896	1.378	1.661	3.178	0.006	0.926	2.360	2.380
FIN	3.745	3.576	4.004	8.239	12.360	10.975	10.946	11.004
FRA	4.369	4.695	6.673	7.245	8.798	9.269	9.693	9.733
GBR	3.920	4.235	6.105	3.645	6.988	6.492	6.509	6.496
GTM	1.359	1.209	1.262	1.308	1.332	0.765	0.374	0.372
HKG	5.690	3.165	6.882	10.744	6.216	10.645	8.034	7.782
HND	0.991	0.834	1.151	0.956	0.771	0.187	0.082	0.082
IND	0.218	0.321	0.516	1.342	2.750	17.612	22.020	23.018
IRL	4.850	5.422	6.805	8.636	11.354	4.729	2.648	2.813
ISR	4.288	4.717	5.196	5.683	6.448	7.948	7.451	7.422
ITA	4.455	5.408	7.391	14.506	23.891	19.725	18.510	18.420
JAM	1.030	1.055	1.216	1.162	1.135	1.066	1.085	1.032
JPN	3.588	4.647	9.997	9.281	12.491	22.560	21.035	20.903
KOR	1.797	1.828	2.952	3.882	2.500	3.683	4.047	4.071
LKA	0.619	0.810	0.991	1.734	1.974	2.324	2.869	3.044
MEX	1.586	1.420	1.237	27.102	5.017	22.283	73.900	74.779
MNG	0.585	0.734	1.138	0.776	0.742	1.140	0.725	0.825
NAM	4.480	3.589	0.291	0.070	1.096	13.955	139.393	137.856
NER	0.392	0.268	0.234	0.204	0.208	0.263	0.132	0.132
NLD	4.336	5.681	6.843	7.766	9.459	11.590	11.463	11.416
NOR	9.621	17.333	12.312	14.009	64.695	144.851	56.688	57.732
NZL	2.104	4.455	10.016	16.894	16.220	20.077	19.873	19.578
PAN	2.159	2.197	2.321	2.408	2.842	2.168	2.174	2.370
POL	1.106	1.368	1.581	2.391	3.641	6.642	6.998	7.124
SWE	3.077	3.892	4.455	7.218	8.293	8.648	9.348	9.332
TUN	2.020	2.326	2.590	1.755	1.692	1.443	1.309	1.291
URY	2.785	2.039	2.183	2.670	2.289	8.524	8.117	8.487
USA	5.853	6.922	7.186	7.905	8.179	9.690	11.006	11.062
ZAF	3.382	2.514	2.342	2.194	2.585	3.882	4.375	4.563

而 45 个国家 1980~2011 年的资本增进型技术进步 A_K 如表 5-4 所示，数据显示：首先，不同国家的初始资本增进型技术进步 A_K 与其经济发展水平的相关性较弱。如图 5-2 所示，横轴为各国 1980 年的劳均 GDP 表征当地的经济发展水平，纵轴为该国的资本增进型技术进步 A_K，二者的相关性系数约为-0.41，对比劳动增进型技术进步相比 A_L，二者的相关性偏弱。虽然，大多数国家劳均 GDP 集中在 0~10000 和 30000~40000 这两个区间内，但这些国家的资本增进型技术进步 A_K 均集中 0~0.5 范围内，占比超过 50%，但如科特迪瓦、喀麦隆、哥斯达黎加、埃及、危地马拉、印度、斯里兰卡、墨西哥和突尼斯等后发国家的资本增进型技术进步 A_K 反而偏高，甚至超过 1。其次，在 45 个国家中，大部分国家的资本增进型技术进步 A_K 出现波动下滑趋势，中国、喀麦隆、印度和纳米比亚等后发国家的资

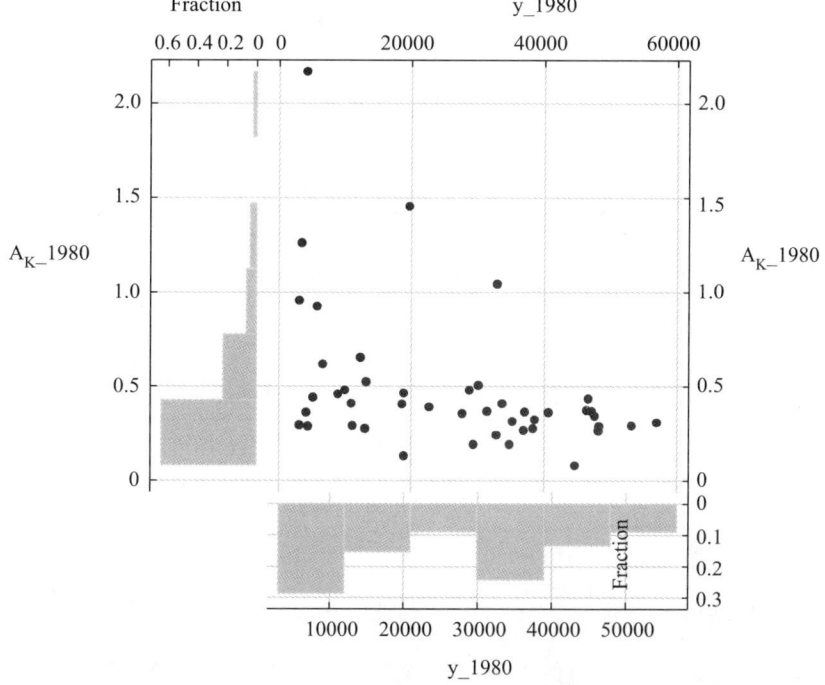

图 5-2　1980 年资本要素技术效率 A_K 对劳均 GDP 的散点图

本增进型技术进步 A_K 下降尤为显著。但也不乏发达国家和地区如瑞士、中国香港、丹麦、爱尔兰和韩国,及后发国家如洪都拉斯、牙买加、尼日尔、蒙古国、巴拿马和突尼斯等国家的资本增进型技术效率呈现较为显著的上升趋势。最后,45 个国家资本增进型技术进步的变化量 dA_K 与其经济发展水平的相关性较弱。不同于劳动增进型技术进步的变化趋势表现出较强的阶段特征,前期发达国家的增速较快而后期后发国家的增速较快,各国资本增进型技术进步的变化量 A_K 及其与经济发展阶段的关系所表现出的规律性较弱。

综上可知,不同国家的初始劳动增进型技术进步 A_L 与该国经济发展阶段表现出较强的正相关关系,而资本增进型技术进步 A_K 与该国经济发展水平的相关关系较弱,表示发达国家的初始劳动要素相对于资本的要素技术效率偏高,而后发国家的初始劳动相对于资本的要素技术效率较低。同时,大多数国家的劳动增进型技术进步 A_L 呈现较为明显的上升趋势,而资本增进型技术进步 A_K 则出现下降趋势,表明大多数国家的技术进步表现为相对劳动增进形态。不仅如此,如欧盟成员国、美国和日本等发达国家两类技术进步的变化趋势较为平稳,而如中国、印度、喀麦隆和纳米比亚等后发国家要素技术效率,尤其是劳动要素技术效率出现十分显著的变化。这说明,技术贸易的发展不断打破技术和设备引进的障碍,使不同类型国家的技术进步同构性特征显著;而后发国家通过引进发达国家前沿技术,并根据本国劳动相对丰裕的要素结构,充分吸收和改良前沿技术,使劳动要素技术效率大幅提升,以此捕捉技术溢出效应。当然,本书无法仅根据资本和劳动要素技术效率的变化趋势,甄别不同国家的技术选择是否与要素禀赋结构相适宜,还应当关注技术进步的相对增进形态,判别两类要素增进型技术进步增速的差异,并结合要素替代弹性,测算不同国家的技术进步偏向性指数,定量分析两类技术进步对该国要素相对边际产出的影响程度，对资本和劳动要素使用的偏好特征等。

表 5-4　45 个国家 1980~2011 年资本要素技术效率 A_K

Code	1980	1985	1990	1995	2000	2005	2010	2011
AUS	0.437	0.256	0.096	0.083	0.089	0.076	0.068	0.065
AUT	0.325	0.226	0.223	0.210	0.193	0.145	0.110	0.109
BEL	0.291	0.269	0.288	0.283	0.376	0.147	0.152	0.147
BGR	0.479	0.492	0.394	0.351	0.437	0.125	0.084	0.081
BWA	0.443	0.672	0.713	0.660	0.446	0.318	0.315	0.292
CAN	0.267	0.079	0.168	0.076	0.060	0.059	0.059	0.057
CHE	0.292	0.285	0.282	0.264	0.283	0.262	0.385	0.378
CHL	0.391	0.335	0.361	0.395	1.113	0.673	0.611	0.594
CHN	0.298	0.378	0.270	0.267	0.048	0.007	0.002	0.002
CIV	0.922	0.896	0.768	0.216	0.299	0.349	0.396	0.374
CMR	2.168	4.764	3.135	0.016	0.010	0.009	0.009	0.008
COL	0.407	0.376	0.398	0.436	0.394	0.395	0.379	0.376
CRI	1.454	0.158	0.651	1.671	0.008	0.060	0.270	0.253
CYP	0.192	0.214	0.225	0.219	0.595	0.152	0.130	0.122
DEU	0.268	0.275	0.289	0.250	0.242	0.153	0.118	0.117
DNK	0.278	0.300	0.298	0.224	0.277	0.253	0.303	0.298
EGY	1.260	1.189	0.842	0.738	23.509	0.998	0.556	0.531
FIN	0.193	0.263	0.285	0.103	0.106	0.119	0.097	0.097
FRA	0.346	0.285	0.197	0.182	0.225	0.173	0.132	0.130
GBR	0.366	0.377	0.218	0.623	0.421	0.475	0.331	0.324
GTM	0.654	0.627	0.692	0.724	0.671	0.855	1.578	1.574
HKG	0.369	0.645	0.404	0.293	0.483	0.309	0.394	0.378
HND	0.458	0.466	0.534	0.515	0.394	3.093	7.635	7.425
IND	0.955	0.434	0.255	0.066	0.032	0.005	0.005	0.005
IRL	0.241	0.248	0.238	0.229	0.440	1.394	1.241	1.275
ISR	0.364	0.352	0.352	0.319	0.354	0.234	0.232	0.224
ITA	0.371	0.254	0.185	0.073	0.055	0.055	0.051	0.050
JAM	0.293	0.230	0.377	0.492	0.481	0.382	0.407	0.388

续表

Code	1980	1985	1990	1995	2000	2005	2010	2011
JPN	0.315	0.243	0.122	0.132	0.096	0.047	0.046	0.045
KOR	0.277	0.496	0.423	0.380	0.785	0.453	0.373	0.364
LKA	0.618	0.369	0.332	0.157	0.103	0.090	0.101	0.101
MEX	1.045	0.888	0.759	0.073	0.308	0.107	0.048	0.048
MNG	0.365	0.366	0.485	0.322	0.265	0.163	0.396	0.426
NAM	0.131	0.117	9.945	124.234	0.776	0.017	0.001	0.001
NER	0.290	0.236	0.247	0.282	0.234	0.176	0.542	0.544
NLD	0.377	0.218	0.168	0.148	0.203	0.152	0.117	0.114
NOR	0.080	0.041	0.078	0.079	0.029	0.020	0.034	0.034
NZL	0.480	0.216	0.115	0.078	0.112	0.082	0.084	0.081
PAN	0.465	0.506	0.596	0.617	0.550	0.741	0.686	0.680
POL	0.408	0.293	0.257	0.292	0.291	0.156	0.202	0.197
SWE	0.410	0.309	0.301	0.172	0.282	0.294	0.195	0.193
TUN	0.525	0.502	0.369	0.441	0.491	0.593	0.633	0.605
URY	0.359	0.280	0.325	0.363	0.420	0.096	0.105	0.105
USA	0.308	0.283	0.301	0.305	0.366	0.276	0.232	0.234
ZAF	0.508	0.685	0.703	0.649	0.487	0.345	0.304	0.302

表5-5显示了45个国家1980~2011年技术进步的相对增进形态 dA_L/A_K：

首先，大多数国家技术进步显示相对劳动增进形态，且劳动增进形态的程度不同。根据这一阶段技术进步的相对增进形态 dA_L/A_K 均值可知，大多数国家的 $dA_L/A_K>0$，表明技术进步整体表现为相对劳动增进形态，劳动技术效率 A_L 的增长速度快于资本技术效率 A_K 的增长速度。但中国、印度和纳米比亚三个后发国家1980~2011年技术进步的相对增进形态的均值水平超过100，表明劳动要素技术效率的增速远超资本要素技术效率，技术呈强相对劳动增进形态。尤其是中国与印度两个后发国家，更善于利用本国丰裕的劳动要素，使用劳动要素的效率远高于资本要素的效率。而绝大多数欧盟成员国，如奥地利、法国、英国、比利时和德国等，虽然技术进步也表现为相对劳动增进形态，但1980~2011年dA_L/A_K的均值水平不超过10；而日本和美国技术进步的相对增进形态的均值水平则分别为14.57和0.91，这表明发达国家劳动要素技术效率的增长速度只是略高于资本要素技术效率，呈现弱相对劳动增进型技术进步。大多数发达国家和后发国家的技术进步显示相对劳动增进形态，但后发国家的劳动增进程度大于发达国家。

其次，少数国家技术进步表现出相对资本增进形态，且资本要素技术效率的增速仅仅略高于劳动要素技术效率。小部分国家技术进步大体上表现为相对资本增进形态，且资本技术效率的增长速度仅小幅度超过劳动技术效率，技术进步的相对增进形态dA_L/A_K处在（-1，0）区间内且较为接近于0，尤其是瑞士、哥伦比亚、危地马拉、洪都拉斯、牙买加、尼日尔、巴拿马和突尼斯等8个国家技术进步的相对增进形态dA_L/A_K处在（-0.1，0）区间内，源于这些国家技术进步的相对增进形态在样本期间内大幅波动，易出现正负相互抵消和异常值干扰均值的情况，因而仅根据均值水平可能并不能完全反映其技术进步的相对增进形态。

最后，1981~2011年，不同国家技术进步的相对增进形态变化趋势不同，如大多数欧盟成员国、美国和日本等发达经济体技术进步的相对增进形态在样本期间内时正时负围绕0值上下波动，且波动幅度较为平缓，但技术进步整体仍表现为相对劳动增进形态。而以中国、印度、喀麦隆和哥斯达黎加为代表的后发国家技术进步的相对增进形态则在1998~2002年发生剧烈波动；同一时期以挪威、新西兰和加拿大为代表的发达国家，其技术进步的相对增进形态也发生大幅波动，但波动幅度小于后发国家。

表 5-5　45 个国家 1981~2011 年技术进步的相对增进形态 dA_L/A_K

单位：1×10^4

Code	1981	1986	1991	1996	2001	2006	2011	均值
AUS	0.81	4.28	12.34	-7.73	11.09	5.87	8.57	6.89
AUT	1.41	0.75	0.68	5.48	3.88	10.40	0.72	2.76
BEL	0.75	0.43	0.40	-5.70	-12.68	22.39	0.89	1.51
BGR	0.14	0.14	0.39	-0.26	0.14	336.27	10.40	4.43
BWA	0.12	0.12	-0.63	0.19	3.16	0.84	1.31	0.48
CAN	36.16	-83.35	-24.56	47.91	-140.67	-82.72	11.43	11.11
CHE	0.45	0.36	-0.11	0.29	18.60	-7.03	0.09	-0.04
CHL	0.67	-0.12	-0.01	0.79	1.15	0.08	0.23	-0.16
CHN	0.08	0.13	0.06	0.42	97.58	14451.04	13071.64	3574.66
CIV	0.02	0.01	0.07	-1.15	-0.15	0.03	-0.07	0.05
CMR	-0.01	0.00	0.45	1635.03	30.57	112.86	113.09	87.80
COL	0.21	0.02	-0.37	0.19	0.39	0.41	0.23	-0.02
CRI	25.59	-19.12	129.16	1.26	-4707.73	107.96	0.53	0.33
CYP	0.93	0.10	-0.20	0.45	-0.34	5.43	2.39	1.89
DEU	0.30	0.40	-0.01	1.67	4.03	17.05	0.95	2.54
DNK	0.20	-0.69	2.25	-1.46	-3.74	1.40	0.44	0.23
EGY	0.12	0.11	0.29	1.50	0.00	-0.52	0.23	0.12
FIN	-3.52	1.21	-6.10	-11.85	-3.93	11.06	1.59	3.05
FRA	-0.12	6.23	-0.31	-1.34	-1.90	7.15	1.66	2.02
GBR	0.71	0.34	23.89	-1.84	8.07	0.89	0.36	0.30
GTM	0.07	0.02	-0.04	0.02	0.04	-0.11	0.00	-0.06
HKG	2.14	3.78	3.86	7.26	-3.21	11.24	0.16	0.17
HND	0.08	0.01	-0.37	-0.09	-1.92	0.35	0.00	-0.07
IND	0.26	0.15	0.35	2.46	53.90	3633.33	324.99	145.91
IRL	1.18	1.48	1.69	-0.47	-0.66	0.68	0.07	-0.58
ISR	0.53	0.24	0.13	2.89	-6.67	-5.25	0.99	0.69
ITA	-0.55	9.63	-5.11	6.28	0.83	-21.75	6.34	11.43
JAM	-0.06	0.10	-0.28	-0.08	0.16	-0.03	-0.01	-0.03
JPN	-1.49	7.42	-16.97	23.22	10.34	-44.11	6.97	14.57

续表

Code	1981	1986	1991	1996	2001	2006	2011	均值
KOR	0.16	-1.43	0.88	4.38	0.90	1.61	0.33	0.15
LKA	0.25	0.07	0.03	0.05	4.85	5.71	1.59	0.94
MEX	0.14	0.00	0.00	554.33	-12.08	1226.65	17.98	49.80
MNG	0.15	0.13	-0.03	0.85	2.40	14.38	0.11	0.01
NAM	1.78	-1.30	-0.03	0.00	93.24	199899.84	10234.54	5812.62
NER	0.02	-0.03	-0.07	-0.14	-0.11	0.21	0.00	-0.04
NLD	3.35	-1.85	-0.47	0.17	-2.96	8.63	1.76	2.85
NOR	15.31	-392.39	12.16	153.92	-691.52	3291.33	33.33	50.58
NZL	0.19	11.66	-23.25	-76.46	-5.86	-15.49	3.45	7.64
PAN	0.23	0.03	-0.10	0.20	-0.87	0.13	0.31	-0.04
POL	0.36	0.25	0.50	-1.93	-3.47	1.22	1.44	1.08
SWE	0.61	0.45	0.36	-10.84	-9.07	12.53	0.33	1.32
TUN	0.19	0.33	0.56	2.87	-0.44	-0.11	0.07	-0.06
URY	0.34	-0.33	0.07	0.43	1.95	-13.47	3.50	2.36
USA	3.03	-0.22	0.18	1.32	0.77	2.28	-0.19	0.91
ZAF	-2.90	-0.07	-0.16	-0.03	1.50	1.30	0.70	0.27

在此基础上，本节再根据式（5-3）测算45个国家1981~2011年的技术进步偏向性指数，定量分析由要素相对增进型技术进步引起的劳动相对于资本边际产出的变化，如表5-6所示：第一，根据45个国家1981~2011年技术进步的偏向性指数 TB 可知，绝大部分国家技术进步偏向性指数 TB 小于0，表明技术进步偏向于资本，倾向于密集使用资本而节约劳动力的技术；仅智利、英国、中国香港、爱尔兰、牙买加、韩国和蒙古国等国家或地区的技术进步偏向性指数 TB 大于0，表明这些国家的技术进步大体上偏向于劳动，倾向于选择多使用劳动但节约资本的技术。

第二，不同国家的技术进步偏向性程度不同，如奥地利、德国、芬兰、意大利和瑞典等欧盟成员国，及美国、日本和澳大利亚等发达国家偏向于资本的程度较深；而中国、印度、危地马拉、巴拿马、突尼斯和墨西哥等后发国家的技术进步虽然亦偏向于资本,但偏向程度较弱,1981~2011年技术进步偏向性指数的均值集中在(-1000,0)的区间内。这可能是源于不同国家的要素替代弹性不同,技术进步的相对增进形态各异,对于发达国家而言,虽然技术进步的劳动增进程度微弱,但在生产过程中资本与劳动要素的互补性特征较强,即劳动要素技术效率的增速只要略微超过资本要素技术效率,将对资本产生较强的超额需求,使资本要素边际产出的提升幅度远超劳动,使技术进步偏向于资本的程度较强;而与之形成对比的是后发国家,虽然这些国家更擅于利用本国的丰裕要素劳动,劳动要素技术效率的增长幅度远超于资本要素技术效率,但这些国家在生产过程中资本与劳动要素的互补特性较弱,对资本不易产生超额需求,因而资本相对于劳动的边际产出提升幅度较慢,技术进步偏向于资本程度较弱。

第三,不同国家资本偏向性指数变化趋势有所不同,但绝大部分国家技术进步偏向性指数出现正负交替特征,且技术进步偏向程度不断加深,技术进步偏向性指数的波动区间不断扩张。

表5-6　45个国家1981~2011年技术进步偏向性指数 TB

Code	1981	1986	1991	1996	2001	2006	2011	均值
AUS	-14274.22	-25387.69	-11644.64	6915.14	-8624.43	-3566.61	-4449.65	-13067.78
AUT	-5283.32	-2913.99	-2666.06	-19703.00	-8919.87	-13640.64	-931.62	-6274.93
BEL	-513.40	-296.92	-274.79	4618.97	18644.78	-4232.54	-351.84	-645.76
BGR	-46.73	-46.29	-127.63	91.91	-47.28	-2314.48	-173.36	-186.97
BWA	-71.73	-70.43	851.78	-418.82	-1890.74	-402.78	-619.70	-333.13
CAN	-18930.86	13080.96	16395.45	-5260.18	9889.30	4487.66	-725.70	-2055.89
CHE	1907.16	1511.03	-475.62	1227.28	63284.03	-27652.40	551.70	-201.27
CHL	-67.87	12.67	0.78	-80.34	-1285.97	-49.28	-132.36	32.38
CHN	-14.21	-22.84	-10.71	-74.80	-753.96	-1661.04	-277.27	-402.32
CIV	-90.42	-52.77	-439.45	636.52	130.80	-24.78	58.07	-144.60
CMR	16.45	-7.55	-376.25	-203.62	-2.28	-8.27	-8.30	-58.87

续表

Code	1981	1986	1991	1996	2001	2006	2011	均值
COL	439.57	-50.76	-815.38	492.23	1136.43	1347.13	777.84	-51.86
CRI	-4010.13	1117.40	-4063.86	-1121.99	4806.22	-720.50	-72.51	-75.51
CYP	757.44	86.92	-169.15	369.16	-1175.57	2056.48	936.38	1021.63
DEU	-1755.73	-2370.13	81.38	-7793.98	-13399.16	-22816.27	-1158.22	-6193.60
DNK	-1391.59	4301.79	-14200.09	6286.68	17079.82	-6067.33	-4725.06	-819.87
EGY	-2.16	-2.04	-5.18	-24.89	-347.00	159.74	-13.78	-14.32
FIN	15807.44	-6428.44	62688.41	15956.99	2531.77	-10553.53	-1670.02	-6244.90
FRA	1470.09	-35521.49	950.88	3990.23	5235.89	-16980.14	-4243.26	-6809.52
GBR	980.43	481.61	11993.90	-7316.04	8351.39	1547.62	640.51	425.16
GTM	37.08	12.28	-20.72	10.97	22.24	-143.03	-3.68	-77.72
HKG	-706.96	-4811.05	-2374.56	-3449.49	8264.49	-9336.31	-324.63	107.62
HND	-10.74	-0.79	55.67	13.09	1088.04	-652.64	-9.88	48.99
IND	-1315.86	-166.36	-170.86	-117.63	-589.26	-909.81	-145.18	-364.27
IRL	-328.18	-409.73	-469.77	135.18	190.70	-1787.93	-831.07	836.29
ISR	-1083.81	-503.26	-260.17	-5512.59	19972.41	5920.61	-917.49	-1188.49
ITA	1789.83	-12437.87	5974.77	-1571.66	-82.64	3151.31	-1081.98	-4738.99
JAM	663.03	-435.06	1452.89	601.80	-1439.89	205.35	71.21	55.29
JPN	2729.77	-4799.77	4631.66	-8641.46	-2346.80	3246.16	-571.89	-2804.78
KOR	153.41	-3050.56	1231.97	6128.76	4509.02	5462.68	1164.68	596.43
LKA	-2511.38	-643.21	-163.41	-50.54	-2500.15	-2802.90	-1101.24	-1515.48
MEX	-152.72	-4.26	4.72	-1553.43	2393.47	-3854.18	-24.27	-435.84
MNG	-110.09	-99.23	26.83	-556.99	-1982.73	-8848.14	-846.99	443.48
NAM	-89.77	69.00	8900.43	-2199.67	-5305.70	-6535.73	-77.22	-294.57
NER	99.06	-199.59	-380.07	-838.72	-525.72	632.12	-3.67	-229.66
NLD	-26375.28	5873.16	918.15	-275.07	5523.03	-9762.13	-2401.79	-6511.50
NOR	-3054.20	81095.69	-2333.79	-18392.60	8499.28	-9277.06	-799.38	-1971.52
NZL	-423.51	-4095.22	3343.42	4391.03	376.53	579.49	-137.97	-1302.52
PAN	446.33	54.58	-195.23	396.22	-1828.65	401.96	1030.79	-80.91
POL	-1306.49	-928.41	-1828.66	8789.57	10462.65	-803.32	-1201.67	-2138.49
SWE	-6104.63	-2467.65	-2016.00	24562.60	30832.20	-25726.29	-694.30	-4906.00
TUN	90.00	153.29	260.30	3225.93	-804.33	-257.79	185.07	-158.86

续表

Code	1981	1986	1991	1996	2001	2006	2011	均值
URY	-365.96	375.82	-74.13	-466.60	-3270.39	1393.30	-323.44	-754.93
USA	-20107.71	1164.34	-1004.19	-6786.84	-5919.90	-11961.08	771.09	-5167.43
ZAF	8737.38	322.95	756.98	112.13	-2507.61	-1079.40	-565.98	-148.67

四、技术选择与资本和劳动要素适宜性对经济增长作用的检验

在此基础上，按照式（5-4）测算了在无技术吸收障碍条件下的前沿技术产出，横向对比发达国家和后发国家在引进美国技术后的前沿技术产出 Y_{it}^{US}，以考察各国要素禀赋结构与前沿技术的适配性。图 5-3 和图 5-4 分别为 1950~2011 年前沿技术产出与实际产出之比 Y_{it}^{US}/Y_{it} 和劳均产出 Y_{it}/L_{it} 的散点图，以及前沿技术产出与实际产出之比 Y_{it}^{US}/Y_{it} 和要素结构 K_{it}/L_{it} 的散点图。

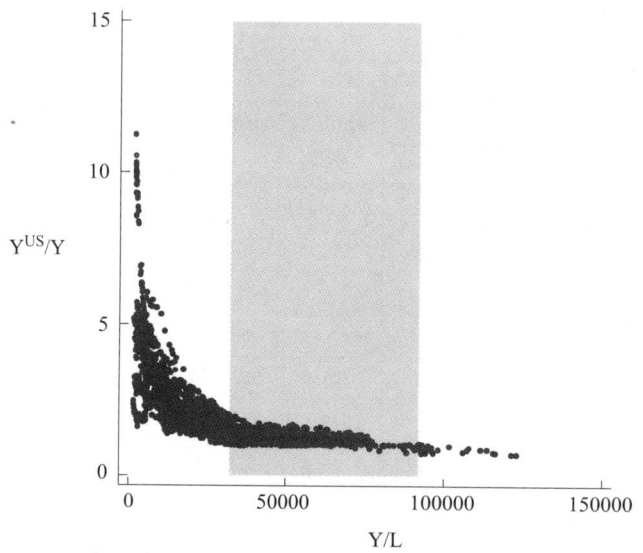

图 5-3　1950~2011 年前沿技术产出与实际产出之比 Y_{it}^{US}/Y_{it} 和劳均产出 Y_{it}/L_{it} 的散点图

由图 5-3 可知：随着劳均 GDP 的提高，不同国家使用前沿技术获得产出增量呈下降趋势，且下降速率不断放缓。图 5-3 中的阴影部分对应的横坐标为美国的劳均 GDP 水平，若以劳均 GDP 代表各国的技术水平，这一阴影部分将 44 个国家分成三类：第一类是劳均 GDP 低于美国的后发国家，即该国与美国具有较大的技术差距，引进美国前沿技术后可实现较高水平的产出增量，前沿技术产出与实际产出之比 Y_{it}^{US}/Y_{it} 水平偏高，选择技术引进实现技术升级较优。第二类是劳均 GDP 与美国持平的发达国家，即该国的技术水平接近美国的技术水平，通过引进美国技术后实现的经济增长有限，前沿技术产出与实际产出之比 Y_{it}^{US}/Y_{it} 偏低，该国通过自主创新实现技术升级可能更适宜。第三类是劳均 GDP 大于美国的发达国家，即该国的技术水平超越美国，引进美国技术后不仅难以使最终产出提升，反而还有可能使经济增速下降，前沿技术产出与实际产出之比 Y_{it}^{US}/Y_{it} 甚至小于数值 1，该国选择自主创新显然更优。

这一结论大体上与上文要素技术效率、技术进步的相对增进形态和技术进步偏向性的测度结果相一致，也与后发优势理论相吻合，后发国家技术模仿成本若低于创新成本，跨国技术差距越大则后发国家技术模仿空间越大，技术进步速度越快，技术外溢效应越显著（Sjoholm，1999；Konings，2001；Keller 和 Yeaple，2009；傅元海等，2010；亓朋等，2009），凭借后发优势更易实现技术追赶（Wang 和 Blomstrom，1992；Keller 和 Yeaple，2009）。伴随后发国家技术水平逐渐接近世界技术前沿面，可供模仿的技术空间缩小，技术复杂度提高，技术外溢效应逐渐减弱。

沿用第三章的思路，本节结合前沿技术产出与实际产出之比 Y_{it}^{US}/Y_{it} 和要素结构 K_{it}/L_{it} 的散点图，对比不同要素禀赋结构国家使用前沿技术对经济增长的影响，据此分析不同要素禀赋结构国家的适宜性技术选择。如图 5-4 所示：横轴代表 44 个国家的要素结构即资本投入与劳动投入之比 $K_{it}/$

L_{it}，纵轴代表不同国家前沿技术产出与实际产出之比 Y_{it}^{US}/Y_{it}，阴影部分对应的横坐标代表美国的资本与劳动投入比，笔者发现：引进美国前沿技术的各个国家，似乎并没有如适宜性技术选择理论预期的那样，在采用与本国要素禀赋结构相匹配的技术时可实现最终产出最大化，随着资本劳动投入比的增加，前沿技术产出与实际产出之比逐渐下降，下降速度不断放缓，尤其是与美国要素禀赋结构相似的国家甚至获得最低的前沿技术产出与实际产出比。

对比图 5-4 和图 5-3 可知，以要素结构 K_{it}/L_{it} 或劳均 GDP 为横轴、以前沿技术产出与实际产出之比 Y_{it}^{US}/Y_{it} 为纵轴的散点图分布较为相似。这恰好说明，与美国具有较小技术差距或者技术水平超越美国的发达国家，同时与美国具有相似要素禀赋结构，这类国家通过引进美国前沿技术获取技术溢出效应有限，选择自主创新更为适宜；而与美国具有较大技术差距的后发国家，往往并不具备美国这样的要素禀赋结构，其要素禀赋结构往往与发达国家要素禀赋存在互补特征，这类国家通过技术引进可获得大幅度的最终产出提升，选择技术引进实现技术升级更优。这一结论与上文第三章的分析结论基本一致，也间接说明随着大多数国家迈入工业化阶段，后发国家往往与发达国家具有较大技术差距，且要素禀赋存在互补型特征，而与发达国家具有相似要素结构的情形较少。

然而，上述结论是在笔者假定所有国家对美国前沿技术吸收能力完全一致即不存在技术吸收障碍的条件下得到的。而为了更好地吻合实体经济的运行规律，本书依据式（5-5）进一步测算技术吸收障碍下的前沿技术产出 Y_{it}^{USB} 及其与实际产出之比 Y_{it}^{USB}/Y_{it}，将技术吸收障碍的具体形式设定为 $\varpi_{it}=\exp[(\bar{A}_t-A_{it})/A_{it}]$，其中 $\bar{A}_t$ 代表 t 时刻以美国为代表的先发国家的技术水平，而 A_{it} 则为 t 时刻 i 国的技术水平。由此可知，一国与美国的技术差距越大，则其在引进美国前沿技术时遇到的技术吸收障碍越大，充分吸收的

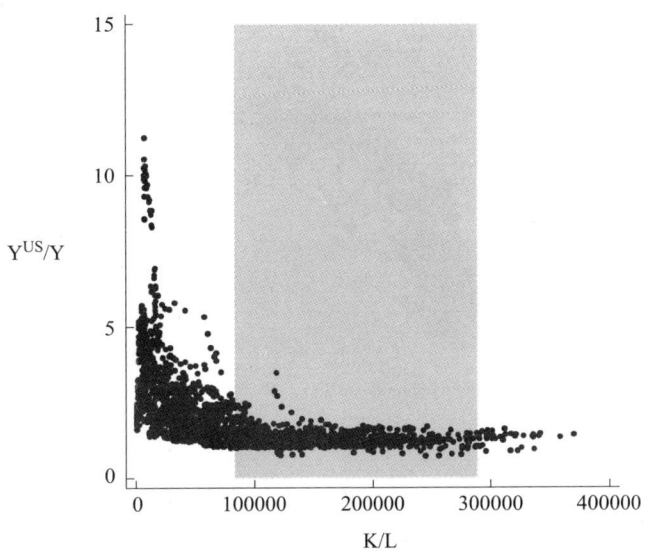

图 5-4　1950~2011 年前沿技术产出与实际产出之比 Y_{it}^{US}/Y_{it} 和
要素结构 K_{it}/L_{it} 的散点图

要素技术效率（A_{Lit}^{US}，A_{Kit}^{US}）越低。图 5-5 和图 5-6 分别为技术吸收障碍下前沿技术产出与实际产出之比 Y_{it}^{US}/Y_{it} 和劳均 GDP、要素结构 K_{it}/L_{it} 的散点图，对比在考虑技术引进障碍条件下，不同要素禀赋结构和不同技术水平国家使用前沿技术对经济增长的影响，据此分析不同国家的适宜性技术选择。

由图 5-5 和图 5-6 可知，以要素结构 K_{it}/L_{it} 或劳均 GDP 为横轴，以技术吸收障碍下的前沿技术产出与实际产出之比 Y_{it}^{USB}/Y_{it} 为纵轴的散点图分布较为相似，均呈非对称倒"U"型趋势。这表明不同国家在引进吸收美国前沿技术时，无论是要素结构还是技术水平均存在门槛效应，后发国家的资本劳动比（技术水平）低于门槛值，随着该国要素积累或技术水平的提升，虽然技术模仿的空间收窄使引进前沿技术获得的产出增量受限，但技术吸收障碍弱化的效应占优，通过引进前沿技术获取的产出增量提高；而发达国家的资本劳动比（技术水平）超越门槛值，虽然技术吸收障碍趋于

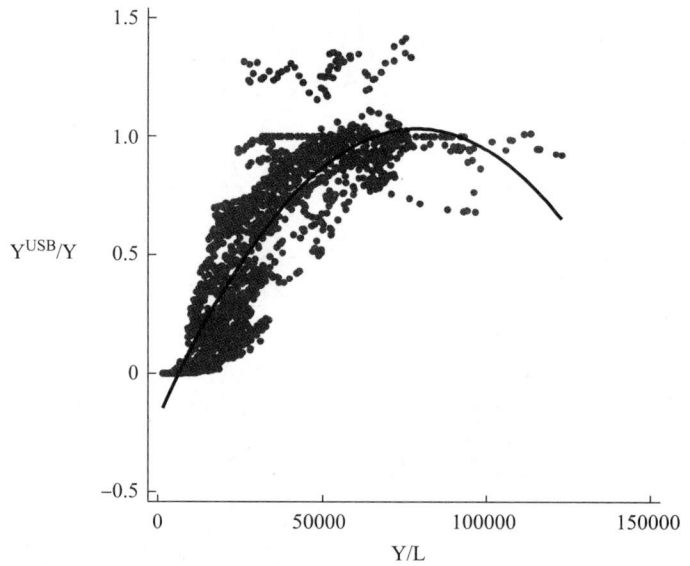

图 5-5　技术吸收障碍下前沿技术产出与实际产出之比 Y_{it}^{USB}/Y_{it} 和劳均产出 Y_{it}/L_{it} 的散点图

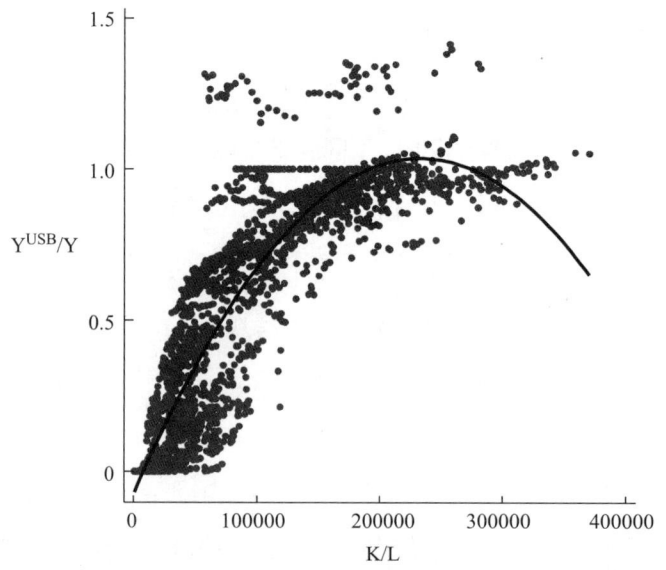

图 5-6　技术吸收障碍下前沿技术产出与实际产出之比 Y_{it}^{USB}/Y_{it} 和要素结构 K_{it}/L_{it} 的散点图

0,但由于此时该国的技术水平与前沿技术水平接近,因而技术外溢效应极其有限,前沿技术产出反而下降;而当后发国家的资本劳动比(技术水平)恰好处于门槛值时,后发国家既能捕获一定的技术外溢效应,而技术吸收障碍又较为微弱,故而通过技术引进获取的前沿技术产出处于最大值。同时,观察图5-5和图5-6可知,非对称倒"U"型趋势图左尾长且拖尾特征明显,而右尾短且存在截尾特征,这暗示大多数后发国家仍处于通过引进前沿技术实现经济增长的上升通道;而小部分发达国家的技术水平与世界技术前沿面较为接近,虽然难以通过技术引进实现经济增长,但引进技术后的产出基本与实际产出持平,或略低于实际产出,即使作为技术追随国也不至于引致经济衰退。

上文对比了不同国家引进美国前沿技术后的产出增量,与美国具有较大技术差距的后发国家前沿技术产出与实际产出之比 Y_{it}^{US}/Y_{it} 较高。然而,这仅限于不同类型国家之间的横向对比,笔者不禁提出疑问,对于后发国家而言,若可任意选择剩余其他国家的技术效率组合 (A_{Ljt}, A_{Kjt}),那何者为其最优的技术选择?本节以后发国家中国为例,根据式(5-6)计算该国采用不同技术效率组合后的引进技术产出 Y_{it}^T,并横向对比模仿、引进和吸收不同国家的技术后,引进技术产出与实际产出之比 Y_{it}^T/Y_{it},以检验该国的适宜性技术选择。图5-7和图5-8分别为1950~2011年中国模仿引进不同国家的技术后,引进技术产出与实际产出之比 Y_{it}^T/Y_{it} 和技术输出国的劳均产出 Y_{it}/L_{it} 的散点图,以及引进技术产出与实际产出之比 Y_{it}^T/Y_{it} 与技术输出国要素结构 K_{it}/L_{it} 的散点图。

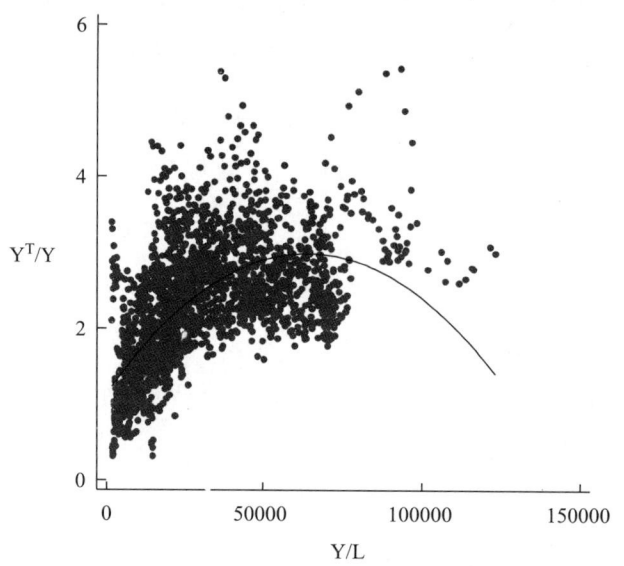

图 5-7 1950~2011 年引进技术产出与实际产出之比
Y_{it}^T/Y_{it} 和劳均产出 Y_{it}/L_{it} 的散点图

如图 5-7 和图 5-8 所示：其一，以劳均产出 Y_{it}/L_{it} 代表的技术输出国的技术水平与中国引进技术效率 Y_{it}^T/Y_{it} 呈现倒"U"型关系，即中国在选择适宜性技术引进时存在门槛值；且图 5-7 中技术门槛左侧的点分布略微集中，而技术门槛右侧的点分布相对疏松。当技术输出国家的技术水平 Y_{it}/L_{it} 低于技术门槛 Y_r/L_r 时，随着技术输出国技术水平的提升，以中国为代表的技术模仿国家，以引进技术产出与实际产出之比 Y_{it}^T/Y_{it} 测度的技术引进效率不断提升；而当技术输出国家的技术水平 Y_{it}/L_{it} 高于技术门槛 Y_r/L_r 时，随着技术输出国技术水平的提升，以中国为代表的技术模仿国家，其技术引进效率即引进技术产出与实际产出之比 Y_{it}^T/Y_{it} 逐步下滑；而当技术输出国家的技术水平 Y_{it}/L_{it} 恰好处于技术门槛 Y_r/L_r 时，以中国为代表的技术模仿国家的引进技术产出与实际产出之比 Y_{it}^T/Y_{it} 处于最高值，技术引进效率实现最大化，即适宜性技术选择。

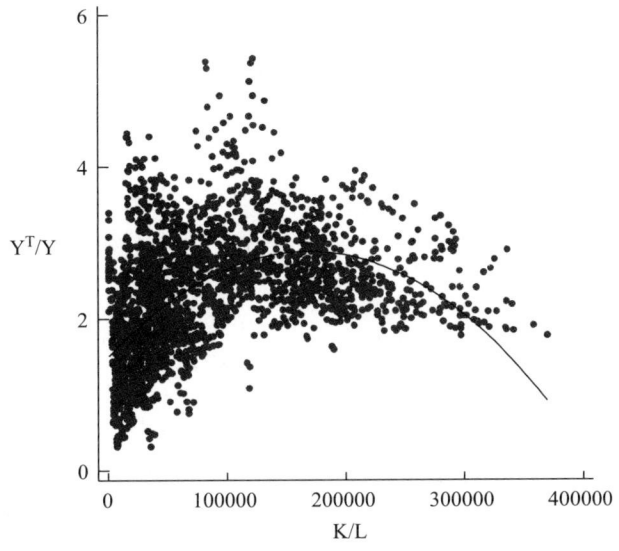

图 5-8　1950～2011 年引进技术产出与实际产出之比 Y_{it}^T/Y_{it} 与要素结构 K_{it}/L_{it} 的散点图

其二，以技术输出国的要素结构即资本劳动投入比 K_{it}/L_{it} 与中国引进技术效率 Y_{it}^T/Y_{it} 的散点图，也表现为倒"U"型趋势。作为后发国家，中国在进行适宜技术选择时，技术引进国的要素结构亦存在门槛值。结合图 5-7 和图 5-8 可知，与技术水平一样，资本劳动投入比对后发国家技术引进同样存在门槛效应。当技术输出国家的资本劳动投入之比 K_{it}/L_{it} 低于技术门槛值 K_r/L_r 时，技术输出国的资本深化程度在中国的吸收范围内，随着技术输出国资本积累程度的加深和劳均资本的提升，技术模仿国家通过技术引进、模仿和吸收实现的引进技术产出与实际产出之比 Y_{it}^T/Y_{it} 不断提升；而当技术输出国家的资本劳动投入比 K_{it}/L_{it} 高于门槛值 K_r/L_r 时，技术输出国的资本密集程度已超过中国的吸收范围，随着技术输出国资本深化程度的加深，以中国为代表的技术模仿国家的技术引进效率即引进技术产出与实际产出之比 Y_{it}^T/Y_{it} 逐步下滑；而当技术输出国家的资本劳动投入比 K_{it}/L_{it} 恰好等于技术门槛值 K_r/L_r 时，随着技术输出国技术水平的提升，中国作为技术模仿国家的引进技术产出与实际产出之比 Y_{it}^T/Y_{it} 处于最高值，技术引进效率实现最大化，可作为适宜性技术选择。可见，后发国家在进行技术选择时，应当兼顾技术水平 Y_{it}/L_{it} 和资本劳动投入比 K_{it}/L_{it} 的门槛区间，选择最适宜的技术引进。

在此基础上，表5-7列出了1952~2011年部分年份中国引进其他44个国家的技术后，可实现的引进技术产出与实际产出之比 Y_{it}^T/Y_{it}，以观测中国适宜性技术选择的阶段性特征：1952~1975年，与中国要素禀赋结构适配性较强的引进技术来自加拿大。由于加拿大的技术水平较高，且资源禀赋与中国较为接近，在这一阶段吸收加拿大的技术后，引进技术产出与实际产出之比 Y_{it}^T/Y_{it} 基本在3.5以上，最高值甚至达4.193，中国在这一阶段通过模仿、引进和吸收加拿大的前沿技术可提高最终产出2~3倍左右。同时，源于技术的前沿性和要素禀赋结构的适配性，中国在这一阶段引进来自澳大利亚、美国、瑞士和哥斯达黎加等国的技术后，均可实现2.5~4倍左右的引进技术产出与实际产出之比 Y_{it}^T/Y_{it}。而哥伦比亚、危地马拉、科特迪瓦和喀麦隆等国家由于自身技术水平偏低，中国引进这些国家的技术后，只能实现较低程度的产出提升，甚至使产出下降，如1960年若中国引进喀麦隆和印度的技术，引进技术产出与实际产出之比 Y_{it}^T/Y_{it} 分别为0.633和0.831，数值水平均低于1；同时，这一阶段中国若可实现日本的要素技术效率组合，由于中日两国的资源禀赋结构差异较大，亦不能实现较大的产出提升，如1952年和1955年中国若可完全模仿日本技术，引进技术产出与实际产出之比 Y_{it}^T/Y_{it} 仅为1.470和1.417。

表 5-7　中国适宜性技术选择的检验

Code	1952	1955	1960	1965	1970	1975	1980	1985	1990	1995	2000	2005	2010	2011
AUS	2.683	2.724	2.730	3.243	3.584	2.755	3.542	2.333	2.259	1.908	2.374	2.099	1.865	1.858
AUT	1.920	2.056	2.285	2.742	3.047	3.176	3.101	1.903	2.605	2.345	2.907	2.441	2.027	2.027

续表

Code	1952	1955	1960	1965	1970	1975	1980	1985	1990	1995	2000	2005	2010	2011
BEL	1.764	1.747	1.742	2.238	2.483	2.769	3.186	2.175	3.061	2.721	3.605	2.660	2.225	2.178
BGR	—	—	—	—	1.201	1.529	1.705	1.424	1.723	1.371	1.802	2.008	1.776	1.803
BWA	—	—	—	—	—	—	1.705	1.424	1.723	1.371	1.802	2.008	1.776	1.803
CAN	3.576	3.411	3.382	4.138	4.193	4.061	3.255	1.993	2.884	2.138	2.632	2.408	2.085	2.081
CHE	2.637	2.617	2.790	3.248	3.510	3.254	3.352	2.446	3.057	2.526	3.011	2.718	2.817	2.783
CHL	2.781	2.480	2.592	2.922	2.934	2.248	2.927	1.735	2.375	2.455	1.734	1.793	1.624	1.652
CIV	—	—	1.075	1.405	1.808	1.890	1.605	1.172	1.215	0.945	1.000	0.917	0.874	0.810
CMR	—	—	0.633	0.800	0.768	0.956	1.045	1.405	1.274	0.835	0.969	0.871	0.837	0.824
COL	1.326	1.331	1.271	1.532	1.563	2.131	2.354	1.693	2.110	1.723	1.583	1.286	1.226	1.257
CRI	2.431	2.749	2.928	3.515	3.708	2.345	3.177	1.692	2.585	2.527	1.120	1.378	1.505	1.453
CYP	—	—	0.907	1.315	1.539	1.078	2.012	1.764	2.431	2.027	2.733	2.099	2.031	1.955
DEU	1.487	1.586	1.731	2.009	2.100	2.506	2.655	1.969	2.801	2.425	2.895	2.422	2.095	2.112
DNK	1.993	1.941	2.099	2.509	2.579	2.539	2.711	2.131	2.746	2.287	3.086	2.634	2.409	2.406
EGY	—	—	2.099	2.509	2.579	2.539	2.711	2.131	2.746	2.287	3.086	2.634	2.409	2.406
FIN	1.690	1.679	1.675	1.978	2.266	2.283	2.253	1.878	2.552	1.862	2.583	2.264	1.926	1.938
FRA	1.767	1.781	1.894	2.460	2.582	3.099	3.235	2.247	2.774	2.317	3.143	2.475	2.088	2.088
GBR	1.935	1.949	1.939	2.294	2.328	2.677	3.142	2.438	2.790	2.888	3.746	3.283	2.581	2.565
GTM	1.485	1.408	1.571	1.964	2.192	2.267	2.344	1.580	2.069	1.761	1.863	1.269	0.952	0.943
HKG	—	—	2.775	3.162	3.181	3.290	3.824	2.695	3.996	3.570	3.749	3.505	3.133	3.037
HND	—	—	—	—	1.470	1.434	1.679	1.127	1.751	1.271	1.085	0.902	0.649	0.637
IND	—	—	0.831	1.004	1.069	1.259	0.991	0.642	0.807	0.592	0.669	0.565	0.618	0.630
IRL	1.940	1.888	1.969	2.394	2.597	2.767	2.863	2.263	3.075	2.834	4.941	4.449	2.772	2.903
ISR	—	—	2.284	2.866	3.283	3.308	3.280	2.496	3.234	2.675	3.309	2.635	2.363	2.333
ITA	1.596	1.583	1.670	2.083	2.552	2.858	3.381	2.285	2.831	2.073	2.575	2.071	1.844	1.837
JAM	—	—	1.562	1.933	2.053	1.961	1.395	0.928	1.541	1.389	1.472	1.091	1.034	0.984
JPN	1.470	1.417	1.631	2.107	2.507	2.586	2.792	2.067	2.673	2.240	2.473	2.046	1.863	1.856
KOR	—	—	0.680	0.867	0.977	1.733	1.828	1.777	2.618	2.377	2.842	2.355	2.096	2.087
LKA	—	—	1.620	1.777	1.940	1.875	1.482	0.999	1.300	1.022	0.989	0.875	0.962	1.000
MEX	1.695	1.739	1.928	2.482	2.492	2.619	3.155	2.019	2.132	2.804	2.714	3.070	3.533	3.598
MNG	—	—	—	—	—	—	1.136	0.943	1.666	0.920	0.892	0.780	0.809	0.899
NAM	—	—	—	—	—	—	2.036	1.265	2.677	2.085	1.776	0.958	0.489	0.477
NER	—	—	0.663	0.940	0.854	0.681	0.821	0.444	0.512	0.409	0.411	0.351	0.333	0.332
NLD	2.054	2.115	2.063	2.475	2.683	3.182	3.358	2.174	2.596	2.164	3.101	2.613	2.151	2.140
NOR	2.444	2.255	2.195	2.736	2.148	2.648	2.312	1.591	2.354	2.126	2.900	3.084	2.600	2.653
NZL	2.159	2.161	2.387	2.907	2.696	2.799	2.572	1.913	2.596	2.313	3.046	2.557	2.430	2.399

续表

Code	1952	1955	1960	1965	1970	1975	1980	1985	1990	1995	2000	2005	2010	2011
PAN	—	—	—	—	2.524	2.556	2.570	1.980	2.699	2.296	2.601	2.175	1.924	2.017
POL	—	—	—	—	—	1.599	1.883	1.690	1.192	1.487	1.621	2.226	1.978	2.140	2.149
SWE	2.075	2.021	2.062	2.622	2.778	2.786	2.923	2.122	2.767	2.245	3.389	3.071	2.461	2.464
TUN	—	—	1.284	1.537	2.042	2.517	2.625	2.033	2.291	1.659	1.856	1.567	1.388	1.352
URY	—	—	2.624	2.769	2.880	2.899	2.604	1.443	1.973	1.904	2.045	1.787	1.705	1.758
USA	2.705	2.570	2.677	3.269	3.436	3.446	3.553	2.733	3.548	3.108	3.812	3.163	2.910	2.948
ZAF	—	—	2.585	3.268	3.499	3.550	3.399	2.449	2.925	2.233	2.338	2.143	1.998	2.047

而 1980~2011 年，中国香港和美国的前沿技术则是中国较为适宜性的技术选择。这与中国香港自 20 世纪 80 年代起，在前期引进非前沿劳动密集型技术的基础上，开始逐步加深资本积累，使用资本密集型技术，推动石油化工业、机械制造业和钢铁业等资本技术密集型产业发展，并以服务业取代制造业，并向中国大陆东部沿海地区转移食品、木材加工业，纺织服装业和电子工业产品装配等劳动密集型产业这一经验事实相吻合；而美国处于世界技术前沿，中国通过引进美国技术，资本和劳动要素技术效率（$A_{L_{jt}}$，$A_{K_{jt}}$）与美国对应指标相等，可实现较大程度的产出提升，引进技术产出与实际产出之比 Y_{it}^T/Y_{it} 可达 2.9~3.9。

考虑到香港是中国的特别行政区，剔除这一地区后，中国通过引进和模仿爱尔兰、以色列、墨西哥、比利时和加拿大等国家的前沿技术后，或源于要素禀赋结构的适配性，或源于高水平的要素技术效率组合，亦能实现最终产出的大幅度提升，这些国家也是可供中国选择的技术引进来源国。与上一阶段的特征相一致，中国引进尼日尔、印度、科特迪瓦和喀麦隆等后发国家的技术，将抑制产出增长，使引进技术产出与实际产出之比 Y_{it}^T/Y_{it} 跌破数值水平 1。不仅如此，1952~2011 年，中国若可选择剩余 44 个国家的不同技术效率组合（$A_{L_{jt}}$，$A_{K_{jt}}$），无论从历年引进技术产出与实际产出之比 Y_{it}^T/Y_{it} 的均值水平还是最大值来看，均呈现下降趋势，暗示中国作为后发国家,正逐步实现技术升级和技术突破,不断缩小与发达国家的技术差距,因而通过引进不同国家的技术,获取的技术外溢效应日渐式微。

第二节 技术选择与异质性劳动要素的适宜性

一、技术选择与异质性劳动要素适宜性的评价指标体系

将生产函数设定为投入技能劳动 L_s 与非技能劳动 L_u 进行生产的嵌套 CES 型生产函数,并与资本投入 k 耦合的 CD 型生产函数:

$$y = k^{\alpha} \cdot \left[(A_u L_u)^{\frac{\varepsilon-1}{\varepsilon}} + (A_s L_s)^{\frac{\varepsilon-1}{\varepsilon}} \right]^{\frac{(1-\alpha)\varepsilon}{\varepsilon-1}} \tag{5-9}$$

在不引起误解的前提下,略去代表不同国家的下标 i。式(5-9)中,y 和 k 分别代表劳均产出和劳均资本存量,α 代表资本投入份额,而由不同类型劳动力构成的人力资本投入份额为 $1-\alpha$。L_u 和 L_s 代表非技能劳动和技能劳动供给,并以 CES 形态共同构成人力资本,ε 代表二者之间的替代弹性,A_u 和 A_s 分别代表非技能增进型技术进步和技能增进型技术进步。当 $\varepsilon>1$ 时,技能劳动与非技能劳动呈互相替代关系;当 $\varepsilon<1$ 时,两类劳动力呈互补关系;当 $\varepsilon=1$ 时,则 CES 形态的人力资本函数退化成 CD 生产函数。

根据式(5-9)关于技能劳动和非技能劳动的一阶条件可得,技能与非技能劳动报酬之比即技能溢价为:

$$\frac{w_s}{w_u} = \left(\frac{A_s}{A_u}\right)^{\frac{\varepsilon-1}{\varepsilon}} \cdot \left(\frac{L_s}{L_u}\right)^{\frac{1}{\varepsilon-1}} \tag{5-10}$$

结合技能溢价和生产函数，可得技能和非技能增进型技术进步为 A_s 和 A_u：

$$A_s = y^{\frac{1}{1-\alpha}} k^{\frac{-\alpha}{1-\alpha}} \left[\left(\frac{w_u}{w_s} \right) \cdot L_s^{-\frac{1}{\varepsilon}} L_u + L_s^{\frac{\varepsilon-1}{\varepsilon}} \right]^{\frac{-\varepsilon}{\varepsilon-1}} \quad (5-11)$$

$$A_u = y^{\frac{1}{1-\alpha}} k^{\frac{-\alpha}{1-\alpha}} \left[L_u^{\frac{\varepsilon-1}{\varepsilon}} + \left(\frac{w_s}{w_u} \right) \cdot L_u^{-\frac{1}{\varepsilon}} L_s \right]^{\frac{-\varepsilon}{\varepsilon-1}} \quad (5-12)$$

根据本章第一节的定义 1 可知，若 $d(A_s/A_u)/dt>0$ 即技能劳动与非技能劳动要素的技术效率之比 A_s/A_u 呈上升趋势，表明技术进步呈现相对技能劳动增进形态；若 $d(A_s/A_u)/dt<0$ 即技能劳动与非技能劳动要素技术效率之比 A_s/A_u 趋于下降，表明技术进步呈现相对非技能劳动增进形态。而本节从技能劳动与非技能劳动的视角检验技术选择的适配性，由于缺乏技能劳动与非技能劳动的时间序列数据，只能利用横截面数据进行分析，故对技术进步的相对增进形态的定义进行相应调整，将原定义 1 中的时间变量 t 修改为以劳均 GDP 表征的不同国家的收入水平：

定义 5：当 $\partial(A_s/A_u)/\partial y>0$ 时，随着一国收入水平的提高，技能劳动与非技能劳动增进型技术进步之比 A_s/A_u 呈上升趋势，表明技术进步呈现相对技能劳动增进形态；若 $\partial(A_s/A_u)/\partial y<0$ 时，随着一国收入水平的提高，技能劳动与非技能劳动增进型技术进步之比 A_s/A_u 趋于下降，表明技术进步呈现相对非技能劳动增进形态。

发达国家根据本国相对丰裕的技能劳动要素禀赋所研发的技术，其使用技能劳动的要素技术效率 A_s 显著高于后发国家。然而，非技能劳动要素技术效率 A_u 与一国收入水平 y 二者之间的关系未必显著。基于劳动要素禀赋与技术进步的适宜性，笔者认为技术进步应当呈现相对技能劳动增进形态，即随着一国收入水平的提高，A_s/A_u 和 A_s 均相应增加。延续这一思路，笔者不禁产生这样的疑问，具有丰裕非技能劳动的后发国家，其使用非技能劳动要素的技术效率是否高于发达国家？为此，本节在相对技能劳动增进型技术进步的基础上进一步定义：

定义6：当 $\partial(A_s/A_u)/\partial y>0$ 且 $\partial A_u/\partial y<0$ 时，随着一国收入水平的提高，技能劳动增进型技术进步与非技能劳动增进型技术进步随收入水平的变化方向相反，技能劳动增进型技术进步 A_s 呈上升趋势，但非技能劳动增进型技术进步 A_u 显示下降趋势，技术进步呈现绝对技能劳动增进形态。

进一步地，本节沿用第三章后发国家适宜性技术选择机理的分析，引入世界技术前沿面，将式（3-1）中的生产要素 Z 指定为技能劳动要素 L_s，生产要素 L 指定为非技能劳动要素 L_u 估计该式中的参数 φ 和 ψ_i 并据此测算不同国家技术前沿面与原点的距离 T_i，从技能劳动要素技术效率和非技能劳动要素技术效率的视角考察不同国家的技术选择是否适宜，结合式（3-1）和式（5-10）并进行对数变换即可得：

$$\log(A_{si}/A_{ui}) = ((\varepsilon-1)/(\varepsilon(\varphi-1)+1)) \cdot \log(L_{si}/L_{ui}) + (\varepsilon/(\varepsilon(\varphi-1)+1)) \cdot \log \psi_i \quad (5\text{-}13)$$

其中，$i=1,2,3,\cdots,n$ 代表各个国家，其余指标含义与上文一致。按照式（5-13），先以技能劳动与非技能劳动要素禀赋之比 $\log(L_{si}/L_{ui})$ 对劳动要素相对增进型技术进步的对数 $\log(A_{si}/A_{ui})$ 进行回归，估计得到系数 $((\varepsilon-1)/(\varepsilon(\varphi-1)+1))$，并结合技能劳动与非技能劳动要素替代弹性 ε，可估算得到不变参数 φ；再根据横截面回归的残差及已求解的参数 φ、ε 可测算获取不同国家的参数 ψ_i。在此基础上，根据技能劳动增进型技术进步 A_{si}、非技能劳动增进型技术进步 A_{ui} 和参数 φ、ψ_i 可计算不同国家技术前沿面与原点的距离 T_i。

在此基础上，本节假设一国处于世界技术前沿面上并在该曲面上选择代表不同技术效率组合 (A_s, A_u) 的生产点，即令该国的整体技术水平 T_i 取世界范围内的最高水平，可选择与本国要素禀赋相适宜的技术形态或者与美国要素禀赋相适宜的技术形态,进一步对比采用适宜性技术与非适宜性技术的产出差异。具体而言,根据式(5-14)和式(5-15)测算各个国家若处于世界技术前沿面上,并根据本国要素禀赋所选择的技能和非技能劳动要素技术效率组合(A_{si}^{at}, A_{ui}^{at}):

$$A_{ui}^{at} = \left[T_{\max} \bigg/ \left(\psi_i + \psi_i^{\frac{\varphi\varepsilon}{\varepsilon(\varphi-1)+1}} \cdot \left(\frac{L_{si}}{L_{ui}} \right)^{\frac{\varphi(\varepsilon-1)}{\varepsilon(\varphi-1)+1}} \right) \right]^{\frac{1}{\varphi}} \quad (5-14)$$

$$A_{si}^{at} = \left[T_{\max} \bigg/ \left(\psi_i + \psi_i^{\frac{\varphi\varepsilon}{\varepsilon(\varphi-1)+1}} \cdot \left(\frac{L_{si}}{L_{ui}} \right)^{\frac{\varphi(\varepsilon-1)}{\varepsilon(\varphi-1)+1}} \right) \right]^{\frac{1}{\varphi}} \cdot \psi_i^{\frac{\varepsilon}{\varepsilon(\varphi-1)+1}} \cdot \left(\frac{L_{si}}{L_{ui}} \right)^{\frac{(\varepsilon-1)}{\varepsilon \cdot (\varphi-1)+1}}$$

$$(5-15)$$

其中,$T_{\max}$代表世界技术前沿面与原点的距离,即根据式(3-1)测算的 n 个国家技术前沿面中与原点相距最远的距离,代表世界范围内的最高整体技术水平。其余指标参数的含义基本与上文一致。

而为了分析和对比各国若处于世界技术前沿面上,选择与本国技能劳动和非技能劳动相适宜的技术和非适宜技术获得的经济增长,定义适宜性技术产出和前沿技术产出:

定义7:若一国处于世界技术前沿面,选择与本国要素相适宜的劳动要素技术效率组合(A_{si}^{at}, A_{ui}^{at})后的劳均产出即适宜性技术产出y_i^{at},如式(5-16)所示。

定义8:若一国处于世界技术前沿面,选择与美国技能和非技能劳动要素禀赋相匹配的技术组合(A_{si}^{us}, A_{ui}^{us})后的劳均产出即前沿技术产出y_i^{us},如式(5-17)所示。

$$y_i^{at} = k_i^{\alpha} \cdot \left[(A_{ui}^{at} L_{ui})^{\frac{\varepsilon-1}{\varepsilon}} + (A_{si}^{at} L_{si})^{\frac{\varepsilon-1}{\varepsilon}} \right]^{\frac{(1-\alpha)\varepsilon}{\varepsilon-1}} \quad (5-16)$$

$$y_i^{us} = k_i^{\alpha} \cdot \left[(A_{ui}^{us} L_{ui})^{\frac{\varepsilon-1}{\varepsilon}} + (A_{si}^{us} L_{si})^{\frac{\varepsilon-1}{\varepsilon}} \right]^{\frac{(1-\alpha)\varepsilon}{\varepsilon-1}} \quad (5-17)$$

最后,本节将采用世界技术前沿面上的适宜性技术后的劳均产出y_i^{at}

与实际劳均产出作差 y_i 可得劳均产出变化量 Δy, 如式（5-18）所示；并将劳均产出的变化量 Δy 分解成两项，其中第一项 $\Delta y_i^{us} = y_i^{us} - y_i$ 代表 i 国由现阶段的技术水平转向世界技术前沿面，但这一前沿技术的技术效率组合（A_{si}^{us}, A_{ui}^{us}）（即与美国劳动要素禀赋相适宜的技术效率组合）与该国技能与非技能劳动要素禀赋并不具有适宜性，劳均产出的改善 Δy_i^{us} 源于整体技术水平的提升，定义为技术进步效应，而第二项则定义为适宜性技术选择效应即 $\Delta y_i^{at} = y_i^{at} - y_i^{us}$, 代表在世界技术前沿面上生产点由与本国要素禀赋具有非适宜性特征的要素技术效率组合（A_{si}^{us}, A_{ui}^{us}）转向与本国要素禀赋具有适宜性特征的要素技术效率组合（A_{si}^{at}, A_{ui}^{at}）后，劳均产出的改善程度。再按照式（5-19），分别测算技术进步（TCC）和适宜性技术选择（ATC）对劳均产出变化量 Δy 的贡献。

$$\Delta y = y_i^{at} - y_i = (y_i^{us} - y_i) + (y_i^{at} - y_i^{us}) = \Delta y_i^{us} + \Delta y_i^{at} \quad (5-18)$$

$$\text{TCC} = |\Delta y_i^{us}|/(|\Delta y_i^{at}| + |\Delta y_i^{us}|), ATC = |\Delta y_i^{at}|/(|\Delta y_i^{at}| + |\Delta y_i^{us}|) \quad (5-19)$$

二、数据来源与统计特征

从技能劳动与非技能劳动视角探析技术选择与要素禀赋结构的适宜性，首先需要测算技能与非技能劳动要素技术效率 A_s 和 A_u。因此，本书应当先获取不同国家的技能劳动 L_s 与非技能劳动 L_u, 及技能溢价 w_s/w_u 的数据。笔者利用 Mincerian 方法，并结合以下两个数据来源，测算技能劳动 L_s 与非技能劳动 L_u 数量：其一是基于 Bils 和 Klenow（2000）测算的 52 个国家的 Mincerian 系数 β, 这一系数是劳动力受教育年限对工资对数的回归系数即 $\log w = \alpha + \beta \lambda + \varepsilon$, 其中，$w$ 和 λ 分别代表经济体的工资水平和平均受教育年限，以此反映劳动力提高受教育年限后，工资相应增加的比率。其二是 Barro 和 Lee（2001）测算并报告了 138 个国家不同类型劳动力所占比重及其平均受教育年限的数据，按照受教育年限将劳动力分为未接受过教育（No Education）、小学肄业（Some Primary）、小学毕业（Completed Primary）、中等学校肄业（Some Secondary）、中等学校毕业（Completed Secondary）、高等学校肄业（Some Higher）和高等学校毕业（Completed Higher）七种类型，并统计不同国家每种类型劳动力所占的份额及其平均受教育年限。

测算不同国家的技能劳动 L_s 和非技能劳动 L_u，首先需要确定如何将七种受教育程度的劳动力分成两组，即区别技能劳动和非技能劳动的门槛：基于同一组内的劳动力应当具有从量的差别，但技能劳动和非技能劳动组别间则具有质的差别，Caselli 和 Coleman（2006），Papageorgiou 和 Chmelarova（2005）认为应当以小学毕业为门槛，未受过教育和小学肄业的劳动力归为非技能劳动组，而剩余五类不同受教育程度的劳动力则归为技能劳动组。Mankiw 等（1992）则根据中等学校注册人数测算人力资本存量，与之类似 Chanda 和 Farkas（2006）选择中等学校毕业作为区分技能劳动和非技能劳动的门槛。本书借鉴 Caselli 和 Coleman（2006）的算法，将未受过教育和小学肄业的劳动力二者的加权和作为非技能劳动 L_u，把剩余五类劳动力的加权和归为技能劳动 L_s。

其次，关于不同受教育程度劳动力在其所属的组别中的权重设定：本书按照相关文献的通用做法，以相对工资比率刻画不同受教育程度劳动力的效率单位并作为其权重。具体而言，在技能劳动和非技能劳动组内，各自选定受教育程度最低的劳动力类型作为基准劳动力，即将未接受教育的劳动力和小学毕业劳动力分别作为非技能劳动和技能劳动组的基准劳动力，基准劳动力的实质就是技能劳动和非技能劳动的计价单位。再将组内其他受教育程度的劳动力与该基准劳动力工资之比作为该类劳动力的权重。例如，在非技能劳动组，以 L_{u1} 和 L_{u2} 代表未接受教育和小学肄业劳动力的数量，而 w_{u1} 和 w_{u2} 则分别代表二者的工资报酬，则非技能劳动 $L_u = L_{u1} + (w_{u2}/w_{u1})L_{u2}$，即以未接受教育劳动力作为等价物,并将小学肄业劳动力折算成未接受教育劳动力的等价物后二者加总。同理,技能劳动 L_s 是将该组别下五类受教育程度不同的劳动力统一换算为以小学毕业劳动力为等价物后的总和。

最后,关于如何确定不同受教育程度劳动力的工资之比,本书利用 Mincerian 系数和不同受教育程度劳动力的平均受教育年限确定该比值。根据每类劳动力的平均受教育年限,确定各类劳动力与基准劳动力受教育年限的差值 n,再利用 $\exp(\beta_n)$ 确定不同受教育程度劳动力与基准劳动力工资之比。据此,可得技能劳动和非技能劳动的测算公式:

$$L_s = L_3 + L_4 \cdot \exp(\beta(\lambda_4 - \lambda_3)) + \cdots + L_7 \cdot \exp(\beta(\lambda_7 - \lambda_3)) \quad (5-20)$$

$$L_u = L_1 + L_2 \cdot \exp(\beta(\lambda_2 - \lambda_1)) \quad (5-21)$$

其中,$L_i(i=1, 2, \cdots, 7)$ 代表受教育程度从低到高排列的七种劳动力占总劳动力的比例,而 λ_i 则代表各自的平均受教育年限,并以受教育年限的差值与 Mincerian 系数确定劳动力工资之比,代表不同类型劳动力加总时的权重。需要说明的是小学、中等学校和高等学校肄业的劳动力受教育年限,按各自对应教育层级完整接受教育的平均年限 1/2 来确定。据此,可测得分别以未接受教育和小学毕业劳动力为计量单位的非技能劳动 L_u 和技能劳动 L_s。然而,不同国家小学毕业劳动力的平均受教育年限却存在差别,因此以各国小学毕业劳动力为单位的非技能劳动缺乏可比性。为了使不同国家的技能劳动具有完全的可比性,本书将按照式(5-20)和式(5-21)测算的技能劳动 L_s 进行标准化调整,将各国测算得到的技能劳动力乘上 $\exp[\beta(\lambda_3 - 4)]$,统一转化为以平均受教育年限为 4 年的小学毕业劳动力作为计量单位的技能劳动 L_s。基于此,技能劳动与非技能劳动计量单位的平均受教育年限差别为 4 年,因而技能溢价 $w_s/w_u = \exp(\beta 4)$。

由于不同受教育程度劳动力占比和平均受教育年限数据的限制,本书只能选择 Barro 和 Lee(2001)测算并报告数据的年份。本节选用这一数据库报告的最近年份 2000 年世界 48 个国家的截面数据作为样本，但因不同受教育程度劳动力占比并未报告 2000 年的数据，因此以 1999 年的该项指标代替。剩余劳均 GDP y 和劳均资本存量 k 均选用经过购买力调整（Purchasing Power Parity）的 2000 年真实值，数据来源于佩恩世界表 8.1 (Penn World Table 8.1)。表 5-8 列示了所有指标包括劳均 GDP y、劳均资本存量 k、技能劳动 L_s、非技能劳动 L_u 和技能溢价 w_s/w_u 的统计特征；而表 5-9 则展示了本书测算的 48 个后发国家和发达国家的技能劳动 L_s、非技能劳动 L_u、技能溢价 w_s/w_u 和劳均 GDP 的数据统计特征。由表 5-8 和表 5-9 可知，美国劳均 GDP 约为最低国家萨尔瓦多的 72 倍，劳均 GDP 的标准差约为 25036.2，而不同国家劳均物质资本存量 k 的差异化程度甚至超过劳均 GDP，标准差达 72306.7。至于技能劳动 L_s 和非技能劳动 L_u，美国技能劳动最高约为 1.815，而最低的国家巴基斯坦仅为 0.877，非技能劳动最高的国家为巴西约 0.830，加拿大非技能劳动仅为 0.056，不同国家技能劳动与非技能劳动之比 L_s/L_u 的差异较大，如美国技能劳动与非技能劳动之比约为 28.19，技能劳动与非技能劳动之比最低的国家是危地马拉，仅 1.13，前者约为后者的 25 倍。最后，技能溢价 w_s/w_u 的标准差约为 0.32，牙买加的技能溢价高达 3.065，为 48 个国家中的最高值，而最低值为波兰的 1.101，前者约为后者的 2.78 倍。

表 5-8　变量指标的统计特征

变量名	均值	标准差	最小值	最大值	样本数
y	34565.140	25036.220	1128.930	81404.350	48
k	95203.970	72306.670	3840.873	243190.100	48
L_u	0.402	0.229	0.056	0.830	48
L_s	1.227	0.194	0.877	1.815	48
w_s/w_u	1.4827	0.320	1.101	3.065	48

同时，各个指标变量之间也存在一定相关性，如表5-9中所列示的技能劳动与非技能劳动之比 L_s/L_u 与技能溢价 w_s/w_u 呈反相关关系，二者之间的相关系数约为-0.29，一国技能劳动相对于非技能劳动越丰裕，则技能溢价水平越低，如牙买加技能劳动与非技能劳动之比约为1.8，其技能溢价水平高达3.065，而瑞典技能劳动与非技能劳动之比高达10.9，技能溢价水平仅为1.10。不仅如此，不同国家技能与非技能劳动之比 L_s/L_u 与其劳均GDP之间也存在较强的正向关系，二者之间的相关系数高达0.60，表明经济发展水平较高的地区技能劳动相对较为丰裕，如美国劳均GDP水平达81404，该国技能劳动与非技能劳动之比也高达28.19，而劳均GDP水平仅为1128.93的萨尔瓦多，其技能劳动与非技能劳动之比仅为1.514。

表5-9 48个国家技能劳动、非技能劳动和技能溢价等指标

Code	L_u	L_s	L_s/L_u	w_s/w_u	y	Code	L_u	L_s	L_s/L_u	w_s/w_u	y
ARG	0.28	1.49	5.27	1.53	27903.61	IND	0.64	1.02	1.60	1.28	5141.32
AUS	0.12	1.41	11.73	1.29	68931.40	IRL	0.17	1.34	7.90	1.37	79714.75
AUT	0.15	1.09	7.28	1.17	67032.99	ISR	0.27	1.29	4.85	1.26	63339.50
BOL	0.65	1.09	1.68	1.34	7638.95	ITA	0.32	1.04	3.24	1.12	73855.26
BRA	0.83	1.18	1.42	1.85	16572.32	JAM	0.61	1.11	1.80	3.07	11504.51
BWA	0.46	1.22	2.67	1.66	21339.94	KEN	0.78	1.03	1.31	1.41	4069.89
CAN	0.06	1.28	22.79	1.18	68462.35	KOR	0.07	1.75	24.25	1.53	44337.54
CHE	0.17	1.39	8.43	1.33	63319.46	MEX	0.44	1.36	3.09	1.76	27972.51
CHL	0.55	1.45	2.64	1.62	25690.11	MYS	0.37	1.16	3.18	1.46	26398.01
CHN	0.41	1.07	2.58	1.20	7018.14	NLD	0.17	1.28	7.34	1.30	66916.77
COL	0.62	1.04	1.67	1.79	16498.42	PAK	0.66	0.88	1.33	1.47	8399.63
CRI	0.64	1.17	1.82	1.52	19506.87	PAN	0.34	1.56	4.55	1.66	23878.53
CYP	0.15	1.41	9.35	1.48	58532.45	PER	0.41	1.22	3.00	1.41	14222.81
DEU	0.15	1.36	9.18	1.36	61499.54	PHL	0.26	1.45	5.61	1.61	10439.46
DNK	0.18	1.22	6.64	1.21	61630.58	POL	0.07	1.12	16.70	1.10	32674.45
DOM	0.65	1.01	1.54	1.37	17701.40	PRT	0.43	1.05	2.46	1.46	39354.34
ECU	0.55	1.15	2.09	1.48	12197.33	PRY	0.59	1.20	2.05	1.51	8060.55

续表

Code	L_u	L_s	L_s/L_u	w_s/w_u	y	Code	L_u	L_s	L_s/L_u	w_s/w_u	y
ESP	0.36	1.28	3.57	1.68	58486.88	SGP	0.37	1.21	3.29	1.57	59148.18
GBR	0.29	1.49	5.13	1.47	64376.46	SLV	0.75	1.13	1.51	1.47	1128.93
GRC	0.15	1.09	7.14	1.11	51515.44	SWE	0.11	1.16	10.87	1.11	62590.53
GTM	0.79	0.89	1.13	1.77	12011.51	THA	0.56	1.21	2.17	1.44	12321.15
HND	0.80	1.13	1.42	1.99	7086.19	URY	0.47	1.25	2.63	1.43	27724.81
HUN	0.31	1.19	3.90	1.17	33625.46	USA	0.06	1.82	28.36	1.45	81404.35
IDN	0.57	1.03	1.82	1.97	7009.66	VEN	0.51	1.17	2.30	1.40	18941.58

整体来看，发达地区的技能劳动相对于非技能劳动较为丰裕，而技能溢价水平偏低；相反地，对于欠发达地区而言，技能劳动相对非技能劳动仍然较为稀缺，而技能溢价水平较高。为进一步剖析各个指标变量之间的内在联系，表5-10列示了不同指标间的相关系数。如表5-10所示，劳均GDP与劳均物质资本投入和技能劳动投入之间存在较强的正相关性，$\log y$与$\log k$之间的相关系数高达0.9649，而$\log y$与$\log L_s$之间的相关系数也接近0.5；同时，劳均GDP与非技能劳动投入和技能溢价具有较强的负相关关系，$\log y$与$\log L_u$之间的相关系数达-0.7288，而$\log y$与$\log(w_s/w_u)$之间的相关系数约为-0.3555。同时，由于蕴含在资本设备投资中的技术进步与技能劳动相耦合，劳均物质资本存量$\log k$与技能劳动$\log L_s$之间存在较强的正相关，二者的相关系数达0.4894，与之相对的是劳均物质资本存量$\log k$与非技能劳动$\log L_u$之间的相关系数为-0.7203。由于非技能劳动相对于技能劳动的增加，将提高技能溢价，因而技能溢价$\log(w_s/w_u)$与非技能劳动$\log L_u$的相关系数达0.5036。

表5-10 变量指标间的相关系数矩阵

	$\log y$	$\log k$	$\log L_u$	$\log L_s$	$\log(w_s/w_u)$
$\log y$	1.0000				

续表

	log y	log k	log L_u	log L_s	log(w_s/w_u)
log k	0.9649 (0.0000)	1.0000			
log L_u	-0.7288 (0.0000)	-0.7203 (0.0000)	1.0000 (0.0000)		
log L_s	0.4794 (0.0006)	0.4894 (0.0004)	-0.5531 (0.0000)	1.0000	
log(w_s/w_u)	-0.3555 (0.0131)	-0.3757 (0.0085)	0.5036 (0.0003)	0.0159 (0.9148)	1.0000

三、技术选择与异质性劳动要素适宜性的检验

在此基础上,根据式(5-13)和式(5-14)测算技能劳动增进型技术进步A_s和非技能劳动增进型技术进步A_u,还需要校准资本要素投入份额α,及技能劳动与非技能劳动之间的要素替代弹性ε。根据传统文献的通用做法,本书将资本的投入份额α设定为1/3;再参考技能溢价与工资不平等的相关文献(Acemoglu,2002;Autor等,1998;Katz和Murphy,1999,1992),本书将技能劳动与非技能劳动间的要素替代弹性设定为1.4,即在生产过程中技能劳动与非技能劳动呈相互替代关系。利用劳均GDP y、劳均物质资本存量k、技能劳动供给L_s和非技能劳动供给L_u的截面数据,可测算得到2000年世界48个国家技能劳动增进型技术进步A_s和非技能劳动增进型技术进步A_u(见表5-11)。首先,对比技能劳动增进型技术进步A_s和非技能劳动增进型技术进步A_u的整体水平,前者48个国家的均值水平为10453.19,而后者的均值水平仅为101.68,说明技能劳动的要素技术效率远高于非技能劳动。同时,技能增进型技术进步A_s的离散程度也远大于非技能劳动增进型技术进步A_u,二者的标准差分别为9347.38和104.50,不同国家技能劳动要素技术效率的差距远大于非技能劳动。不仅如此,技

能劳动增进型技术进步与非技能劳动增进型技术进步之比的平均值为892.10，标准差则约为2917.48。

表 5-11 48 个国家技能和非技能劳动要素技术效率

No.	Code	A_u	A_s	A_s/A_u
1	ARG	21.127	6013.167	284.621
2	AUS	19.280	22234.540	1153.214
3	AUT	92.478	22829.150	246.862
4	BOL	130.996	1322.409	10.095
5	BRA	123.315	2577.519	20.902
6	BWA	91.831	6257.349	68.140
7	CAN	6.659	29711.440	4461.923
8	CHE	33.868	19150.010	565.427
9	CHL	87.035	5384.033	61.861
10	CHN	76.070	1534.438	20.171
11	COL	123.650	3378.955	27.327
12	CRI	233.751	4527.269	19.368
13	CYP	16.121	16997.550	1054.378
14	DEU	26.643	20005.560	750.869
15	DNK	88.921	19476.690	219.033
16	DOM	337.956	2967.026	8.779
17	ECU	80.653	2010.124	24.923
18	ESP	109.102	16244.870	148.897
19	GBR	86.673	20098.800	231.891
20	GRC	92.082	18335.990	199.126
21	GTM	275.890	2736.361	9.918
22	HND	53.754	1434.189	26.681
23	HUN	163.968	8477.575	51.703
24	IDN	38.914	1888.283	48.525
25	IND	121.396	941.475	7.755
26	IRL	67.312	35685.470	530.149
27	ISR	149.104	17185.720	115.260
28	ITA	594.986	16627.280	27.946
29	JAM	17.245	3791.800	219.882

续表

No.	Code	A_u	A_s	A_s/A_u
30	KEN	107.531	699.805	6.508
31	KOR	1.112	14201.130	12772.408
32	MEX	67.756	8176.946	120.682
33	MYS	93.213	6271.283	67.279
34	NLD	64.579	23740.330	367.614
35	PAK	202.835	1605.294	7.914
36	PAN	29.327	7543.197	257.212
37	PER	53.953	2753.251	51.031
38	PHL	7.759	3060.238	394.411
39	POL	9.265	14779.540	1595.185
40	PRT	262.698	9285.521	35.347
41	PRY	61.935	1578.532	25.487
42	SGP	158.537	15150.470	95.564
43	SLV	13.666	147.650	10.804
44	SWE	49.213	27583.810	560.497
45	THA	74.426	1854.549	24.918
46	URY	135.966	5370.189	39.497
47	USA	1.581	24898.350	15746.829
48	VEN	124.582	3227.959	25.910
	均值	101.681	10453.189	892.098
	标准差	104.503	9347.383	2917.475
	$\log y$ 回归系数	-0.075 (0.508)	0.790*** (0.000)	0.351*** (0.000)

其次，检验各国技术进步是否显示技能劳动增进形态，并判定技术进步是呈现相对技能（非技能）劳动增进形态抑或绝对技能（非技能）增进形态。考察不同国家的技能劳动增进型技术进步 A_s、技能劳动与非技能劳动增进型技术进步之比 A_s/A_u 和非技能劳动增进型技术进步 A_u 与以劳均 GDP 表征的收入水平之间存在的关系。令对数形式的技能劳动增进型技术进步 $\log A_s$ 对劳均 GDP 即 $\log y$ 进行拟合回归，如图 5-9 所示。技能劳动增进型

技术进步 $\log A_s$ 对 $\log y$ 呈显著的正向关系，回归系数 0.790 且显著性水平达 1%，即随着劳均 GDP 的增加，技能劳动增进型技术进步提升；不仅如此，进一步利用相对技能劳动增进型技术进步 $\log(A_s/A_u)$ 对 $\log y$ 进行回归，回归系数显示 0.351，且显著性水平达 1%，暗示随着一国经济发展水平的提高，该国的技能劳动增进型技术进步 A_s 和相对技能劳动增进型技术进步 A_s/A_u 均呈上升趋势，表明不同国家技术进步呈现技能劳动增进形态。

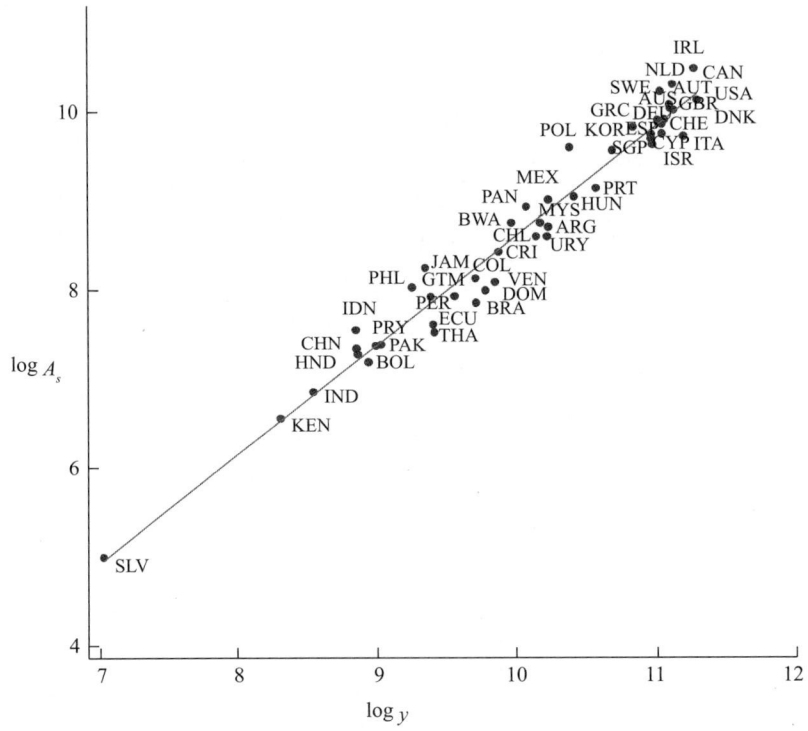

图 5-9 劳均 GDP $\log y$ 对技能劳动要素技术效率 $\log A_s$ 的散点图

再以非技能劳动增进型技术进步 $\log A_u$ 对人均收入水平 $\log y$ 进行拟合回归，如图 5-10 所示，非技能劳动增进型技术进步 $\log A_u$ 和经济发展水平 $\log y$ 二者的关系为负向，但回归系数 -0.075 却未达到显著性水平。随着劳均 GDP 的增加，非技能劳动增进型技术进步呈下降趋势 A_u，也表明不同国家的技术进步为绝对技能增进形态。这说明，不同国家根据本国要素

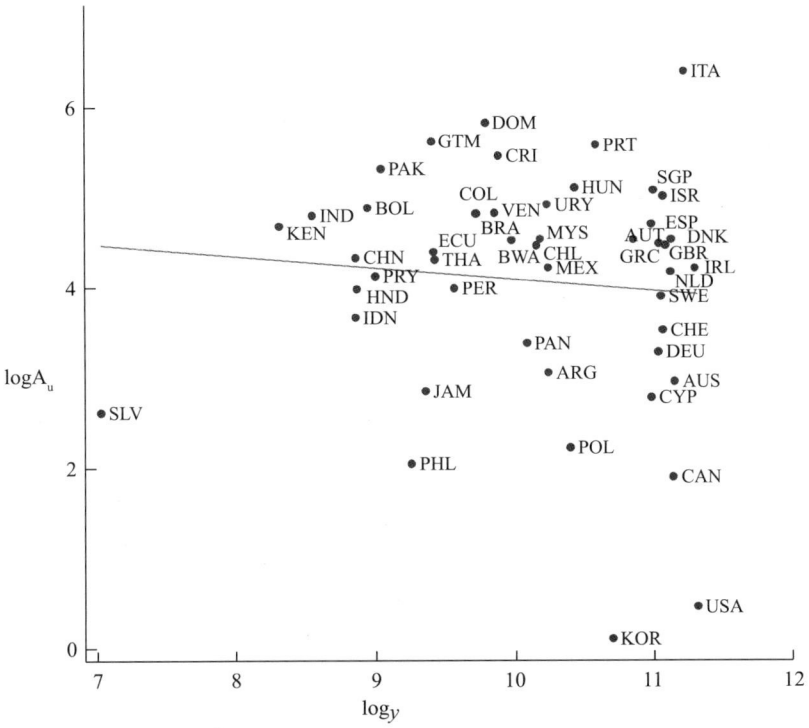

图 5-10　劳均 GDP log y 对非技能劳动要素技术效率 log A_u 的散点图

禀赋选择使用适宜性的技术，发达国家的技能劳动要素禀赋丰裕而非技能劳动要素相对稀缺，而后发国家则具有丰裕的非技能劳动，但技能劳动要素禀赋相对稀缺，因此发达国家的技能劳动要素技术效率高于后发国家，而后发国家的非技能劳动要素技术效率高于发达国家。随着一国收入水平的提高，该国的技能劳动增进型技术进步 A_s 有所增加，且技能劳动增进型技术进步与非技能劳动增进型技术进步 A_s/A_u 之比呈上升趋势，但非技能劳动增进型技术进步 A_u 却发生下降。

按照式（5-13），以技能劳动与非技能劳动要素禀赋之比 $\log(L_{si}/L_{ui})$ 对技能劳动增进型技术进步与非技能劳动增进型技术进步之比的对数 $\log(A_{si}/A_{ui})$ 进行回归，估算得到系数 $((\varepsilon-1)/[\varepsilon(\varphi-1)+1])$，并结合技能劳动与非技能劳动要素替代弹性 $\varepsilon=1.4$ 的经验事实，可估算得到不变参数 φ；再根据横截面回归的残差及已求解的参数 φ、ε 可测算获取不同国家的参数 ψ_i。在此基础上，根据技能劳动增进型技术进步 A_{si}、非技能劳动增进型技术进步 A_{ui} 和参数 φ、ψ_i 可计算不同国家技术前沿面与原点的距离 T_i。利用 48 个国家 2000 年的截面数据，估算得到的参数 φ 约为 0.3775，显著性水平达到 1%，再结合图 5-11 所列的各国方程残差估算参数 ψ_i，最后据此测算不同国家的技术水平 T_i。

图 5-12 列出了 48 个国家的技术前沿面，横轴代表对数形式的非技能劳动增进型技术进步 $\log A_u$，而纵轴代表对数形式的技能劳动增进型技术进步 $\log A_s$，而每点与原点的距离代表该国技术水平。因而不同国家的技术前沿面不仅反映了该国对技能劳动和非技能劳动增进型技术进步的选择，还体现了该国的技术水平 T_i。观察图 5-12 可知：

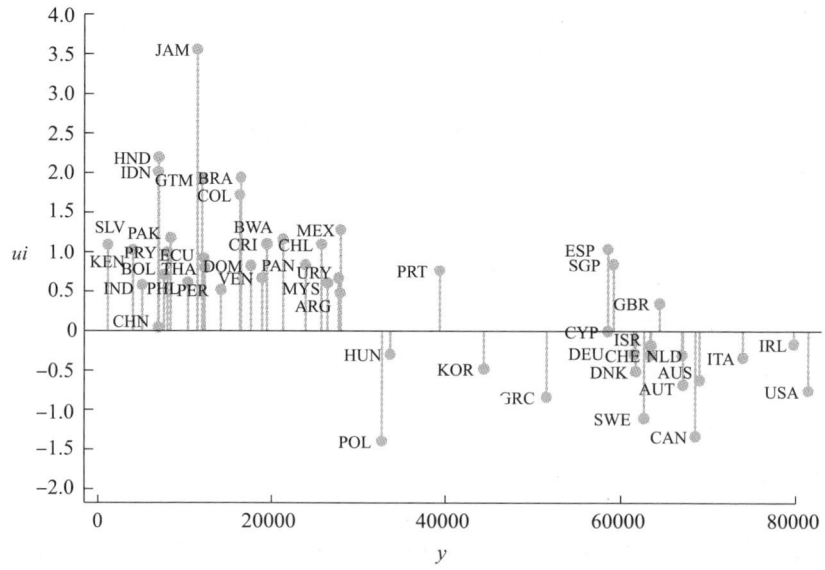

图 5-11　按劳均 GDP 排序的不同国家的方程残差

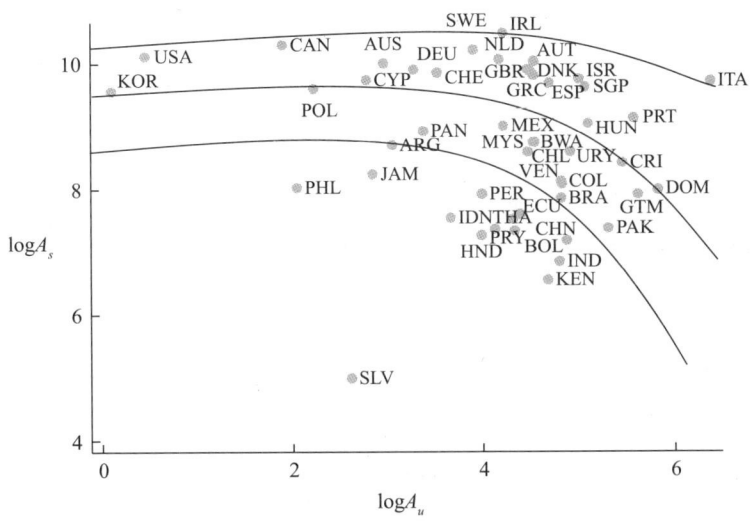

图 5-12 不同国家的技术前沿面

首先，人均收入水平较高的国家，其技术前沿面与原点的距离较远，整体技术水平 T_i 较高。如图 5-12 所示，所有 48 个国家的技术前沿分布在内中外三条曲线两侧，三条曲线与原点的距离依次递增，处于内技术前沿面的国家多为后发国家，如中国、印度、菲律宾、牙买加、巴西、印度尼西亚、洪都拉斯、肯尼亚和萨尔瓦多等，尤其是代表萨尔瓦多的点距原点位置最近，该国 2000 年劳均 GDP 仅为 1128.93 国际元，整体技术水平 T_i 较低。而处于中技术前沿面的国家多为中等收入国家，如韩国、智利、波兰、塞浦路斯和乌拉圭等国家。而处于外技术前沿面的国家则多为发达国家，如美国、加拿大、澳大利亚、奥地利、瑞士、新加坡和德国等人均收入水平较高的国家。同时，检验整体技术水平 T_i 序列与劳均 GDP 序列二者的相关系数达到 0.95 以上。这进一步验证高收入国家的技术水平较高，而低收入国家的技术前沿面偏低。

其次，观察分布在三条技术前沿曲线内部的点的位置，笔者发现，在技术前沿曲线内部的点，多集中在 XY 平面的右下侧，而随着技术前沿面的外移，代表不同国家技术选择的散点逐渐向左上方向集中。这表明，处于低技术前沿面的后发国家多选择非技能劳动技术效率高而技能劳动技术效率偏低的技术组合，这与该类国家技能劳动相对稀缺而非技能劳动相对丰裕的要素禀赋相适配。而发达国家则根据自身技能劳动丰裕但非技能劳动稀缺的要素禀赋，选择与之匹配的技能劳动要素技术效率偏高、低非技能劳动要素技术效率偏低的技术形态。也存在例外情况，如韩国虽然属于中等收入国家，但却选择了技能劳动技术效率高而非技能劳动技术效率低的技术形态，这与该国主要通过技术引进、加快资本和技能劳动的积累，再推进产业结构合理化实现技术升级的选择有关。

四、技术选择与异质性劳动要素适宜性对经济增长作用的检验

本节根据式（5-14）和式（5-15）测算各个国家若处于世界技术前沿面上，并根据本国要素禀赋所选择的技能和非技能劳动要素技术效率组合（A_{si}^{at}, A_{ui}^{at}），再利用式（5-16）测算该要素效率组合下的适宜性技术产出 y_i^{at}；再根据式（5-17）确定，若选择与美国技能劳动与非技能劳动要素禀赋结构相匹配的技术组合（A_{si}^{us}, A_{ui}^{us}）后的前沿技术产出 y_i^{us}，并对比采用适宜性前沿技术与采用非适宜前沿技术的产出差异。

对适宜性技术产出 y_i^{at} 与实际劳均产出作差 y_i 可得劳均产出变化量 Δy，如式（5-18）所示；并将劳均产出的变化量 Δy 分解成两项，技术进步效应和适宜性技术选择效应，对比由现阶段的技术前沿面转向世界技术前沿面后劳均产出的改善，和在世界技术前沿面上生产点由与要素禀赋具有非适宜性特征的要素技术效率组合转向与要素禀赋具有适宜性特征的要素技术效率组合后劳均产出的改善程度。再结合式（5-19），分别测算技术进步（TCC）和适宜性技术选择（ATC）对劳均产出变化量 Δy 的贡献，结果如表5-12所示。

第五章　后发国家适宜性技术选择及其对经济增长作用的实证检验

表 5-12　适宜性技术选择和技术进步对劳均产出增量 Δy 的贡献

No.	Code	y	y^{us}	y^{at}	Δy^{us}	Δy^{at}	Δy	TCC	ATC
1	ARG	27903.61	85398.45	86981.50	57494.83	1583.06	59077.89	97.32%	2.68%
2	AUS	68931.40	97981.34	98645.62	29049.94	664.28	29714.22	97.76%	2.24%
3	AUT	67032.99	84756.56	86749.26	17723.56	1992.70	19716.27	89.89%	10.11%
4	BOL	7638.95	36885.42	41882.81	29246.47	4997.39	34243.86	85.41%	14.59%
5	BRA	16572.32	57560.68	63285.65	40988.36	5724.98	46713.33	87.74%	12.26%
6	BWA	21339.94	52896.51	55543.83	31556.57	2647.32	34203.89	92.26%	7.74%
7	CAN	68462.35	84498.32	84788.06	16035.97	289.74	16325.71	98.23%	1.77%
8	CHE	63319.46	95284.75	96414.25	31965.29	1129.50	33094.79	96.59%	3.41%
9	CHL	25690.10	69472.46	73164.38	43782.35	3691.92	47474.28	92.22%	7.78%
10	CHN	7018.14	37211.50	40765.03	30193.36	3553.53	33746.89	89.47%	10.53%
11	COL	16498.42	51252.05	55640.21	34753.62	4388.16	39141.79	88.79%	11.21%
12	CRI	19506.87	47571.36	52365.40	28064.49	4794.04	32858.52	85.41%	14.59%
13	CYP	58532.45	98620.12	99137.69	40087.68	517.56	40605.24	98.73%	1.27%
14	DEU	61499.54	91438.76	92256.01	29939.22	817.25	30756.47	97.34%	2.66%
15	DNK	61630.58	85491.42	87634.85	23860.85	2143.42	26004.27	91.76%	8.24%
16	DOM	17701.40	47717.86	54652.58	30016.46	6934.72	36951.17	81.23%	18.77%
17	ECU	12197.33	54364.59	59154.44	42167.26	4789.85	46957.11	89.80%	10.20%
18	ESP	58486.88	85483.64	88010.33	26996.76	2526.68	29523.45	91.44%	8.56%
19	GBR	64376.45	86650.95	88575.81	22274.49	1924.86	24199.35	92.05%	7.95%
20	GRC	51515.44	74126.07	76142.29	22610.63	2016.22	24626.85	91.81%	8.19%
21	GTM	12011.51	33174.71	37937.94	21163.21	4763.23	25926.44	81.63%	18.37%
22	HND	7086.19	37991.85	41323.84	30905.66	3331.99	34237.65	90.27%	9.73%
23	HUN	33625.45	68155.07	72147.48	34529.62	3992.41	38522.02	89.64%	10.36%
24	IDN	7009.66	35496.24	37691.86	28486.58	2195.63	30682.20	92.84%	7.16%
25	IND	5141.32	29207.60	33650.12	24066.28	4442.52	28508.80	84.42%	15.58%
26	IRL	79714.75	78746.57	79700.90	-968.18	954.33	-13.85	50.36%	49.64%
27	ISR	63339.50	88831.40	92115.14	25491.90	3283.74	28775.64	88.59%	11.41%
28	ITA	73855.26	86431.59	93361.03	12576.33	6929.43	19505.76	64.47%	35.53%
29	JAM	11504.51	44012.85	44680.50	32508.34	667.65	33175.99	97.99%	2.01%
30	KEN	4069.89	26082.45	30454.50	22012.56	4372.04	26384.60	83.43%	16.57%
31	KOR	44337.54	91463.92	91366.44	47126.38	-97.49	47028.90	99.79%	0.21%
32	MEX	27972.51	62615.95	64749.07	34643.45	2133.12	36776.57	94.20%	5.80%
33	MYS	26398.01	66284.99	69638.28	39886.98	3353.28	43240.27	92.24%	7.76%
34	NLD	66916.77	84648.07	86075.99	17731.30	1427.92	19159.22	92.55%	7.45%
35	PAK	8399.63	32437.27	37449.48	24037.64	5012.21	29049.85	82.75%	17.25%
36	PAN	23878.53	61884.31	63079.64	38005.78	1195.32	39201.11	96.95%	3.05%

续表

No.	Code	y	y^{us}	y^{at}	Δy^{us}	Δy^{at}	Δy	TCC	ATC
37	PER	14222.81	59415.64	62941.58	45192.83	3525.93	48718.76	92.76%	7.24%
38	PHL	10439.46	51429.07	52120.39	40989.61	691.32	41680.93	98.34%	1.66%
39	POL	32674.45	62129.94	62591.75	29455.49	461.81	29917.30	98.46%	1.54%
40	PRT	39354.34	68063.29	73037.51	28708.94	4974.22	33683.16	85.23%	14.77%
41	PRY	8060.55	42267.94	45953.57	34207.38	3685.63	37893.02	90.27%	9.73%
42	SGP	59148.18	86073.22	89569.46	26925.04	3496.24	30421.28	88.51%	11.49%
43	SLV	1128.93	23428.76	26556.09	22299.83	3127.33	25427.16	87.70%	12.30%
44	SWE	62590.53	74387.99	75446.33	11797.45	1058.35	12855.80	91.77%	8.23%
45	THA	12321.15	58257.06	63374.85	45935.91	5117.79	51053.70	89.98%	10.02%
46	URY	27724.81	70736.47	75587.62	43011.66	4851.15	47862.81	89.86%	10.14%
47	USA	81404.35	115919.95	115919.95	34515.60	0.00	34515.60	100.00%	0.00%
48	VEN	18941.58	62721.83	68098.88	43780.25	5377.05	49157.31	89.06%	10.94%

首先，不同国家采用世界技术前沿面且与该国技能劳动与非技能劳动要素禀赋相适宜的技术后，劳均产出改善的总量 Δy 与该国初始劳均 GDP 呈反向关系，如图 5-13 所示，同时二者的相关系数约为 -0.50。对比采用同为与本国要素禀赋相适宜的前沿技术和非前沿技术后的产出变化量，可知后发国家通过消除技术引进障碍，并根据本国要素禀赋对发达国家前沿技术进行充分吸收和改造后，可使本国劳均产出大幅提升；而与之相对的是，基于发达国家本身的整体技术水平较高，这类国家地区通过引进和吸收世界前沿技术，获取的劳均产出的改善程度反而偏低。

其次，适宜性技术选择效应引致的不同国家劳均产出的变化量 Δy_i^{at} 与该国的初始劳均 GDP 呈反向关系。若各国由完全引进美国前沿技术转向根据本国技能与非技能劳动要素禀赋对美国前沿技术进行改造和吸收后，后发国家劳均产出的改进程度超过发达国家。这是因为包括加拿大、英国等在内的发达国家，其技能劳动和非技能劳动要素禀赋本身与美国较为相似，对比采用美国前沿技术与根据本国要素禀赋改造的前沿技术后的劳均产出变化程度较小。

第五章 后发国家适宜性技术选择及其对经济增长作用的实证检验

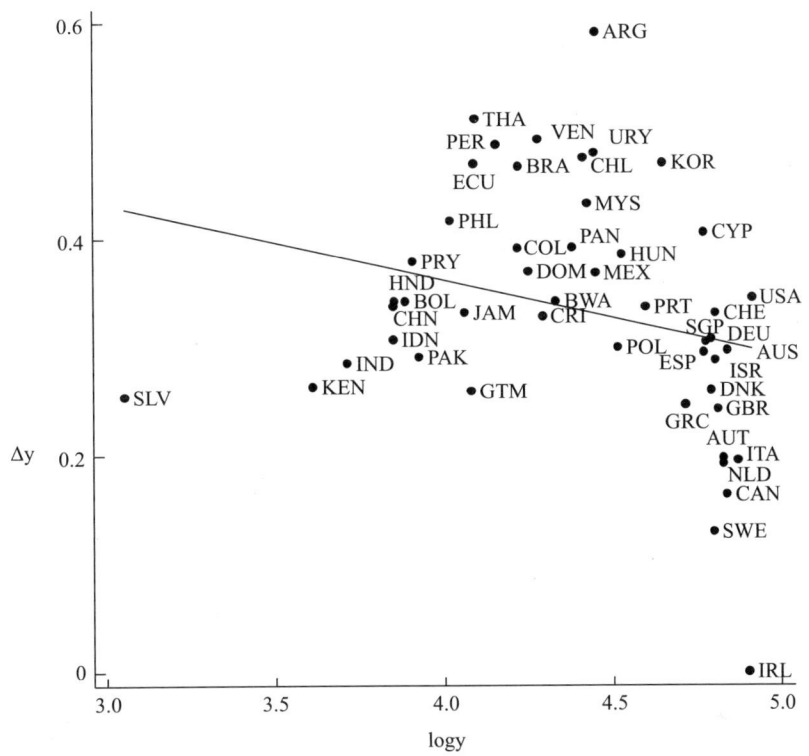

图 5-13　劳均 GDP 即 logy 对采用适宜性前沿技术后产出变化量 Δy 的散点图

图 5-14 显示 48 个国家对数形式的劳均 GDP 对前沿技术产出与适宜性技术产出之比的散点图及拟合曲线，二者也验证了这一结论。基于此，适宜性技术选择效应 Δy_i^{ai} 对劳均产出变化量 Δy 的贡献也与该国的初始劳均 GDP 呈反向关系，由于低收入国家与美国的技能劳动和非技能劳动要素禀赋结构差距较大，该类国家适宜性技术选择效应对劳均产出的变化贡献率较高，如玻利维亚适宜性技术选择的贡献率达 14.59%，巴基斯坦适宜性技术选择对劳均产出的变化贡献率达 17.25%，多米尼加适宜性技术选择的贡献率则高达 18.77%；而高收入国家基于其劳动要素禀赋与美国相似，故而其重新选择与本国劳动要素禀赋相匹配的技术后劳均产出的改善程度并不大，如加拿大、瑞士、波兰和德国等国家的适宜性选择效应对劳均产

出变化量的贡献均不足 5%。但整体来说，48 个国家适宜性技术选择效应 Δy_i^{at} 对劳均产出变化量 Δy 的贡献均值为 10%。

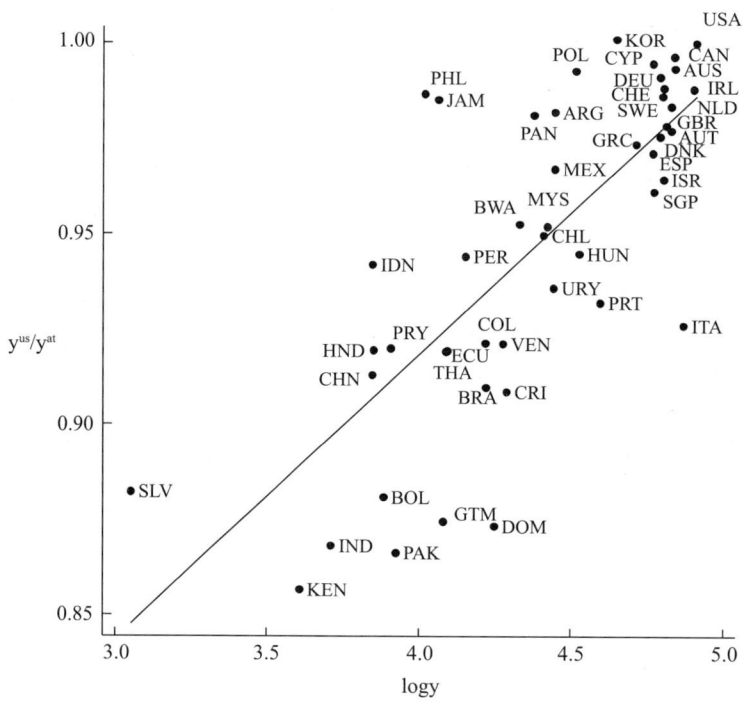

图 5-13　劳均 GDP 即 log y 对采用非适宜性技术与适宜性技术产出比 y^{us}/y^{at} 的散点图

第三节
本章小结

本章首先通过建立技术选择与资本和劳动要素结构的适宜性评价指标体系，测算后发国家的要素技术效率和技术进步偏向性指数，并以发达国

家为对照组,发现:后发国家的初始劳动和资本的要素技术效率较低,但劳动要素技术效率出现十分显著的增长,技术进步大体上表现为相对劳动增进形态。这表明技术贸易的发展打破技术引进障碍,使后发国家与发达国家的技术选择同构性特征显著。尤其是后发国家凭借前沿技术的引进,并根据本国丰裕的劳动要素禀赋,充分吸收和改良前沿技术,使劳动要素技术效率大幅提升,以此获得显著的技术溢出效应。再结合要素替代弹性,发现后发国家的技术进步亦偏向于资本,更加倾向于选择多使用资本的技术。但源于后发国家生产过程中的资本与劳动的互补性偏弱,虽然该类国家技术进步的劳动增进强度高于发达国家,但偏向资本的程度反而弱于发达国家。

利用前沿技术产出和引进技术产出等指标,横向对比无技术吸收障碍条件下后发国家和发达国家采用美国前沿技术后的经济增长,与美国具有较大技术差距的后发国家,其资本和劳动要素结构与美国存在互补性特征,通过技术引进可获得大幅度的最终产出提升,选择技术引进实现技术升级更优。而与美国具有较小技术差距或技术水平超越美国的发达国家,同时与美国具有相似的资本和劳动要素结构,通过引进美国前沿技术获取的产出提升有限,选择自主创新更为适宜。进一步测算并对比在技术吸收障碍条件下后发国家和发达国家,采用前沿技术后获得的产出增量。大多数后发国家仍处于通过引进前沿技术实现经济增长的上升通道;而小部分发达国家的技术水平接近世界技术前沿面,虽难以通过技术引进实现经济增长,但引进技术后的产出基本与实际产出持平,即使作为技术追随国也不至于引致经济衰退。在此基础上,测算后发国家的引进技术产出,纵向对比后发国家在引进和吸收不同国家技术后的经济增长,发现后发国家在进行适宜技术选择时,资本与劳动要素结构和技术水平均存在门槛效应。当技术输出国的资本劳动投入比和技术水平恰好处于技术门槛区间时,后发国家通过技术引进和模仿创新可实现产出增量的最大化。

其次，再测算后发国家的技能劳动和非技能劳动要素技术效率，并以发达国家为对照，甄别其技术选择的适宜性。发现不同国家的技术进步大体上呈现绝对技能劳动增进形态，随着一国收入水平的提高，该国的技能劳动要素技术效率有所增加，但非技能劳动要素技术效率却发生下降。表明后发国家根据本国非技能劳动丰裕而技能劳动相对稀缺的要素禀赋选择了适宜性技术，利用非技能劳动的技术效率高于发达国家，但利用技能劳动的技术效率低于发达国家。并基于此，测算不同国家的适宜性技术产出与该国初始劳均 GDP 呈反向关系，表明后发国家通过消除技术引进障碍，并根据本国要素禀赋对发达国家前沿技术进行充分吸收和改造后，可使本国劳均产出大幅提升。对比后发国家与发达国家技术进步效应和适宜性技术选择效应对经济增长的贡献发现，因发达国家劳动要素禀赋结构与美国较为相似，发达国家的适宜性技术选择效应偏低，而基于后发国家与美国具有互补的要素结构，因而其适宜性技术选择效应高。适宜性技术选择效应对经济增长的平均贡献率约为 10%。

后发国家的技术变迁路径及其对经济增长作用的数值模拟

上一章从资本和劳动要素禀赋结构，技能劳动与非技能劳动要素结构的视角检验了后发技术选择的适宜性，并对比了通过前沿技术引进和适宜性技术引进实现的经济增长。然而，随着后发国家要素积累的深化和技术水平的提升，该国始终将走上由技术引进转向自主创新的变迁路径。但后发国家能否完成由技术引进向自主创新的变迁，还是将陷入技术的"低水平均衡陷阱"？为此，本章沿用第三章包含自主创新和模仿创新的质量提升型技术进步模型，考察后发国家由技术引进逐渐转向自主创新的技术变迁路径，分析两种技术进步方式对经济增长的贡献率，及其向世界技术前沿面收敛的机制。

第一节
参数校准和数据来源说明

首先对模型的参数进行校准，通过式（3-25）测算技术水平 A，在此以就业人数和资本形成总额表征劳动力和资本要素投入，产出以国内生产总值表征，这些数据源于历年《中国统计年鉴》。结合中国 1978~2013 年要素收入份额的数据，将劳动要素收入份额设为 2/3，即 $\alpha=1/3$，据此测算中国 1978~2013 年的技术水平 A 和技术进步率 g。沿用第四章理论模型的设定，引入技术差距的逆向指标即相对技术水平 a，表征中国与世界技术前沿面间的技术距离。此外，文献测算技术差距的具体指标包括：内外资企业人均资本存量之比（亓朋等，2009）、资本密集度差距（贺灿飞和潘峰华，2006）、中美全要素生产率（王华等，2012）、劳动生产率差距、人均 GDP 之比（傅晓霞和吴利学，2012；Fagerberg，1994；Chen 和 Puttitanun，2005）和研发经费占 GDP 比重（吉亚辉和祝凤文，2011）。本书选择中美人均 GDP 之比来测算中国相对技术水平，数据来源于世界银行的世界发展指标数据库，结果如表 6-1 所示。

表 6-1　参数校准结果

参数	λ_D	$\bar{g}$	n	α	ζ_D	ζ_F	$L(0)$	θ
$\lambda_F=0.16$	1.00	0.02	0.01	0.33	0.0738	0.0738	1.00	0.0741
$\lambda_F=1.20$	1.00	0.02	0.01	0.33	0.0746	0.0746	1.00	0.0741
$\lambda_F=0.50$	1.00	0.02	0.01	0.33	0.0744	0.0744	1.00	0.0741

依据相关文献的通用做法,将世界技术前沿面即发达国家的技术进步率设定为0.02(Acemoglu和Cao,2015;Barro和Sala-i-Martin,2004)。将基期劳动力投入$L(0)$标准化为1,根据中国就业的平均增长率水平,将劳动力投入的增长率n设定为0.01。同时,因上文设定$\alpha=1/3$,由此可测得参数$\theta=0.0741$。自主创新和模仿创新的步长λ_D和λ_F,自主创新和模仿创新的成本参数ζ_D和ζ_F,本书根据Acemoglu等(2012a)的研究将自主创新步长λ_D基准值设定为1,再分别考察自主创新步长大于模仿创新步长、自主创新步长小于模仿创新步长这两种不同情形下各个变量的变化路径。而自主创新和模仿创新成本参数ζ_D和ζ_F难以直接获取,借鉴傅晓霞和吴利学(2013)的研究思路,利用式(3-43)和式(3-45),结合相对技术水平a、技术进步率g和其他参数,可校准不同创新步长情形下的自主创新和模仿创新的成本参数。需要说明的是,笔者并未直接使用2013年相对技术水平a和技术进步率g校准成本参数,而选取2007~2013年上述指标的平均值进行校准,以避免短期波动造成的校准偏误。参数校准结果如表6-1所示。

第二节　后发国家技术变迁路径的数值模拟

一、自主创新和模仿创新路径

笔者考察自主创新步长大于模仿创新步长即$\lambda_D=1.0$和$\lambda_F=0.16$的情况,利用各期技术差距的实际值,模拟中国1990~2013年技术进步率g,

自主创新和模仿创新的增速 g_D 和 g_F，考察技术变迁路径和技术升级过程，如表 6-2 所示。数据显示：在样本期内，中国技术水平持续提升，与世界技术前沿面的技术距离逐渐缩小，1990 年至今相对技术水平翻了 5 倍，表明中国正在不断追赶发达国家。尤其是 1990~2003 年技术进步率较高，年均值保持在 3% 以上，但技术进步率整体呈下降趋势。作为后发国家，中国仍与发达国家之间存在较大的技术差距，2013 年中国相对技术水平仅为 0.2245。当自主创新步长大于模仿创新步长时，自主创新增速为 0.0136，模仿创新增速不断下降，由 1990 年的 0.0214 下降到 2013 年的 0.0111，模仿创新在技术进步率中的贡献份额则由最初的 61.2% 下降到 45.1%，自主创新贡献从 38.8% 上升到 54.9%，表明技术选择正朝自主创新方向发展。

表 6-2　1990~2013 年中国技术自主创新和模仿创新路径

年份	a	A	g_D	g_F	g	年份	a	A	g_D	g_F	g
1990	0.0402	0.2561	0.0136	0.0214	0.0350	2002	0.0907	0.4788	0.0136	0.0171	0.0306
1991	0.0439	0.2756	0.0136	0.0210	0.0346	2003	0.0973	0.4985	0.0136	0.0166	0.0302
1992	0.0485	0.3109	0.0136	0.0205	0.0341	2004	0.1035	0.5145	0.0136	0.0162	0.0298
1993	0.0539	0.3375	0.0136	0.0200	0.0336	2005	0.1119	0.5380	0.0136	0.0157	0.0293
1994	0.0586	0.3578	0.0136	0.0196	0.0331	2006	0.1233	0.5670	0.0136	0.0151	0.0287
1995	0.0634	0.3738	0.0136	0.0192	0.0327	2007	0.1389	0.6060	0.0136	0.0143	0.0279
1996	0.0673	0.3898	0.0136	0.0188	0.0324	2008	0.1533	0.6383	0.0136	0.0137	0.0272
1997	0.0705	0.4044	0.0136	0.0186	0.0321	2009	0.1729	0.6513	0.0136	0.0129	0.0264
1998	0.0729	0.4152	0.0136	0.0184	0.0319	2010	0.1869	0.6633	0.0136	0.0123	0.0259
1999	0.0751	0.4283	0.0136	0.0182	0.0318	2011	0.2016	0.6817	0.0136	0.0118	0.0254
2000	0.0785	0.4452	0.0136	0.0180	0.0315	2012	0.2126	0.6982	0.0136	0.0115	0.0251
2001	0.0844	0.4607	0.0136	0.0175	0.0311	2013	0.2245	0.7095	0.0136	0.0111	0.0247

数据来源：历年《中国统计年鉴》及世界银行的世界发展指标数据库。

进一步考察不同创新步长下，自主创新和模仿创新增速 g_D 和 g_F 的变化趋势，以及对比技术创新步长变化对 g_D 和 g_F 的冲击。为吻合现实，不

妨设初始技术进步 $A(0)$ 和相对技术水平 $a(0)$ 为中国 2007~2013 年技术进步和相对技术水平的平均值，在不同技术创新步长情形下进行多次迭代模拟，结果如图 6-1 和图 6-2 所示。图 6-1 为不同创新步长下自主创新增速 g_D，图 6-2 为不同创新步长下模仿创新的增速 g_F 的变化，从中可探究步长变化对自主创新和模仿创新增速的冲击①。

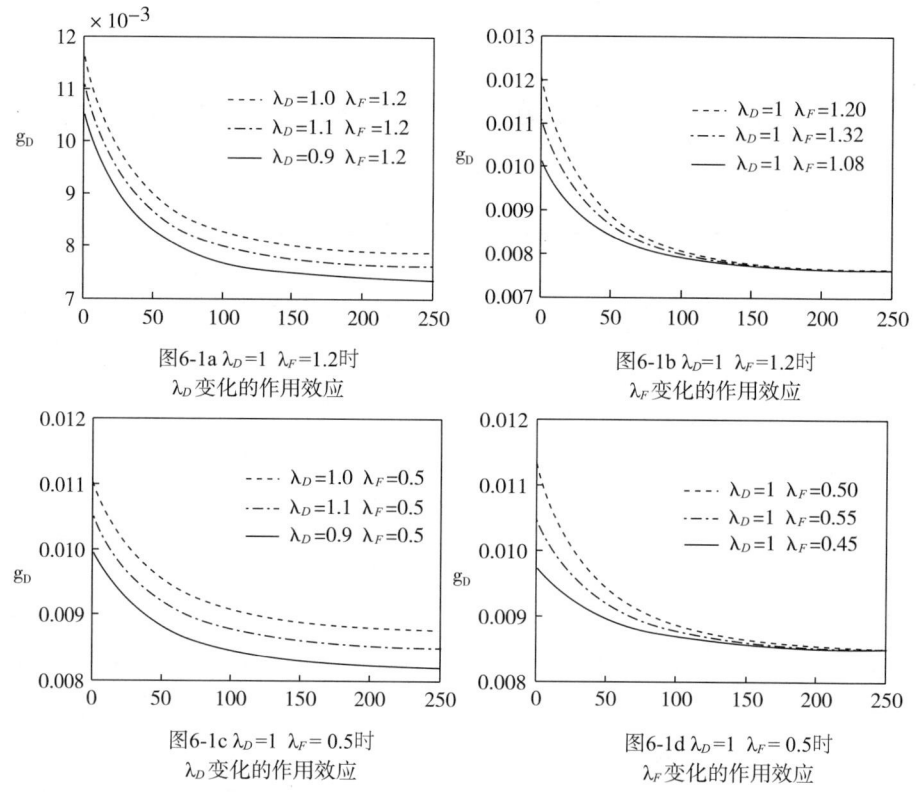

图6-1a $\lambda_D=1$ $\lambda_F=1.2$ 时 λ_D 变化的作用效应

图6-1b $\lambda_D=1$ $\lambda_F=1.2$ 时 λ_F 变化的作用效应

图6-1c $\lambda_D=1$ $\lambda_F=0.5$ 时 λ_D 变化的作用效应

图6-1d $\lambda_D=1$ $\lambda_F=0.5$ 时 λ_F 变化的作用效应

图 6-1　创新步长变化对自主创新的作用效应

图 6-1 和图 6-2 数据显示：第一，自主创新步长对自主创新增速不仅

---

① 此处技术引进步长对自主创新和技术引进形成的冲击，实质是技术引进基准步长变化的冲击，下同。

存在水平作用效应，还具有增长效应①。图 6-1a 和图 6-1b 均显示，自主创新增速在初期达到最大，而后随相对技术水平的提高而逐渐下降，直至趋于稳态。图 6-1a 显示，当 $\lambda_F=1.2$ 时，当 λ_D 由 1.0 分别变化为 1.1 和 0.9 时，初期自主创新分别提高 0.053% 和降低 0.058%，但均衡时自主创新增速仅提高 0.024% 和降低 0.027%。图 6-1c 显示在 $\lambda_F=0.5$ 情形下其结果与图 6-1a 相同，这表明自主创新步长的变化不仅改变各个时点自主创新增速，也影响均衡时创新速率，既存在水平效应，也存在增长效应。

第二，在不同技术创新步长情形下，模仿创新步长对自主创新的影响路径不同，若自主创新步长大于模仿创新步长，如 $\lambda_D=1$ 时，在 $\lambda_F=0.16$，则不存在作用效应。图 6-1b 和图 6-1d 显示，自主创新步长小于模仿创新步长时，自主创新步长不变，λ_F 从 1.20 增大到 1.32，或减小到 1.08 引起初期自主创新增速的变化，但这一作用效应随时间逐渐衰减，在稳态时又恢复到 $\lambda_F=1.20$ 时情形，即模仿创新步长的变化并不影响均衡时的自主创新增速。可见，模仿创新步长变化对自主创新增速仅存在水平效应而无增长效应。

第三，自主创新步长的变化对模仿创新既具有水平效应也具有增长效应，而模仿创新步长对模仿创新仅存在水平效应。图 6-2a、图 6-2c 和图 6-3e 显示，自主创新的步长变化，不仅影响模仿创新初期的水平，也影响均衡增长时的速率。图 6-2c 和图 6-2e 显示，在 $\lambda_F=1.2$ 和 $\lambda_F=0.5$ 的情形下自主创新的步长越大，模仿创新增速期初和均衡时的水平越低，而图 6-2a 的三条线在经过初期的交叉后也显示类似的特征，表明自主创新步长的增加会反向抑制模仿创新，这是因为自主创新步长的增加，将直接提高自主创新的增速，进而提高整体技术进步率和相对技术水平，但相对技术水平的增长，将抑制模仿创新步长的增加，促使技术进步朝自主创新方向发展。图 6-2b、

---

① 考虑自主创新和技术引进对技术进步率的冲击时，研发成本参数保持基准值不变，与下文三种创新步长情形下，研发成本参数进行相应的调整有所不同。

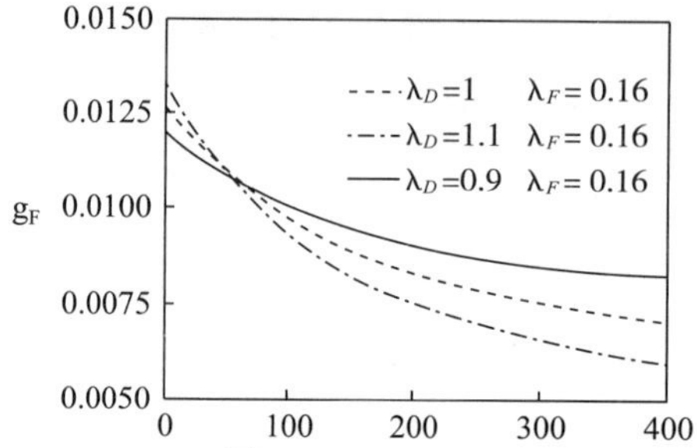

图6-2a $\lambda_D=1$ $\lambda_F=0.16$时
λ_D变化的作用效应

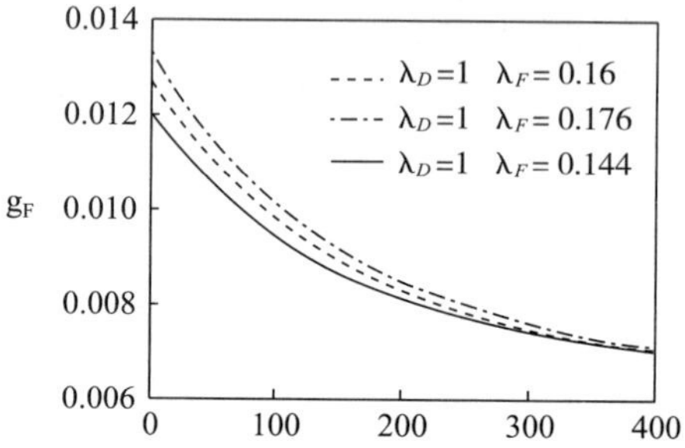

图6-2b $\lambda_D=1$ $\lambda_F=0.16$时
λ_F变化的作用效应

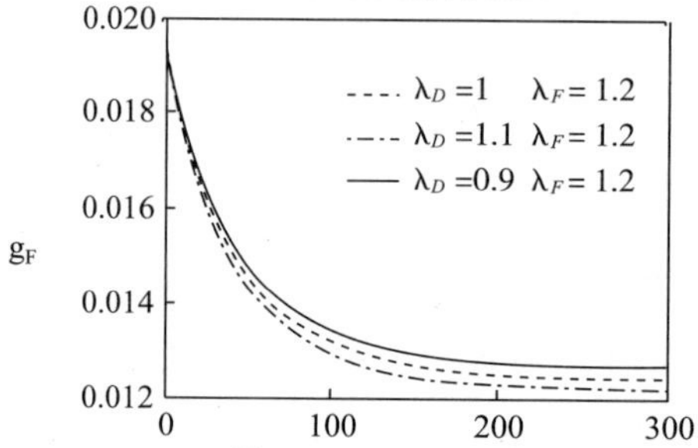

图6-2c $\lambda_D=1$ $\lambda_F=1.2$时
λ_D变化的作用效应

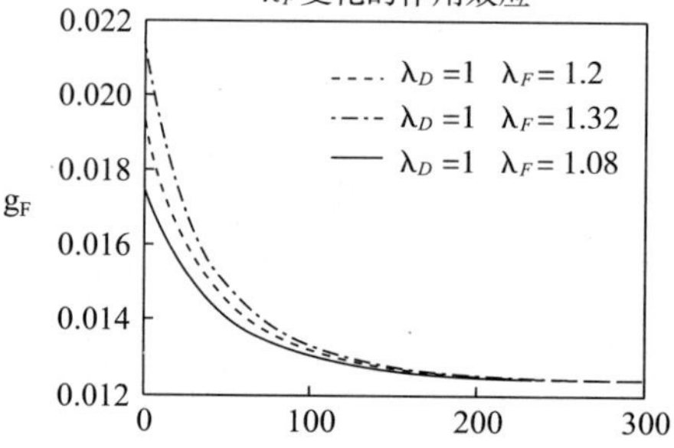

图6-2d $\lambda_D=1$ $\lambda_F=1.2$时
λ_F变化的作用效应

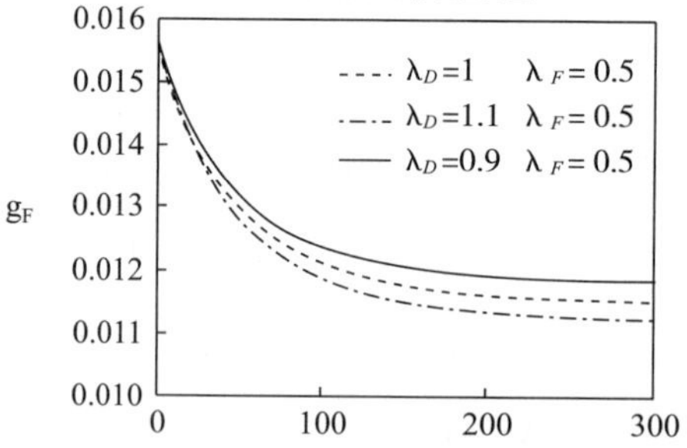

图6-2e $\lambda_D=1$ $\lambda_F=0.5$时
λ_D变化的作用效应

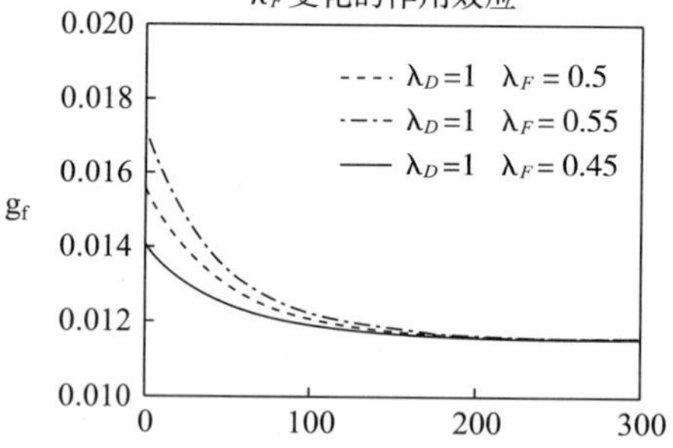

图6-2f $\lambda_D=1$ $\lambda_F=0.5$时
λ_F变化的作用效应

图 6-2 创新步长变化对模仿创新的作用效应

图 6-2d 和图 6-2f 均显示，模仿创新步长的增加只能暂时性地提升模仿创新的增速，不影响均衡时模仿创新增速，这明显有别于自主创新的作用效应。

第四，不同的创新步长下，自主创新和模仿创新收敛于均衡增长路径的速率和指标变化幅度亦不同。当自主创新步长大于模仿创新步长时，自主创新和模仿创新的收敛速度较为缓慢,二者的变化幅度也较大。当自主创新步长小于模仿创新步长时,自主创新和模仿创新的收敛速度较快,二者的变化幅度也相对较小。可见,不同技术创新步长情形下,自主创新和模仿创新步长的变化对技术变迁路径的作用效应吻合理论模型的推论。

二、技术变迁路径

笔者再对比不同创新步长情形下技术进步率变化路径,如图 6-3 所示。数据显示:

第一,在三种不同创新步长下,技术进步率 g 均有向世界前沿技术进步率 $\bar{g}$ 收敛的趋势,但下降幅度随时间减小且收敛速度减慢。不过,这三种情形下技术进步率的收敛时间有所不同,当自主创新步长较大时,技术进步率的收敛时间较长,而自主创新步长小于模仿创新步长时,技术进步率的收敛时间相对较短,这与上文自主创新和模仿创新收敛时间的结论一致。

第二,自主创新和模仿创新的步长变化对技术进步率均形成正向的水平效应,而不存在增长效应。虽然自主创新的步长变化对自主创新和模仿创新都存在增长效应,但因作用相反,故难以对均衡的技术进步率形成增长效应。模仿创新步长的变化则无论对模仿创新还是自主创新,都只形成水平效应,因而对技术进步率的作用难以产生增长效应。

第三,自主创新和模仿创新的步长变化对技术进步率的作用强度不同。当自主创新步长大于模仿创新步长,图 6-3a 显示,自主创新步长增加或减少 10%,技术进步率也将发生同向变化,如第 30 期时技术进步率分别增加 6.32% 或降低 6.34%。模仿创新步长变化对技术进步率的影响明显弱于自主创新,图 6-3d 显示当自主创新步长增加 10% 时,技术进步率在第 50 期时由原来的 0.0245 增加至 0.0259,变化率仅为 5.58%;若模仿创新步长上浮 10%,技术进步率所实现的变化率仅为 1.84%,模仿创新步

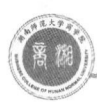

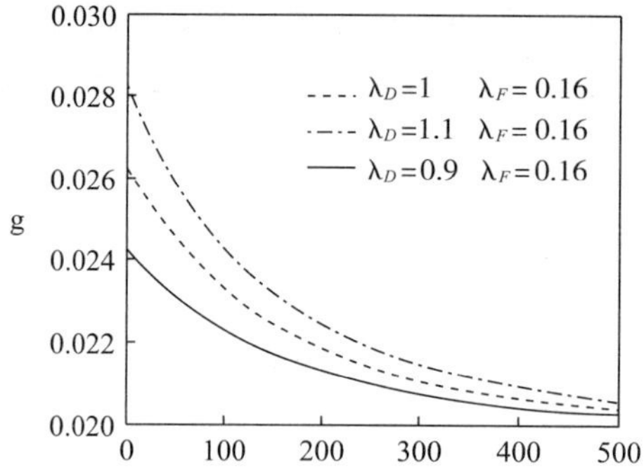

图6-3a $\lambda_D=1$ $\lambda_F=0.16$时 λ_D变化的作用效应

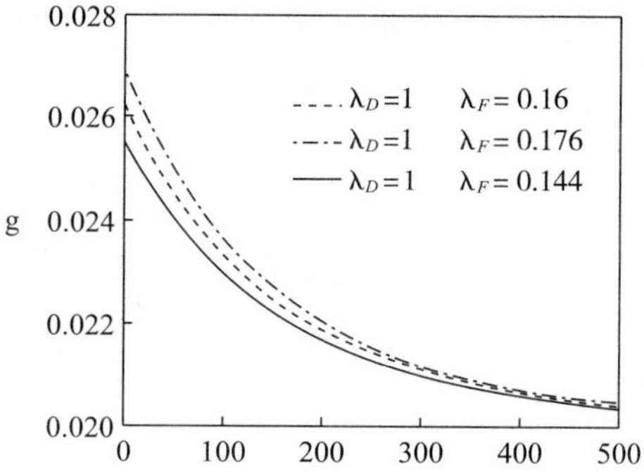

图6-3b $\lambda_D=1$ $\lambda_F=0.16$时 λ_F变化的作用效应

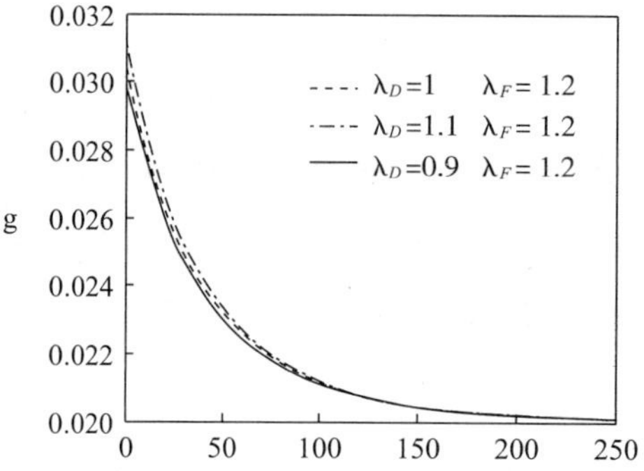

图6-3c $\lambda_D=1$ $\lambda_F=1.2$时 λ_D变化的作用效应

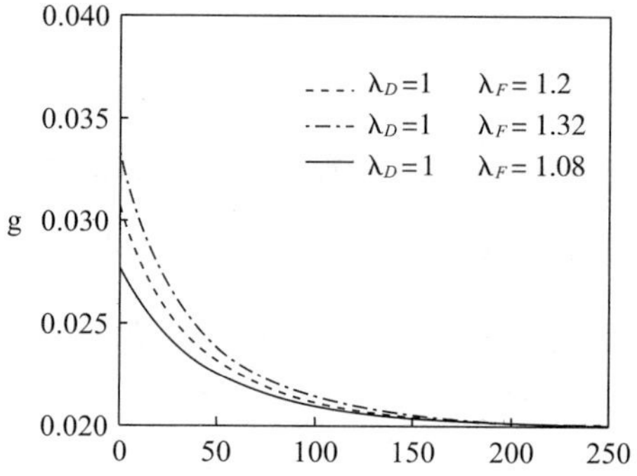

图6-3d $\lambda_D=1$ $\lambda_F=1.2$时 λ_F变化的作用效应

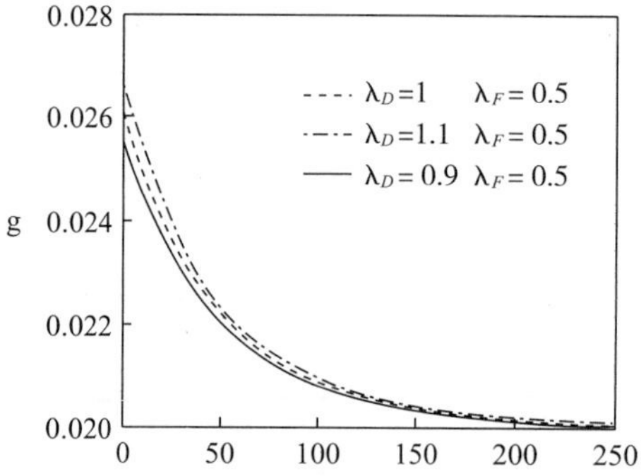

图6-3e $\lambda_D=1$ $\lambda_F=0.5$时 λ_D变化的作用效应

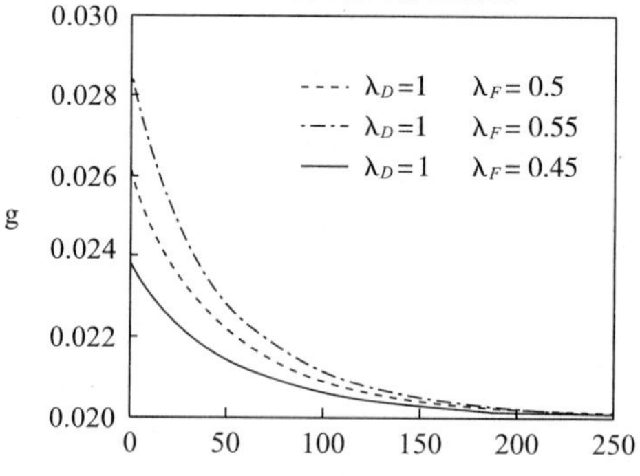

图6-3f $\lambda_D=1$ $\lambda_F=0.5$时 λ_F变化的作用效应

图 6-3 创新步长变化对技术进步的作用效应

长变化对技术进步的作用约为自主创新步长的 1/3。图 6-3c 和图 6-3d 显示自主创新步长小于模仿创新步长时，模仿创新步长变化对技术进步率的

作用强于自主创新,当自主创新步长增加10%时,第50期技术进步率的变化率仅为0.56%;模仿创新步长向上浮动10%,技术进步所实现的变化率约为2.67%。观察图6-3c也可知,当自主创新增加或降低10%时,技术进步率的变化路径几乎未发生改变,表明此时自主创新步长对技术进步率的作用甚微。综合而言,创新步长对技术进步的作用受技术创新步长本身约束,即当自主创新可实现较大的步长时,自主创新步长对技术进步率的作用占优。反之则相反,模仿创新对技术进步率的影响更强。

三、相对技术水平的收敛路径

在此基础上,考察创新步长对相对技术水平的作用效应(见图6-4),数据显示:

第一,自主创新步长对相对技术水平形成正向的水平效应和增长效应,在创新步长不同时其增长效应具有非对称性。当自主创新步长大于模仿创新步长时(见图6-4a),自主创新步长λ_D上下浮动10%,相对技术水平的均衡值由原来的0.5018提高到0.7133或降低到0.3609,表明自主创新步长对相对技术水平均衡值的影响为正,且自主创新步长越大,正向作用强度越大。结合此情形下自主创新步长对创新成功率和技术进步率的影响可知,自主创新步长越大,技术进步率越高,实现的相对技术水平的收敛值越高。当自主创新步长小于模仿创新步长时,图6-4c显示自主创新步长λ_D上下浮动10%,相对技术水平的均衡值由原来的0.2781提高到0.2835或降低到0.2721,与图6-4a相比自主创新步长的作用明显减弱。

第二,模仿创新步长对稳态的相对技术水平形成对称的增长效应,图6-4b显示当自主创新步长大于模仿创新步长时,若模仿创新步长增加或减少10%时,稳态的相对技术水平变为0.5518和0.4519。若自主创新步长小于模仿创新步长,如图6-4d所示,当模仿创新步长增加或减少10%时,

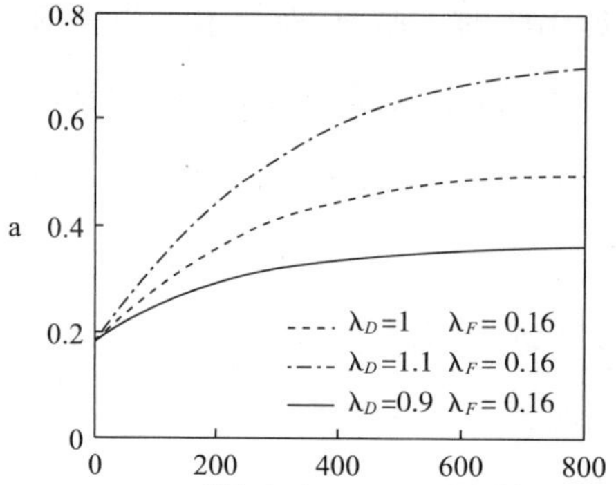

图6-4a $\lambda_D=1$ $\lambda_F=0.16$时

λ_D变化的作用效应

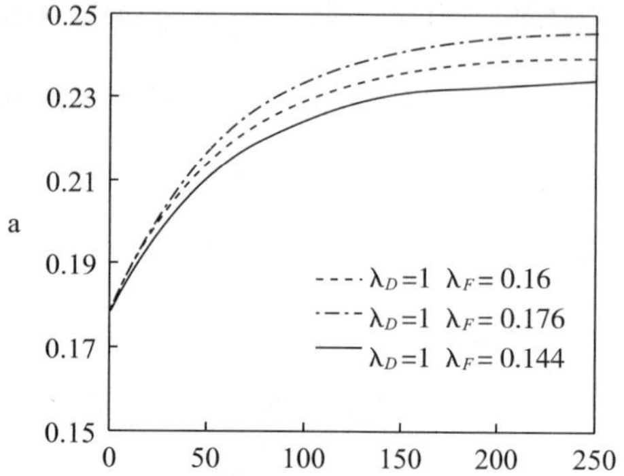

图6-4b $\lambda_D=1$ $\lambda_F=0.16$时

λ_F 变化的作用效应

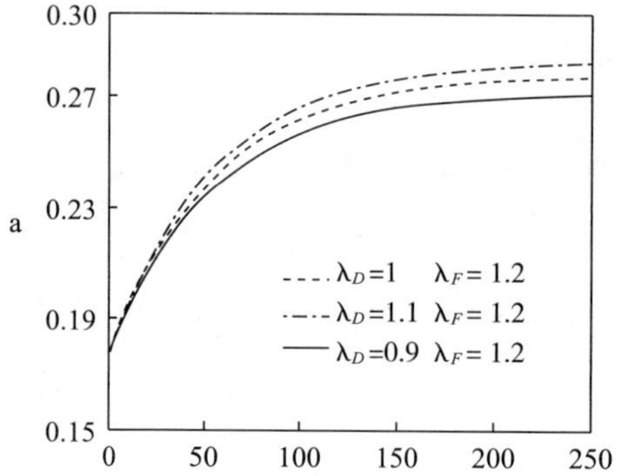

图6-4c $\lambda_D=1$ $\lambda_F=1.2$时

λ_D变化的作用效应

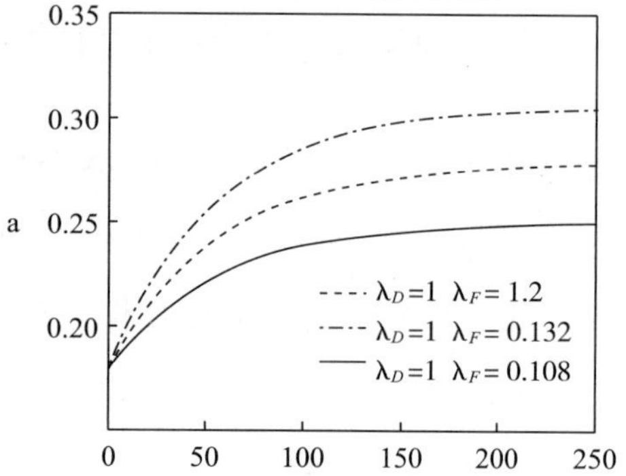

图6-4d $\lambda_D=1$ $\lambda_F=1.2$时

λ_F 变化的作用效应

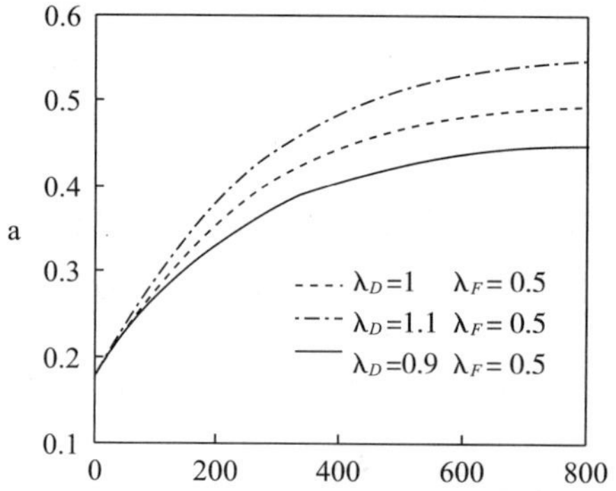

图6-4e $\lambda_D=1$ $\lambda_F=0.5$时

λ_D变化的作用效应

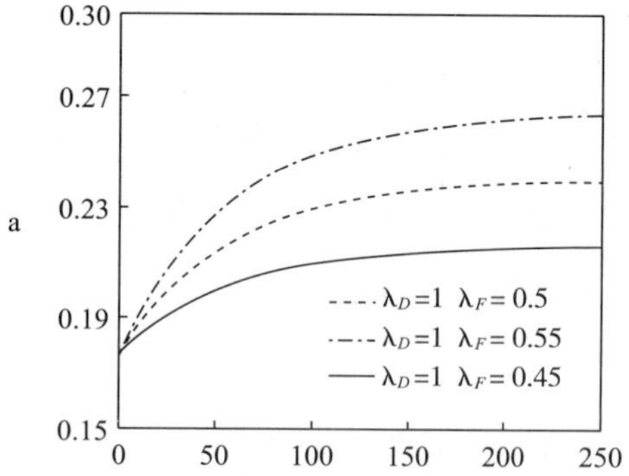

图6-4f $\lambda_D=1$ $\lambda_F=0.5$时

λ_F 变化的作用效应

图 6-4　创新步长变化对相对技术水平收敛路径的作用效应

相对技术水平的均衡值变为 0. 3059 和 0. 2503。

第三，当自主创新步长大于模仿创新步长时，相对技术水平的收敛速度慢于自主创新步长小于模仿创新步长的情形，但相对技术水平的均衡值较高。这是因为在此情况下，自主创新增速保持恒定不变，模仿创新向稳态收敛的速度决定技术进步率的收敛速度，故仅由模仿创新决定的收敛速度小于自主创新和模仿创新共同作用下的收敛速度。同时，自主创新步长越大，自主创新增速越大，相对技术水平实现的均衡值越高。

第三节 后发国家技术变迁对经济增长作用的数值模拟

一、成本参数不变条件下技术变迁对经济增长的作用

上文对不同创新步长情形下，自主创新和模仿创新步长变化对技术创新和模仿创新增速、技术进步率及相对技术水平的影响效应进行了模拟。在中国这样的后发国家技术追赶过程中，随着相对技术水平的提升，模仿创新和自主创新两种技术创新方式对技术进步的贡献如何？技术选择如何变化？

笔者考察在上述不同情形下，创新步长变化对自主创新和模仿创新贡献率的影响，及其对技术进步变迁路径的作用效应，结果如表6-3所示。表6-3数据显示：第一，在创新步长三种不同情形下，与初期自主创新和模仿创新对技术进步的贡献率相比，随着相对技术水平的提升，与世界技术前沿面技术差距的缩小，自主创新对技术进步的贡献率都有不同幅度的提升，而对模仿创新的贡献率下降，表明随着相对技术水平的提升，技术

进步自然朝自主创新方向发展。

表 6-3　不同创新步长下的技术变迁路径

情形	自主创新步长	模仿创新步长	自主创新成本参数	模仿创新成本参数	$g_D(0)/g(0)$	$g_F(0)/g(0)$	$g_D*/g*$	$g_F*/g*$
情形一	$\lambda_D = 1.00$	$\lambda_F = 0.16$	$\zeta_D = 0.0738$	$\zeta_F = 0.0738$	51.71%	48.29%	67.71%	32.29%
	$\lambda_D = 1.10$	$\lambda_F = 0.16$	$\zeta_D = 0.0738$	$\zeta_F = 0.0738$	52.87%	47.13%	74.35%	25.65%
	$\lambda_D = 0.90$	$\lambda_F = 0.16$	$\zeta_D = 0.0738$	$\zeta_F = 0.0738$	50.36%	49.64%	60.99%	39.01%
	$\lambda_D = 1.00$	$\lambda_F = 0.176$	$\zeta_D = 0.0738$	$\zeta_F = 0.0738$	50.48%	49.52%	67.70%	32.30%
	$\lambda_D = 1.00$	$\lambda_F = 0.144$	$\zeta_D = 0.0738$	$\zeta_F = 0.0738$	53.13%	46.87%	67.72%	32.28%
情形二	$\lambda_D = 1.00$	$\lambda_F = 1.20$	$\zeta_D = 0.0746$	$\zeta_F = 0.0746$	36.41%	63.59%	38.05%	61.95%
	$\lambda_D = 1.10$	$\lambda_F = 1.20$	$\zeta_D = 0.0746$	$\zeta_F = 0.0746$	37.49%	62.51%	39.24%	60.76%
	$\lambda_D = 0.90$	$\lambda_F = 1.20$	$\zeta_D = 0.0746$	$\zeta_F = 0.0746$	35.17%	64.83%	36.69%	63.31%
	$\lambda_D = 1.00$	$\lambda_F = 1.32$	$\zeta_D = 0.0746$	$\zeta_F = 0.0746$	36.13%	63.87%	38.05%	61.95%
	$\lambda_D = 1.00$	$\lambda_F = 1.08$	$\zeta_D = 0.0746$	$\zeta_F = 0.0746$	36.74%	63.26%	38.05%	61.95%
情形三	$\lambda_D = 1.00$	$\lambda_F = 0.50$	$\zeta_D = 0.0744$	$\zeta_F = 0.0744$	40.27%	59.73%	42.42%	57.58%
	$\lambda_D = 1.10$	$\lambda_F = 0.50$	$\zeta_D = 0.0744$	$\zeta_F = 0.0744$	41.40%	58.60%	43.74%	56.26%
	$\lambda_D = 0.90$	$\lambda_F = 0.50$	$\zeta_D = 0.0744$	$\zeta_F = 0.0744$	38.98%	61.02%	40.90%	59.10%
	$\lambda_D = 1.00$	$\lambda_F = 0.55$	$\zeta_D = 0.0744$	$\zeta_F = 0.0744$	39.69%	60.31%	42.42%	57.58%
	$\lambda_D = 1.00$	$\lambda_F = 0.45$	$\zeta_D = 0.0744$	$\zeta_F = 0.0744$	40.96%	59.04%	42.42%	57.58%

第二，在成本参数相同，创新步长不同的情况下，自主创新和模仿创新步长对技术进步率的贡献不同。模仿创新步长变化对稳态下自主创新和模仿创新的贡献率几乎不存在影响，在于模仿创新步长的变化会改变期初自主创新和模仿创新的速率，但并不影响二者的稳态水平，即模仿创新步长变化对自主创新、模仿创新及技术进步率的作用仅存在水平效应，而不具有增长效应。而自主创新步长的变化将影响两种技术进步方式的贡献率，尤其是在自主创新步长大于模仿创新步长时尤为显著，当自主创新步长 $\lambda_D = 1.0$ 上下浮动 10% 时，期初自主创新的贡献率由 51.71% 分别变化 52.87% 和 50.36%，而稳态时自主创新贡献率由

67.71%转变为74.35%和60.99%,变化幅度由期初的16%分别上升至21.48%和下降至10.63%。这是基于自主创新步长变化可对模仿创新和自主创新均具有增长效应。

第三,若成本参数可变,模仿创新步长变化对自主创新和模仿创新的贡献率(包括水平值和变化率)分别产生反向和正向影响。对比三种情形的基准情况,成本参数随创新步长变化而发生调整,可分析成本参数可变时,模仿创新步长变化对技术变迁路径的影响。当自主创新步长 $\lambda_D = 1.0$ 时,依次考虑模仿创新基准步长分别为 $\lambda_F = 0.16$、$\lambda_F = 0.5$、$\lambda_F = 1.2$ 这三种基准情形下,成本参数由0.0738依次调整为0.0744和0.0746,发现随着模仿创新步长的提升,自主创新对技术进步率的贡献下降,模仿创新对技术进步率贡献上升。

二、成本参数可变条件下技术变迁对经济增长的作用

从上面的研究中笔者发现,若成本参数不变,自主创新的步长增加,则稳态时自主创新对技术进步的贡献率提高,技术进步偏向于自主创新,相对技术水平相应提高,技术差距缩小。那么,是否只要无限地提高创新的步长,就可以实现技术追赶?抑或自主创新和模仿创新的步长可能存在最优比例,只有在该比例下技术水平才有可能收敛于世界技术前沿面呢?事实上,自主创新和模仿创新步长的增加并不能无限提升相对技术水平,原因在于当自主创新和模仿创新的步长 λ_D 和 λ_F 变化时,模仿创新和自主创新的成本参数也随之发生变化。由表6-1的参数校准过程可知,当自主创新的步长不变时,随着模仿创新步长的增加,成本参数也同步提高。正如理论模型所述,成本参数的增加将对技术进步率和相对技术水平产生反向影响。为此,需要检验当成本参数可变时,创新步长对技术变迁路径和技术追赶的作用效应。

表 6-4 适宜性创新步长下的技术变迁路径

情形	自主创新步长	模仿创新步长	自主创新成本参数	模仿创新成本参数	$g_D(0)/g(0)$	$g_F(0)/g(0)$	g_D^*/g^*	g_F^*/g^*
情形一	$\lambda_D=1.00$	$\lambda_F=0.10$	$\zeta_D=0.0736$	$\zeta_F=0.0736$	58.55%	41.45%	78.68%	21.32%
	$\lambda_D=1.00$	$\lambda_F=1.00$	$\zeta_D=0.0746$	$\zeta_F=0.0746$	37.00%	63.00%	38.30%	61.70%
	$\lambda_D=1.00$	$\lambda_F=10.0$	$\zeta_D=0.0748$	$\zeta_F=0.0748$	33.72%	66.28%	33.86%	66.14%
情形二	$\lambda_D=0.20$	$\lambda_F=0.02$	$\zeta_D=0.0683$	$\zeta_F=0.0683$	64.38%	35.62%	86.16%	13.84%
	$\lambda_D=0.20$	$\lambda_F=0.20$	$\zeta_D=0.0734$	$\zeta_F=0.0734$	23.62%	76.38%	26.96%	73.04%
	$\lambda_D=0.20$	$\lambda_F=2.00$	$\zeta_D=0.0747$	$\zeta_F=0.0747$	15.34%	84.66%	15.71%	84.29%
情形三	$\lambda_D=2.00$	$\lambda_F=0.20$	$\zeta_D=0.0742$	$\zeta_F=0.0742$	55.94%	44.06%	75.17%	24.83%
	$\lambda_D=2.00$	$\lambda_F=2.00$	$\zeta_D=0.0747$	$\zeta_F=0.0747$	42.03%	57.97%	42.75%	57.25%
	$\lambda_D=2.00$	$\lambda_F=20.0$	$\zeta_D=0.0748$	$\zeta_F=0.0748$	40.21%	59.79%	40.28%	59.72%

为此，本书对比自主创新和模仿创新步长的结构性变化对技术进步率和技术差距的稳态值及其追赶路径的影响，如图 6-5 和图 6-6 所示。仍以自主创新步长 $\lambda_D=1.0$ 为基准情况，与根本性创新 $\lambda_D=2.0$ 和渐进式创新 $\lambda_D=0.2$ 对比，分析创新步长变化产生的影响（Acemoglu 和 Cao，2015）。并依次考虑自主创新和模仿创新步长比例分别为 $\lambda_D/\lambda_F=1$，$\lambda_D/\lambda_F=0.1$，$\lambda_D/\lambda_F=10$ 下技术进步率和相对技术水平的收敛路径。由图 6-5 和图 6-6 可知，当 $\lambda_D=1.00$，$\lambda_F=0.10$，$\lambda_D=2.00$，$\lambda_F=0.20$，$\lambda_D=0.20$，$\lambda_F=0.02$ 时，即在模仿创新与自主创新基准步长比例 $\lambda_D/\lambda_F=10$，自主创新步长始终大于模仿创新步长时，此时技术进步率下降最为缓慢，稳态水平下与世界技术前沿面的距离最小，相对技术水平最高。可见，创新步长水平值的变化并非影响收敛路径的最主要因素，而自主创新和模仿创新步长的合意比值才是像中国这样的后发国家实现经济追赶的关键。表 6-4 列出了上述不同情形下自主创新与模仿创新对技术进步的贡献率分解，结果显示，只有在自主创新与模仿创新基准步长满足 $\lambda_D/\lambda_F=10$ 的条件下，自主创新对技术进步贡献率最高；与初始期相比，稳态时自主创新贡献率的提升幅度最大，技

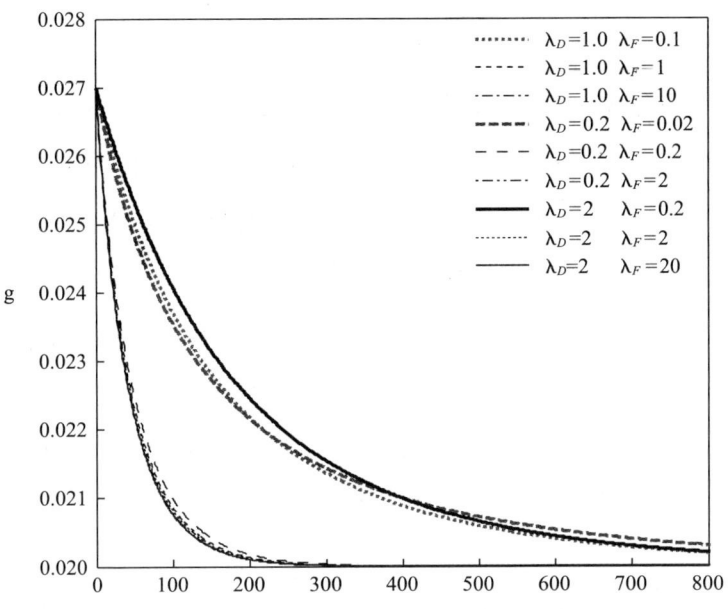

图 6-5 适宜性创新步长下后发国家技术

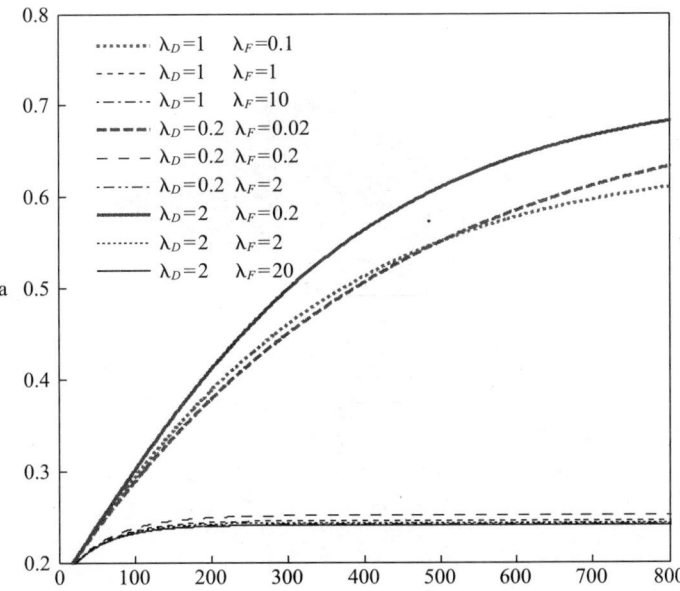

图 6-6 适宜性创新步长下相对技术水平的收敛路径

术进步偏向于自主创新的程度更强。这暗示实现自主创新驱动经济增长的关键在于提高自主创新相对于模仿创新的步长比例，更易促进后发国家的技术追赶。

为更清晰地观察当成本参数随创新步长变化而调整时技术差距的变化过程，并检验上述结论的稳健性，进一步将自主创新步长和模仿创新步长的变化范围设定在一个初始值为 0.1、终值为 2、公差为 0.1 的等差数列中依次取值，考察不同技术创新步长比例下研发成本参数的变化（见图 6-7），及稳态的相对技术水平（见图 6-8）。图 6-7 显示随技术创新步长增加，成本参数随之提高，当技术创新步长较低时，若要提升创新步长，成本参数调整的幅度较大。而随着创新步长的不断增加，再增加相同幅度的技术创新步长，成本参数的提升幅度相应降低，即成本参数呈边际递减规律。这在于研发企业进行技术创新时，初期研发基础较为薄弱，若要实现技术突破提高产品质量，则需要购置新的仪器设备，研究成本相对较高；而该企业经过一定程度的研发累积，再进行技术创新时其边际成本会相应下降。故而，当技术创新步长提高时，研发成本参数也相应提高，二者对稳态的相对技术水平产生相反的作用。

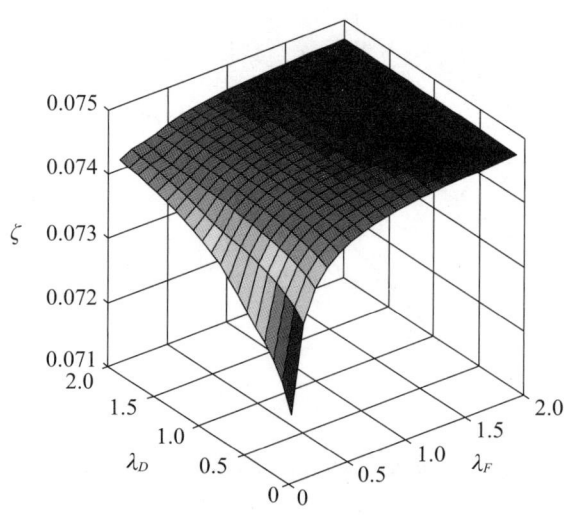

图 6-7　创新步长与研发成本参数

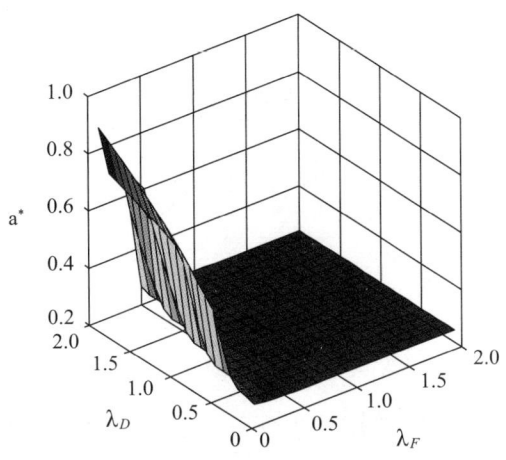

图 6-8 创新步长对技术追赶路径的作用效应

因此，若提升相对技术水平需要权衡研发成本和技术创新步长，选择技术创新步长的合意区间。图 6-8 显示，在技术创新步长取值范围内，当 $\lambda_D = 2$ 和 $\lambda_F = 0.1$ 时，两类创新步长比例最大，此时后发国家可实现最高相对技术水平 0.8763；而当 $\lambda_D = 0.1$ 和 $\lambda_F = 2$ 时，自主创新与模仿创新步长的比例最小，此时均衡时相对技术水平仅为 0.2409。如图 6-8 也显示，部分不适宜性技术创新步长使相对技术水平长期处于低点，这将引致后发国家技术锁定在低水平均衡中而无法实现技术追赶。自主创新和模仿创新步长对后发国家技术进步的作用并未表现出单一正向特征，而是呈现出非线性门槛效应，通过测算自主创新和模仿创新步长门槛值为 $\lambda_D / \lambda_F = 4$，当自主创新和模仿创新步长的比重跨越这一门槛值，技术水平开始稳步提升。因而，只有识别出自主创新和模仿创新步长合意比值，才能实现技术变迁路径的最优选择。

第四节
本章小结

本章根据第三章中包含自主创新和模仿创新的质量提升型技术进步模型,并基于中国数据数值模拟技术变迁路径和技术追赶过程,结果发现:第一,研发企业依据技术引进和自主创新所能实现的预期利润分配研发资源进行技术选择。技术创新的预期垄断利润受自主创新和模仿创新的步长,以及创新成功率影响。自主创新和模仿创新的步长对技术变迁路径的作用效应表现出非一致性,自主创新步长的变化虽不能改变均衡时的技术进步率,却对自主创新和模仿创新增速具有水平效应和增长效应;而模仿创新步长对自主创新和模仿创新增速仅存在水平效应,实现创新驱动经济增长的关键在于自主创新。

第二,若成本参数不变,均衡时技术水平和技术变迁路径由自主创新和模仿创新步长共同决定,自主创新步长越大,均衡时技术进步越偏向于自主创新,越易实现技术追赶。而模仿创新步长不改变稳态的技术变迁路径,却有利于缩小技术差距。若成本参数可变,自主创新和模仿创新步长对技术进步的作用并未表现出单一正向特征,而是呈现出非线性门槛效应,当自主创新和模仿创新步长的比值跨越这一门槛值,技术水平开始稳步提升。因而,只有识别出自主创新和模仿创新步长合意比值,才能实现技术变迁路径的最优选择。

第七章

基本结论与对中国的启示

第一节
基本结论

本书在梳理并归结适宜性技术选择相关理论和前沿文献的基础上,利用技术前沿面探析不同要素结构的后发国家进行适宜性技术选择的机理,进而引入中间品种类扩张型技术创新,利用基于知识基础的 CES 型创新可能性边界,从技术供给方的视角剖析后发国家选择不同要素增进型技术的内生机理及其对经济增长的作用机制,最后在中间品质量提升的理论框架下,探究后发国家在技术差距约束下从技术引进转向自主创新的技术变迁路径,及向世界技术前沿面的收敛机制。在此基础上,首先探究工业革命至今英国、美国、德国、日本和"亚洲四小龙"等代表性后发国家或地区通过适宜性技术选择完成技术追赶的成功经验,并以中国近代丝织业技术发展格局变迁为自然实验,对比不同要素禀赋结构地区的技术选择。再从资本和劳动要素结构,技能劳动和非技能劳动要素结构的双重视角,以发达国家为对照组,检验后发国家的技术选择是否具有适宜性特征;再测算各国的前沿技术产出,横向对比后发国家与发达国家在引进美国前沿技术后的经济增长;继而测度后发国家的引进技术产出,纵向对比其选择不同国家技术后的经济增长,甄别后发国家在不同阶段的适宜性技术选择,测算技术选择的合意区间。最后利用包含自主创新和模仿创新的质量提升型技术进步模型,基于中国数据数值模拟后发国家的技术变迁路径和技术追赶过程,探索后发国家完成适宜性技术转型的最优路径。综合各章节的主

要研究内容,本书得到如下方面的基本结论:

(1)本书根据适宜性技术选择机理的发展脉络,对局部性技术创新、诱致性技术创新、技术进步偏向性理论和适宜性技术选择理论进行系统梳理,并分析资本深化、异质性劳动与技术选择的适配性,制度约束对适宜性技术选择的影响,及后发国家的技术变迁路径,发现现有文献研究的局限性:适宜性技术选择机理的假定过于严格,理论框架有待深化。适宜性技术选择及其对经济增长影响的经验研究过于简化。适宜性技术选择的制度约束研究则关注知识产权制度。后发国家技术变迁路径的文献重点关注种类扩张型技术创新及其变化成因,忽视现代技术进步更多以产品质量提升方式耦合于机器设备的投资过程中。

(2)本书基于中间品种类扩张型技术创新,建立数理模型演绎后发国家选择不同要素增进型技术的内生机理及其对经济增长的作用机制。首先引入基于知识基础的CES型创新可能性边界,以稀缺要素科学家为研发资源,演绎研发企业对研发资源的两阶段配置及其对技术选择的影响,从技术供给方的视角剖析后发国家适宜性技术选择对经济增长的影响。结论显示,后发国家的适宜性技术选择是该国自主创新效率系数,发达国家的要素结构和后发国家要素结构的函数;而该国经济增长率受其科学家人数、自主创新效率、该国与发达国家标准化的要素增进型技术差距共同影响。后发国家的要素结构一方面通过改变不同要素增进型技术的创新价值,影响该国的适宜性技术选择;另一方面协同发达国家的要素结构改变技术选择,两国要素结构的相似程度或互补程度通过影响后发国家与发达国家的要素增进型技术差距,实现研发资源科学家在两要素互补型机器研发部门之间,及部门内部自主创新和技术引进的重新配置,从而作用于后发国家的适宜性技术选择和经济增长率。

(3)本书基于技术前沿面视角,探究工业革命至今,美国、德国和日本以及"亚洲四小龙"等不同要素禀赋结构的后发国家或地区适宜技术选择的经验,及中国近代丝织业技术发展格局变迁的自然实验,剖析不同要素禀赋结构的后发国家适宜性技术选择的机理。结果发现,当后发国家与发达国家拥有互补的要素结构时,后发国家将在技术前沿面上选择"符合本国要素禀赋结构的自主创新"方式,实现技术进步。当后发国家与发达国家拥有相似的要素结构时,后发国家将选择"要素积累驱动技术引进"的方式,首先通过要素积累缩小与发达国家要素结构的差距,提高引进技术与要素结构的适配性,减少效率损失再引进发达国家的前沿技术,直至接近世界技术前沿面,最后才开始取代发达国家,从事世界前沿技术研发。

(4) 通过建立技术选择与资本和劳动要素结构适宜性的评价指标体系,测算后发国家的要素技术效率和技术进步偏向性指数,并以发达国家为对照组,发现:后发国家的初始劳动和资本的要素技术效率较低,但劳动要素技术效率出现十分显著的增长,技术进步大体上表现为相对劳动增进形态。这表明技术贸易的发展打破技术引进障碍,使后发国家与发达国家的技术选择同构性特征显著。尤其是后发国家凭借前沿技术的引进,并根据本国丰裕的劳动要素禀赋充分吸收和改良前沿技术,使劳动要素技术效率大幅提升,以此获得显著的技术溢出效应。再结合要素替代弹性,发现后发国家的技术进步亦偏向于资本,更加倾向于选择多使用资本的技术。但源于后发国家生产过程中的资本与劳动的互补性偏弱,该类国家偏向于资本的程度弱于发达国家。

利用前沿技术产出和引进技术产出等指标,横向对比无技术吸收障碍条件下后发国家和发达国家采用美国前沿技术后的经济增长,与美国具有较大技术差距的后发国家,其资本和劳动要素结构与美国存在互补性特征,通过技术引进可获得大幅度的最终产出提升,选择技术引进实现技

升级更优。而与美国具有较小技术差距或技术水平超越美国的发达国家，同时与美国具有相似的资本和劳动要素结构，通过引进美国前沿技术获取的产出提升有限，选择自主创新更为适宜。进一步测算并对比在技术吸收障碍下后发国家和发达国家，采用前沿技术后获得的产出增量。大多数后发国家仍处于通过引进前沿技术实现经济增长的上升通道；而小部分发达国家的技术水平接近世界技术前沿面，虽难以通过技术引进实现经济增长，但引进技术后的产出基本与实际产出持平，即使作为技术追随国也不至于引致经济衰退。在此基础上，测算后发国家的引进技术产出，纵向对比后发国家在引进和吸收不同国家技术后的经济增长，发现后发国家在进行适宜技术选择时，资本与劳动的要素结构和技术水平均存在门槛效应。当技术输出国的资本劳动投入比和技术水平恰好处于技术门槛区间时，后发国家通过技术引进和模仿创新则可实现产出增量的最大化。

（5）测算后发国家的技能劳动与非技能劳动要素技术效率，并以发达国家为对照，甄别其技术选择的适宜性，发现不同国家的技术进步大体上呈现绝对技能劳动增进形态，随着一国收入水平的提高，该国的技能劳动要素技术效率有所增加，但非技能劳动要素技术效率却发生下降。表明后发国家根据本国非技能劳动丰裕而技能劳动相对稀缺的要素结构选择了适宜性技术，利用非技能劳动的技术效率高于发达国家，但利用技能劳动的技术效率低于发达国家。并基于此，测算不同国家的适宜性技术产出与该国初始劳均 GDP 呈反向关系，表明后发国家通过消除技术引进障碍，并根据本国要素结构对发达国家前沿技术进行充分吸收和改造后，可使本国劳均产出大幅提升。对比后发国家与发达国家技术进步效应和适宜性技术选择效应对经济增长的贡献发现，因发达国家劳动要素结构与美国较为相似，其适宜性技术选择效应低，而后发国家与美国具有互补的要素结构，其适宜性技术选择效应高。适宜性技术选择效应对经济增长的平均贡献率约为10%。

（6）本书建立包含自主创新和模仿创新的质量提升型技术进步模型，考察技术变迁路径的内生机理，基于中国数据数值模拟后发国家的技术变迁路径和技术追赶过程，结果发现：研发企业依据技术引进和自主创新的预期利润分配研发资源和选择技术变迁路径，而创新利润受制于创新步长及创新的成功率，自主创新和模仿创新的步长对技术变迁路径的作用效应表现出非一致性，其中自主创新步长对创新增速具有水平效应和增长效应，而模仿创新步长仅存在水平效应，由技术引进向自主创新转换的关键在于自主创新。同时，并非提高创新步长就可以实现技术追赶，创新步长对技术进步往往表现出非线性门槛效应，当自主创新和模仿创新步长的比值跨越这一门槛值，技术水平开始稳步提升。因此，只有识别出自主创新和模仿创新步长合意的比值，才能实现适宜性技术转型的最优路径。

第二节 对中国的启示

当前中国经济正面临结构性减速，如何启动自主创新引擎，促使经济发展从依赖要素驱动转向创新驱动成为关键，但关于我国的适宜性技术选择还未形成共识。自改革开放至今，我国要素结构已发生逆转，人口红利的渐次消失，推高了劳动力成本，物质资本已从稀缺走向相对充裕。显然，我国各产业的要素禀赋结构持续升级，正不断缩小与发达国家的差距。与此同时，非平衡的要素禀赋地区结构却仍然持续存在。若仅根据我国现阶段整体要素禀赋结构，采用单一规则选择适宜性技术可能并不适用。故基于本书的研究结论提出如下建议：

第一，构建完善的创新管理体系，推进技术选择由引进技术向自主创新转变。创新主体的行为激励来源于创新利润，因而要完善有利于保护创新成果的产权制度、研发人员的绩效管理和收益分配制度，这样才能激发研发主体的创新活力和创新潜力。长期来看创新驱动经济增长的关键在于自主创新，应当创设完善的技术创新体系，搭建以企业为主体、产学研相结合的自主创新平台，通过高新技术产业的关键环节和核心领域的重大技术突破和攻关，形成自主创新的产业链和价值链，逐渐迈向技术创新强国。

第二，应细分产业并根据各产业与世界技术前沿面的距离，评估不同产业的比较优势和竞争优势，选择适宜性技术实现技术升级和经济赶超。考虑到自主创新和模仿创新步长对中国技术进步的作用呈非线性门槛效应，自主创新与模仿创新步长之比跨越门槛值后，中国更易实现技术升级。因此，应依据各产业要素结构的条件，与世界前沿技术的差距和比较优势等，在不同要素密集型产业研发部门之间，自主创新和技术引进模仿之间合理分配研发资源，使两种技术进步方式互为补充共同推动技术升级。

第三，对与发达国家有着较大技术差距的传统产业而言，我国资本积累不足等问题已初步得到改善，该产业要素结构与发达国家相应产业不断趋同，可充分发挥技术的后发优势，通过"引进来""走出去"并行的技术引进方式缩小技术差距，在本国建立工业园区等配套设施招揽外资，结合商品直接进口等方式引进发达国家技术，提高我国产品的技术含量。鼓励本国企业走出去，利用跨国企业兼并的方式掌握发达国家的前沿技术以提高产品附加值。

第四,对于以技术差距小、技术密集度高和研发周期短为特征的新兴产业,初期应完善创新型人才培育机制,在发达国家设立海外技术研发中心,在引进前沿技术的同时,深化本国和发达国家人力资本双向流动机制,加速人力资本积累以打破该产业技能劳动匮乏的困境。当该产业人力资本积累水平逐渐接近发达国家时,构建以企业为主和政府为辅,联合高校的"三位一体"的自主创新平台,政府应加大财政研发投入力度,规范产业市场准入制度,打破产业垄断和市场分割,利用资本市场和银行系统拓宽创新型企业的融资渠道,鼓励企业与高校合作,建立重点实验室和科研院所,加快科研成果转化。

第五,结合不同地区的要素禀赋结构,选择适宜性技术,设计产业转移策略,合理规划产业布局。根据不同地区的要素禀赋结构,规划不同要素密集型产业布局,实现产业转移同时选择适宜性的技术,在东部地区自主创新,中西部地区技术引进为主体的水平化技术发展战略下,根据产业技术差距对各产业进行垂直化分层处理。

参考文献

[1] Sjöholm, F. Technology Gap, Competition and Spillovers from Direct Foreign Investment: Evidence from Establishment Data [J]. The Journal of Development Studies, 1999, 36 (1): 53-73.

[2] Konings, J. The Effects of Foreign Direct Investment on Domestic Firms [J]. Economics of Transition, 2001, 9 (3): 619-633.

[3] Acemoglu, D., Aghion, P., Bursztyn, L., et al. The Environment and Directed Technical Change [J]. The American Economic Review, 2012: 131-166.

[4] Acemoglu, D., Aghion, P., Zilibotti, F.. Distance to Frontier, Selection, and Economic Growth [J]. Journal of the European Economic association, 2006, 4 (1): 37-74.

[5] Acemoglu, D., Cao. D. Innovation by Entrants and Incumbents [J]. Journal of Economic Theory, 2015, 157: 255-294.

[6] Acemoglu, D., F. Zilibotti. Productivity Differences [J]. The Quarterly Journal of Economics, 2001, 116 (2): 563-606.

[7] Acemoglu, D., Gancia, G., Zilibotti, F. Competing Engines of Growth: Innovation and Standardization [J]. Journal of Economic Theory, 2012b, 147 (2): 570-601.

[8] Acemoglu, D. Directed Technical Change [J]. The Review of Economic Studies, 2002, 69 (4): 781-809.

[9] Acemoglu, D. Equilibrium Bias of Technology [J]. Econometrica, 2007, 75 (5): 1371-1409.

[10] Acemoglu, D. Labor-and Capital-Augmenting Technical Change [J]. Journal of the European Economic Association, 2003, 1 (1): 1-37.

[11] Acemoglu, D. Localized and Biased Technologies: Atkinson and Stiglitz's New View, Induced Innovations, and Directed Technological Change [Z]. National Bureau of Economic Research, 2014.

[12] Acemoglu, D. Why Do New Technologies Complement Skills? Directed Technical Change and Wage Inequality [J]. Quarterly Journal of Economics, 1998, 113 (4): 1055-1089.

[13] Aghion, P., Acemoglu, D., Zilibotti F. Vertical Integration and Distance to Frontier [C]. Journal of the European Economic Association, Papers and Proceedings. 2003 (1): 630-638.

[14] Aghion, P., Bloom, N., Blundell, R., et al. Competition and Innovation: An Inverted-U Relationship [J]. The Quarterly Journal of Economics, 2005: 701-728.

[15] Aghion, P., Howitt, P., García-Peñalosa C. Endogenous growth theory [M]. MIT press, 1998.

[16] Aghion, P., Howitt, P. A Model of Growth Through Creative Destruction [J]. Econometrica, 1992, 60 (2): 323-351.

[17] Aghion, P., Howitt, P. The Economics of Growth [M]. Cambridge, MIT Press Books, 2009.

[18] Ahmad, S. On the Theory of Induced Invention [J]. The Economic Journal, 1966: 344-357.

[19] Atkinson, A. B., Stiglitz, J. E. A New View of Technological Change

[J]. The Economic Journal, 1969, 79 (315): 573-578.

[20] Barro, R. J., Lee, J. W. International Data on Educational Attainment: Updates and Implications [J]. Oxford Economic Papers, 2001, 53 (3): 541-563.

[21] Barro, R. J., Sala-i-Martin, X. Technological Diffusion, Convergence, and Growth [J]. Journal of Economics Growth, 1997, 2 (1): 1-26.

[22] Barro, R. J. Sala-i-Martin. X. Economic Growth [M]. Second Editions, Mc-Grow-Hill, New York, 2004.

[23] Basu, S., D. N. Weil. Appropriate Technology and Growth [J]. The Quarterly Journal of Economics, 1998, 113 (4): 1025-1054.

[24] Benhabib, J., Perla, J., Tonetti, C. Catch-up and Fall-back Through Innovation and Imitation [J]. Journal of Economic Growth, 2014, 19 (1): 1-35.

[25] Binswanger, H. P., Ruttan, V. W. Induced Innovation: Technology, Institutions, and Development [M]. Baltimore: Johns Hopkins University Press, 1978.

[26] Brezis, E. S., Krugman, P. R., Tsiddon, D. Leapfrogging in International Competition: A Theory of Cycles in National Technological Leadership [J]. The American Economic Review, 1993: 1211-1219.

[27] Breznitz, D., Murphree, M. Run of the Red Queen: Government, Innovation, Globalization, and Economic Growth in China [M]. Yale University Press, 2011.

[28] Caselli, F., Coleman, W. J. Coleman. Cross-Country Technology Diffusion: The Case of Computers [J]. American Economic Review, 2001, 91 (2): 328-335.

[29] Caselli, F., Coleman, W. J. The World Technology Frontier [J]. The

American Economic Review, 2006, 96 (3): 499-522.

[30] Caselli, F., Esquivel, G., Lefort, F. Reopening the Convergence Debate: A New Look at Cross-country Growth Empirics [J]. Journal of Economic Growth, 1996, 1 (3): 363-389.

[31] Chanda, A., Dalgaard, C. J. Dual Economies and International Total Factory Productivity Differences [R]. Econ. WPA, 2005.

[32] Chen, Y., Puttitanun, T. Intellectual Property Rights and Innovation in Developing Countries [J]. Journal of Development Economics, 2005, 78 (2): 474-493.

[33] Chen, Y., T. Puttitanun. Intellectual Property Rights and Innovation in Developing Countries [J]. Journal of Development Economics, 2005, 78 (2): 474-493.

[34] Chin, J. C., Grossman, G. M. Intellectual Property Rights and North-South Trade [R]. National Bureau of Economic Research, Inc., 1991.

[35] Chuang, Y. C. Learning by Doing, the Technology Gap, and Growth [J]. International Economic Review, 1998, 39 (3): 697-721.

[36] Coe, D. T., Helpman, E., Hoffmaister, A. W. North-South R & D Spillovers [J]. The Economic Journal, 1997, 107 (440): 134-149.

[37] Cohen, W. M., Klepper, S. A Reprise of Size and R&D [J]. The Economic Journal, 1996, 106 (437): 925-951.

[38] David, P. A. Technical Choice Innovation and Economic Growth: Essays on American and British Experience in the Nineteenth Century [M]. Cambridge University Press, 1975.

[39] De La Grandville, O., Solow, R. M. On the Determinants of Economic Growth: Is Something Missing? [J]. University of Geneva and MIT, 2004 (4).

[40] De La Grandville, O. Curvature and the Elasticity of Substitution: Straightening it Out [J]. Journal of Economics, 1997, 66 (1): 23-34.

[41] De La Grandville, O. In Quest of the Slutsky Diamond [J]. American Economic Review, 1989, 79 (3): 468-481.

[42] Deardorff, A. V. Welfare Effects of Global Patent Protection [J]. Economica, 1992: 35-51.

[43] Desmet, K. A Simple Dynamic Model of Uneven Development and Overtaking [J]. The Economic Journal, 2002, 112 (482): 894-918.

[44] Diwan, I., Rodrik, D. Patents, Appropriate Technology, and North-South trade [J]. Journal of International Economics, 1991, 30 (1): 27-47.

[45] Diwan, I., D. Rodrik. Patents, Appropriate Technology, and North-South Trade [J]. Journal of International Economics, 1991, 30 (1): 27-47.

[46] Easterly, W., Levine, R. It's not Factor Accumulation: Stylized Facts and Growth Models [J]. Central Banking, Analysis, and Economic Policies Book Series, 2002, (6): 61-114.

[47] Fagerberg, J. Technology and International Differences in Growth Rates [J]. Journal of Economic Literature, 1994, 32 (3): 1147-1175.

[48] Fogel, R. W., Stanley, L. E. The Reinterpretation of American Economic History [M]. New York Harper & Row, 1971.

[49] Fu, X., Pietrobelli, C., Soete, L. The Role of Foreign Technology and Indigenous Innovation in the Emerging Economies: Technological Change and Catching-up [J]. World development, 2011, 39 (7): 1204-1212.

[50] Fu, X., Gong, Y. Indigenous and Foreign Innovation Efforts and Drivers of Technological Upgrading: Evidence from China [J]. World Develop-

ment, 2011, 39 (7): 1213-1225.

[51] Gerschenkron, A. Economic Backwardness in Historical Perspective [J]. Economic Backwardness in Historical Perspective, 1962.

[52] Gregory, M. N., Romer, D., Weil, D. N. A Contribution to the Empirics of Economic Growth [J]. Quarterly Journal of Economics, 1992, 107 (2): 407-437.

[53] Grossman, G. M., Helpman, E. Innovation and Growth in the Global Economy [M]. MIT Press, 1993.

[54] Grossman, G. M., Helpman, E. Quality Ladders and Product Cycles [J]. The Quarterly Journal of Economics, 1991, 106 (2): 557-586.

[55] Grossman, G. M., Helpman, E. Quality Ladders in the Theory of Growth [J]. The Review of Economic Studies, 1991, 58 (1): 43-61.

[56] Hall, R. E., Jones, C. Why Do Some Countries Produce So Much More Output Per Worker Than Others? [J]. The Quarterly Journal of Economics, 1999, 114 (1): 83-116.

[57] Hayami, Y., Ruttan, V. W. Agricultural Productivity Differences Among Countries [J]. The American Economic Review, 1970: 895-911.

[58] Helpman, E. Innovation, Imitation, and Intellectual Property Rights [J]. Econometrica: Journal of the Econometric Society, 1993: 1247-1280.

[59] Heston, A., Summers, R., Aten, B. Penn World Table Version 6.1 [J]. Center for International Comparisons at the University of Pennsylvania (CICUP), 2002, 18.

[60] Hicks, J. R. The Theory of Wages [M]. Macmillan, London, 1932.

[61] Howitt, P. Endogenous Growth and Coss-country Some Dfferences [J]. American Economic Review, 2000: 829-846.

[62] Izyumov, A., Vahaly, J. Recent Trends in Factor Income Shares: A Global Perspective [J]. Journal of Economic Studies, 2014, 41 (5): 696-707.

[63] Jerzmanowski, M. Total Factor Productivity Differences: Appropriate Technology Vs. Efficiency [J]. European Economic Review, 2007, 51 (8): 2080-2110.

[64] Jones, C. I. The Shape of Production Functions and the Direction of Technical Change [J]. Quaterly Journal of Economics, 2005 (2): 517-549.

[65] Kathuria, V. Role of Externalities in Inducing Technical Change: A Case Study of the Indian Machine Tool Industry [J]. Technological Forecasting and Social Change, 1999, 61 (1): 25-44.

[66] Katz, L. F., Murphy, K. M. Changes in Relative Wages, 1963-1987: Supply and Demand Factors [J]. The Quarterly Journal of Economics, 1992, 107 (1): 35-78.

[67] Katz, L. F. Changes in the Wage Structure and Earnings Inequality [J]. Handbook of Labor Economics, 1999, (3): 1463-1555.

[68] Kawagoe, T., Otsuka, K., Hayami, Y. Induced Bias of Technical Change in Agriculture: the United States and Japan, 1880-1980 [J]. The Journal of Political Economy, 1986: 523-544.

[69] Keller, W., Yeaple, S. R. Multinational Enterprises, International Trade, and Productivity Growth: Firm-level Evidence from the United States [J]. The Review of Economics and Statistics, 2009, 91 (4): 821-831.

[70] Keller, W. International Technology Diffusion [J]. Journal of Economic Literature, 2004, 42 (3): 752-782.

[71] Kennedy, C. Induced Bias in Innovation and the Theory of Distribution [J]. The Economic Journal, 1964: 541-547.

[72] Klenow, P., Bils, M. Does Schooling Cause Growth? [J]. American Economic Review, 2000, 90 (5): 1160-1183.

[73] Klenow, P., Rodriguez-Clare, A. The Neoclassical Revival in Growth Economics: Has it Gone too Far? [M]. NBER Macroeconomics Annual 1997, Volume 12. MIT Press, 1997: 73-114.

[74] Klevorick, A. K., Levin, R. C., Nelson, R. R., et al. On the Sources and Significance of Interindustry Differences in Technological Opportunities [J]. Research Policy, 1995, 24 (2): 185-205.

[75] Klump, R., de La Grandville, O. Economic Growth and The Elasticity of Substitution: Two Theorems and Some Suggestions [J]. The American Economic Review, 2000, 90 (1): 282-291.

[76] Klump, R., McAdam, P., Willman, A. Factor Substitution and Factor-augmenting Technical Progress in the United States: A Normalized Supply-side System Approach [J]. The Review of Economics and Statistics, 2007, 89 (1): 183-192.

[77] Krugman, P. The Great Unravelling: From Boom to Bust in Three Scandalous Years [M]. Penguin Books Limited, 2003.

[78] Kumar, S., Russell, R. Technological Change, Technological Catch-up, and Capital Deepening: Relative Contributions to Growth and Convergence [J]. American Economic Review, 2002, 92 (3): 527-548.

[79] Lai, M., Wang, H., Zhu, S. Double-edged Effects of the Technology Gap and Technology Spillovers: Evidence from the Chinese Industrial Sector [J]. China Economic Review, 2009, 20 (3): 414-424.

[80] León-Ledesma, M. A., McAdam, P., and Willman, A. Identifying the Elasticity of Substitution with Biased Technical Change [J]. The American Eco-

nomic Review, 2010, 100 (4): 1330-1357.

[81] Lin, J. Y. Prohibition of Factor Market Exchanges and Technological Choice in Chinese Agriculture [J]. The Journal of Development Studies, 1991, 27 (4): 1-15.

[82] Lorenczik, C., M. Newiak. Imitation and Innovation Driven Development under Imperfect Intellectual Property Rights [J]. European Economic Review, 2012, 56 (7): 1361-1375.

[83] Los, B., Timmer, M. P. Timmer. The "Appropriate Technology" Explanation of Productivity Growth Differentials: An Empirical Approach [J]. Journal of Development Economics, 2005, 77 (2): 517-531.

[84] Lucas, R. E. On the Mechanics of Economic Development [J]. Journal of Monetary Economics, 1988, 22 (1): 3-42.

[85] Lucas, R. E. Some Macroeconomics for the 21st Century [J]. The Journal of Economic Perspectives, 2000, 14 (1): 159-168.

[86] Lucas, R. E. Trade and the Diffusion of the Industrial Revolution [R]. National Bureau of Economic Research, 2007.

[87] Maddison, A. The World Economy: A Millennial Perspective [R]. Development Centre Studies. Paris: OECD, 2001.

[88] Mathews, J. A. Latecomer Strategies for Catching-up: the Cases of Renewable Energies and the LED Programme [J]. International Journal of Technological Learning, Innovation and Development, 2007, 1 (1): 34-42.

[89] Mondal, D., M. R. Gupta. Innovation, Imitation and Intellectual Property Rights: Introducing Migration in Helpman's Model [J]. Japan and the World Economy, 2008, 20 (3): 369-394.

[90] Nordhaus, W. D. Some Skeptical Thoughts on the Theory of Induced

Innovation [J]. The Quarterly Journal of Economics, 1973: 208-219.

[91] North, D. C. The Economic Growth of the United States, 1790-1860 [M]. New York: Norton Press, 1966.

[92] Palivos, T., Karagiannis, G. The Elasticity of Substitution as an Engine of Growth [J]. Macroeconomic Dynamics, 2010, 14 (5): 617-628.

[93] Papageorgiou, C., Chmelarova, V. Nonlinearities in Capital-skill Complementarity [J]. Journal of Economic Growth, 2005, 10 (1): 55-86.

[94] Parente, S. L., E. C. Prescott. Barriers to Technology Adoption and Development [J]. Journal of Political Economy, 1994, 102 (2): 298-321.

[95] Piva, M., Vivarelli, M. Is Demand-pulled Innovation Equally Important in Different Groups of Firms? [J]. Cambridge Journal of Economics, 2007, 31 (5): 691-710.

[96] Pritchett, L. Divergence, Big Time [J]. The Journal of Economic Perspectives, 1997, 11 (3): 3-17.

[97] Romer, P. M. Endogenous Technological Change [J]. Journal of Political Economy, 1990 (98): S71-S102.

[98] Rosenberg, N. Technology and American Economic Growth [M]. New York: Harper and Row, 1972.

[99] Salter, W. E. G., Reddaway, W. B., Innovations, T., et al. Productivity and Technical Change [M]. Cambridge: Cambridge University Press, 1969.

[100] Samuelson, P. A. A Theory of Induced Innovation Along Kennedy-Weisäcker Lines [J]. The Review of Economics and Statistics, 1965: 343-356.

[101] Schneider, P. H. International Trade, Economic Growth and Intellectual Property Rights: A Panel Data Study of Developed and Developing Coun-

tries [J]. Journal of Development Economics, 2005, 78 (2): 529-547.

[102] Segerstrom, P. S, Anant, T. C. A, Dinopoulos E. A Schumpeterian Model of the Product Life Cycle [J]. The American Economic Review, 1990: 1077-1091.

[103] Solow, R. M. A Contribution to the Theory of Economic Growth [J]. The Quarterly Journal of Economics, 1956, 70 (1): 65-94.

[104] Stewart, F. Technology and Underdevelopment [J]. Development Policy Review, 1977, 10 (1): 92-105.

[105] Stokey, N. L. Catching up and Falling Behind [Z]. NBER Working Paper, No. 18654, 2012.

[106] Summers, R., Heston, A. The Penn World Table (Mark 5): An Expanded Set of International Comparisons, 1950-1987 [J]. NBER Working Paper, 1991 (R1562).

[107] Swan, T. W. Economic Growth and Capital Accumulation [J]. Economic Record, 1956, 32 (2): 334-361.

[108] Taylor, M. S. TRIPS, Trade, and Growth [J]. International Economic Review, 1994: 361-381.

[109] Thirtle, C. G., Townsend, R. M., Van Zyl, J. Testing the Induced Innovation Hypothesis in South African Agriculture: An Error Correction Approach [M]. World Bank Publications, 1995.

[110] Thuy, L. T. Technological Spillovers from Foreign Direct Investment: The Case of Vietnam' [J]. School of Economics, University of Tokyo: School of Economics, 2005.

[111] Timmer, M. P., Los, B. Localized Innovation and Productivity Growth in Asia: An Intertemporal DEA Approach [J]. Journal of Productivity

Analysis, 2005, 23 (1): 47-64.

[112] Vandenbussche, J., Aghion, P., Meghir, C. Growth, Distance to Frontier and Composition of Human capital [J]. Journal of Economic Growth, 2006, 11 (2): 97-127.

[113] Wang, J. Y, Blomström, M. Foreign Investment and Technology Transfer: A simple model [J]. European Economic Review, 1992, 36 (1): 137-155.

[114] Wu, H. Distance to Frontier, Intellectual Property Rights, and Economic Growth [J]. Economics of Innovation and New Technology, 2010, 19 (2): 165-183.

[115] Yang, G., Maskus, K. E. Intellectual Property Rights and Iicensing: An Econometric Investigation [J]. Weltwirtschaftliches Archiv, 2001, 137 (1): 58-79.

[116] Yuhn, K. Economic Growth, Technical Change Biases, and the Elasticity of Substitution: A Test of the De La Grandville Hypothesis [J]. The Review of Economics and Statistics, 1991: 340-346.

[117] 阿塔克·帕塞尔. 新美国经济史：从殖民地时期到1940年 [M]. 罗涛等译. 北京：中国社会科学出版社, 2000.

[118] 艾伦, 毛立坤. 近代英国工业革命揭秘：放眼全球的深度透视 [M]. 杭州：浙江大学出版社, 2012.

[119] 安藤良雄. 日本経済政策史論 [M]. 东京：东京大学出版会, 1976.

[120] 安同良, 周绍东, 皮建才. R&D 补贴对中国企业自主创新的激励效应 [J]. 经济研究, 2009, 10: 87-98.

[121] 蔡昉, 都阳, 高文书. 就业弹性、自然失业和宏观经济政策——

为什么经济增长没有带来显性就业？[J]. 经济研究, 2004（9）: 18-25.

[122] 陈宝云, 柯华. 近代中国电业发展的比较优势分析 [J]. 江西社会科学, 2014（5）.

[123] 陈晓玲, 连玉君. 资本—劳动替代弹性与地区经济增长——德拉格兰德维尔假说的检验 [J]. 经济学（季刊）, 2013, 11（4）: 93-118.

[124] 陈宇峰, 贵斌威, 陈启清. 技术偏向与中国劳动收入份额的再考察 [J]. 经济研究, 2013（6）: 113-126.

[125] 程惠芳, 陆嘉俊. 知识资本对工业企业全要素生产率影响的实证分析 [J]. 经济研究, 2014（05）: 174-187.

[126] 戴天仕, 徐现祥. 中国的技术进步方向 [J]. 世界经济, 2010（11）: 54-70.

[127] 邓明. 人口年龄结构与中国省际技术进步方向 [J]. 经济研究, 2014（3）: 130-143.

[128] 董直庆, 陈锐. 技术进步偏向性变动对全要素生产率增长的影响 [J]. 管理学报, 2014（8）: 1199-1207.

[129] 董直庆, 王林辉. 要素错配、异质性要素发展和适宜性技术进步前沿文献述评 [J]. 学术交流, 2013（1）: 117-123.

[130] 傅晓霞, 吴利学. 技术差距、创新环境与企业自主研发强度 [J]. 世界经济, 2012（7）: 101-122.

[131] 傅晓霞, 吴利学. 技术差距、创新路径与经济赶超——基于后发国家的内生技术进步模型 [J]. 经济研究, 2013（6）: 19-32.

[132] 傅元海, 唐未兵, 王展祥. FDI溢出机制、技术进步路径与经济增长绩效 [J]. 经济研究, 2010（6）: 92-104.

[133] 高德步, 王珏. 世界经济史 [M]. 北京: 中国人民大学出版社, 2011: 216.

[134] 郭春野,庄子银. 知识产权保护与"南方"国家的自主创新激励 [J]. 经济研究,2012,09:32-45.

[135] 国民政府建设委员会调查浙江经济所调查课编:杭州市经济调查丝绸篇 [J],调查浙江经济所刊行,1932 (45).

[136] 哈巴库克,波斯坦,王春法等. 剑桥欧洲经济史(第6卷)[M]. 北京:经济科学出版社,2003.

[137] 贺灿飞,潘峰华. 溢出效应还是挤出效应——对北京市制造业外商直接投资的实证分析 [J]. 中国软科学,2006 (7):96-104.

[138] 黄先海,徐圣. 中国劳动收入比重下降成因分析——基于劳动节约型技术进步的视角 [J]. 经济研究,2009 (7):34-44.

[139] 吉亚辉,祝凤文. 技术差距、"干中学"的国别分离与发展中国家的技术进步 [J]. 数量经济技术经济研究,2011,(4):49-63.

[140] 井村喜代子,季爱琴,王建钢. 现代日本经济论从战败到步出"经济大国" [M]. 北京:首都师范大学出版社,1996.

[141] 卡梅伦,尼尔,潘宁. 世界经济简史:从旧石器时代到20世纪末 [M]. 上海:上海译文出版社,2003.

[142] 库钦斯基. 资本主义世界经济史研究 [M]. 上海:上海三联书店,1955:41.

[143] 李光泗,沈坤荣. 中国技术引进、自主研发与创新绩效研究 [J]. 财经研究,2011 (11):39-49.

[144] 李剑鸣. 世界现代化历程:北美卷 [M]. 南京:江苏人民出版社,2010:386.

[145] 李思一. 发展中国家技术引进与自主创新的关系 [J]. 国际技术经济研究,2000,(3):15-22.

[146] 李小平. 自主R&D、技术引进和生产率增长——对中国分行业大

中型工业企业的实证研究[J].数量经济技术经济研究,2007(7):15-24.

[147] 厉以宁.厉以宁经济史论文选[M].北京:商务印书馆,2013.

[148] 林毅夫,蔡昉,李周.比较优势与发展战略——对"东亚奇迹"的再解释[J].中国社会科学,1999(5):4-20.

[149] 林毅夫,蔡昉,李周.中国的奇迹:发展战略与经济改革(增订版)[M].上海:上海三联书店,上海人民出版社,1999.

[150] 林毅夫,潘士远,刘明兴.技术选择、制度与经济发展[J].经济学(季刊),2006,5(3):695-714.

[151] 林毅夫,姚洋.中国奇迹:回顾与展望[M].北京:北京大学出版社,2006.

[152] 林毅夫,张鹏飞.后发优势、技术引进和落后国家的经济增长[J].经济学(季刊),2005(1):53-74.

[153] 林毅夫,张鹏飞.适宜技术,技术选择和发展中国家的经济增长[J].经济学(季刊),2006,5(4):985-1006.

[154] 林毅夫.发展战略、自生能力和经济收敛[J].经济学(季刊),2002,1(2):269-300.

[155] 林毅夫.李约瑟之谜、韦伯疑问和中国的奇迹[J].北京大学学报(哲学社会科学版),2007(4).

[156] 林毅夫.新结构经济学:反思经济发展与政策的理论框架[M].北京:北京大学出版社,2012.

[157] 林毅夫.新结构经济学[J].经济学(季刊),2010(1):1-32.

[158] 刘小鲁.知识产权保护,自主研发比重与后发国家的技术进步[J].管理世界,2011(10):10-19.

[159] 吕万和.明治维新和明治政权性质的再探讨[J].世界历史,

1981（2）．

［160］麦迪森，伍晓鹰．世界经济千年统计［M］．北京：北京大学出版社，2009：272．

［161］门德尔逊．经济危机和周期的理论与历史——第一卷上册［M］．上海：上海三联书店，1975：293-294．

［162］欧阳峣，易先忠，生延超．技术差距、资源分配与后发大国经济增长方式转换［J］．中国工业经济，2012（6）：18-30．

［163］彭泽益．中国近代手工业史资料［M］．上海：上海三联书店．1957：427．

［164］亓朋，许和连，李海峥．技术差距与外商直接投资的技术溢出效应［J］．数量经济技术经济研究，2009（9）：92-106．

［165］王华，祝树金，赖明勇．技术差距的门槛与FDI技术溢出的非线性——理论模型及中国企业的实证研究［J］．数量经济技术经济研究，2012（4）：3-18．

［166］王林辉，董直庆．资本体现式技术进步、技术合意结构和我国生产率增长来源［J］．数量经济技术经济研究，2012（5）：3-18．

［167］王翔．国际竞争与近代中国传统丝织业的转型——以浙江省为中心的考察［J］．浙江社会科学，2005（3）：152-158．

［168］王翔．辛亥革命期间的江浙丝织业转型［J］．历史研究，2011（6）：21-36．

［169］吴延兵．自主研发、技术引进与生产率［J］．经济研究，2008（8）：51-64．

［170］香西泰．高度成长的时代［M］．东京：日本评论社，1989．

［171］萧国亮，隋福民．世界经济史［M］．北京：北京大学出版社，2013．

[172] 徐朝阳. 技术扩散模型中的发展中国家最优专利保护 [J]. 经济学季刊, 2010, 9 (2): 509-532.

[173] 徐新吾. 近代江南丝织工业史 [M]. 上海: 上海人民出版社, 1991.

[174] 杨栋梁. 日本近现代经济史 [M]. 北京: 世界知识出版社, 2010: 42.

[175] 姚毓春, 袁礼, 王林辉. 中国工业部门要素收入分配格局——基于技术进步偏向性视角的分析 [J]. 中国工业经济, 2014 (8): 44-56.

[176] 易先忠, 张亚斌, 刘智勇. 自主创新、国外模仿与后发国知识产权保护 [J]. 世界经济, 2007 (3): 31-40.

[177] 余泳泽. 中国技术进步路径及方式选择的研究述评 [J]. 经济评论, 2012 (6): 128-134.

[178] 张平, 刘霞辉. 中国经济增长前沿 [M]. 北京: 社会科学文献出版社, 2007.

[179] 政协浙江省委员会文史资料研究委员会编. 浙江文史资料选辑第1辑 [M]. 杭州: 浙江人民出版社. 1982.

[180] 朱新予. 浙江丝绸史 [M]. 杭州: 浙江人民出版社. 1985 (186).

附　录

附表1　第五章第一节国家编码对照表

编号	简码	国家或地区（英）	国家或地区（中）	编号	简码	国家或地区（英）	国家或地区（中）
1	AUS	Australia	澳大利亚	20	FIN	Finland	芬兰
2	AUT	Austria	奥地利	21	FRA	France	法国
3	BEL	Belgium	比利时	22	GBR	United Kingdom	英国
4	BFA	Burkina Faso	布基纳法索	23	GTM	Guatemala	危地马拉
5	BGR	Bulgaria	保加利亚	24	HKG	China：Hong Kong	中国香港
6	BWA	Botswana	博茨瓦纳	25	HND	Honduras	洪都拉斯
7	CAN	Canada	加拿大	26	IND	India	印度
8	CHE	Switzerland	瑞士	27	IRL	Ireland	爱尔兰
9	CHL	Chile	智利	28	ISR	Israel	以色列
10	CHN	China	中国	29	ITA	Italy	意大利
11	CIV	Côte d'Ivoire	科特迪瓦	30	JAM	Jamaica	牙买加
12	CMR	Cameroon	喀麦隆	31	JPN	Japan	日本
13	COL	Colombia	哥伦比亚	32	KOR	Republic of Korea	韩国
14	CRI	Costa Rica	哥斯达黎加	33	LKA	Sri Lanka	斯里兰卡
15	CYP	Cyprus	塞浦路斯	34	MAR	Morocco	摩洛哥
16	DEU	Germany	德国	35	MEX	Mexico	墨西哥
17	DNK	Denmark	丹麦	36	MNG	Mongolia	蒙古国
18	EGY	Egypt	埃及	37	NAM	Namibia	纳米比亚

续表

编号	简码	国家或地区（英）	国家或地区（中）	编号	简码	国家或地区（英）	国家或地区（中）
19	ESP	Spain	西班牙	38	NER	Niger	尼日尔
39	NLD	Netherlands	荷兰	46	SEN	Senegal	塞内加尔
40	NOR	Norway	挪威	47	SWE	Sweden	瑞典
41	NZL	New Zealand	新西兰	48	TUN	Tunisia	突尼斯
42	PAN	Panama	巴拿马	49	URY	Uruguay	乌拉圭
43	PHL	Philippines	菲律宾	50	USA	United States	美国
44	POL	Poland	波兰	51	VEN	Venezuela	委内瑞拉
45	PRT	Portugal	葡萄牙	52	ZAF	South Africa	南非

附表2　第五章第二节国家编码对照表

编号	简码	国家或地区（英）	国家或地区（中）	编号	简码	国家或地区（英）	国家或地区（中）
1	ARG	Argentina	阿根廷	18	ESP	Spain	西班牙
2	AUS	Australia	澳大利亚	19	GBR	United Kingdom	英国
3	AUT	Austria	奥地利	20	GRC	Greece	希腊
4	BOL	Bolivia	玻利维亚	21	GTM	Guatemala	危地马拉
5	BRA	Brazil	巴西	22	HND	Honduras	洪都拉斯
6	BWA	Botswana	博茨瓦纳	23	HUN	Hungary	匈牙利
7	CAN	Canada	加拿大	24	IDN	Indonesia	印度尼西亚
8	CHE	Switzerland	瑞士	25	IND	India	印度
9	CHL	Chile	智利	26	IRL	Ireland	爱尔兰
10	CHN	China	中国	27	ISR	Israel	以色列
11	COL	Colombia	哥伦比亚	28	ITA	Italy	意大利
12	CRI	Costa Rica	哥斯达黎加	29	JAM	Jamaica	牙买加
13	CYP	Cyprus	塞浦路斯	30	KEN	Kenya	肯尼亚
14	DEU	Germany	德国	31	KOR	Korea	韩国

续表

编号	简码	国家或地区（英）	国家或地区（中）	编号	简码	国家或地区（英）	国家或地区（中）
15	DNK	Denmark	丹麦	32	MEX	Mexico	墨西哥
16	DOM	Dominican Rep	多米尼加共和国	33	MYS	Malaysia	马来西亚
17	ECU	Ecuador	厄瓜多尔	34	NLD	Netherlands	荷兰
35	PAK	Pakistan	巴基斯坦	42	SGP	Singapore	新加坡
36	PAN	Panama	巴拿马	43	SLV	El Salvador	萨尔瓦多
37	PER	Peru	秘鲁	44	SWE	Sweden	瑞典
38	PHL	Philippines	菲律宾	45	THA	Thailand	泰国
39	POL	Poland	波兰	46	URY	Uruguay	乌拉圭
40	PRT	Portugal	葡萄牙	47	USA	United States	美国
41	PRY	Paraguay	巴拉圭	48	VEN	Venezuela	委内瑞拉